New Wun Ching Developmental Publishing Co., Ltd.

New Age · New Choice · The Best Selected Educational Publications — NEW WCDP

第三版

性別

教育 Gender Education

邱紹一・洪福源｜編著

　　性別教育課程的改革與實踐，受到社會因素與歷史脈絡的影響，廣泛地為教育與立法的重視。在 1996 年的教育改革審議委員會已強調兩性平等教育的教改主張，且鑑於性侵害犯罪率逐年提高，政府當局積極促進兩性工作權之平等、建立性別平等教育資源與環境，「性侵害犯罪防治條例」、「兩性工作平等法」、「性別平等教育法」分別於 1997 年、2002 年、2004 年公佈實施，性別教育不再是口號、宣示，而是課程改革的實踐。各項法規歷程經過實務施行後，也逐步修正如下：

　　2015 年「性侵害犯罪防治條例」修正為「性侵害犯罪防治法」並由「衛生福利部」管轄；2008 年「兩性工作平等法」修正為「性別工作平等法」；2018 年「性別平等教育法」也進行增修。

　　本書編寫仍藉由性別教育課程的實施，除不僅達成「兩性」平等的教育，更透過多元觀點，不斷地反省與學習，學生能夠培養差異的尊重、瞭解多元的價值，進而破除學生的性別歧視、偏見與刻板化印象。

　　本書融合性教育與性別平等教育，提供讀者國內外性別教育理論與研究之基礎，且為了使教師上課增添趣味，書中每一章均有許多搭配課程內容之小活動，方便於課堂實施，亦可以有效提高學生的參與程度。而章節中穿插了四格漫畫，不但增加書本的可讀性，更能提升學生的閱讀興趣。

本書共包括九個章節，為理論與實務之統整取向編著此書。第一章在說明男女青少年發展過程中關注的焦點、親密關係的理論與研究方法及性別差異。第二章則教導學生性發展的相關概念，包括介紹性與性別的不同、男女性生殖結構與兩性的性反應階段及避孕方法。第三章則在解釋性別認同、性別角色、性別歧視、性別偏見與性別刻板化的概念及發生原因。第四章目的在使學生瞭解人際吸引力的原因、決定因素、以及外表與特質吸引力。在第五章中，筆者增加了青少年約會議題，使青少年瞭解約會應有的態度、行為與正確應對舉止。第六章則闡述親密關係的概念與發展歷程、喜歡與愛情的概念、理論基礎及關係維持的方法。第七章為結合時事、讀者生活背景之相關議題說明，包括婚前性行為、約會強暴、性騷擾與同性戀等議題。第八章的重點則為家庭組成與婚姻的經營，提供讀者對於家庭與婚姻的功能認知及經營婚姻的方法和觀點。第九章對於性侵害、性虐待、性騷擾等社會偏差行為議題加以探討，並配合個案討論進一步說明所觸犯之法律條規。

　　本書內容參考國內外相關書籍，並蒐集青少年有關生理發展、約會、愛情等議題資料，實可供做青少年研習性別教育之主要參考書。第三版除依據最新資訊更新修訂各項法規外，並完整補充預防性侵害之防護觀點。後學才疏學淺，難免有掛一漏萬的情形發生，因此竭誠歡迎各位先進與讀者提供意見與指正，不勝感激。

邱紹一、洪福源　謹識

目錄

CONTENTS

CHAPTER 01　親密關係的理論與研究方法................1

第一節　青少年關注的焦點 1

第二節　親密關係的理論基礎 4

第三節　親密關係的研究方法 18

第四節　性別差異 21

CHAPTER 02　性的生理基礎 29

第一節　兩性關係中的性與性別 29

第二節　兩性的性生理結構 36

第三節　性的相關問題 49

第四節　避孕 54

CHAPTER 03　性別認同、性別角色、性別刻板化 71

第一節　性別認同 71

第二節　性別角色 77

第三節　性別刻板化 82

第四節　性別歧視 93

CHAPTER 04　人際吸引力 103

第一節　親和需求 103

第二節　人際吸引力的決定因素 107

第三節　外表與特質吸引力 115

CHAPTER 05 兩性關係的開始 **127**

　第一節　友情與孤獨 127

　第二節　同儕關係 133

　第三節　約會 137

CHAPTER 06 愛　情 **159**

　第一節　親密關係 159

　第二節　愛情 164

　第三節　關係的維持與滿意 178

　第四節　關係的結束 186

CHAPTER 07 兩性關係的相關議題 **195**

　第一節　婚前性行為 195

　第二節　約會強暴 207

　第三節　性騷擾 213

　第四節　同性戀 219

CHAPTER 08 家庭與婚姻 **229**

　第一節　家庭 229

　第二節　婚姻 237

認識性侵害 255

第一節　性侵害 255

第二節　預防性侵害的方法 256

第三節　被強暴後的處理 259

第四節　兒童性侵害與近親亂倫 263

附　錄 269

參考書目 270

掃描 QR code

或至 https://reurl.cc/Q9v8QM 下載附錄

CHAPTER 01

親密關係的理論與研究方法

　　學校長久以來均被視為知識傳授、經驗傳承的主要媒介，但是有將近三分之二到四分之三的學生認為「如何與異性交往、約會」是他們最需要的知識，再加上青少年性知識獲取的來源是朋友（林惠生、林淑慧，1996；Davis & Harris, 1982），便不禁要讓我們思考，是不是應該要在學校教導學生覺得實用、而且正確的課程，性別教育恰能符合這些需求。

第一節　青少年關注的焦點

壹　身體型態

　　我們可以將身體型態區分為三種類型，分別是瘦型體質(ectomorph)、胖型體質(endomorph)、運動型體質(mesomorph)。許多人的體型並不全然是單一類型，而是具有混合特性的，即便如此，討論這些身體型態將有助於對身體意象(body image)的建立。所謂的身體意象是指個人對自己身體的主觀感受。瘦型體質是指高、瘦、狹、修長、骨感，代表人物如籃球運動員；胖型體質是指厚、寬、重的軀體與四肢，代表人物如摔角選手；運動體質是指介於瘦型體質、胖型體質之間的體型，具有強壯、肌肉的四肢以及寬廣的肩膀，代表人物如運動員。

　　身形修長且瘦的男生或女生，與矮且胖的男生或女生，均對自己的身材感到不滿意，擁有胖型體質的女生在西方文化過度強調苗條、時髦、均勻比例的女性形象上，較容易感到不適應，因此體重與女性身體的勻稱與否對於女性身體的評價有很大的影響力。目前台灣、西方的文化均要求女性的身材要瘦，所以厭食症以及不正常的節食已成為女生最常見的問題，而未能符合身材較瘦的女性可能較會受到男生的忽視，並且較不可能有約會活動。

　　同樣地，男性的身材也受到社會文化的影響。身高較高的男生被認為較具有吸引力，且肌肉型、強健型的男性身體較能被社會所接納。研究顯示男大學生若擁有肌肉型的身體，較可能樂觀地與他人互動(Tucker, 1983)。

　　當青少年進入國中階段對於自己身體的成熟特徵會更為在意。作者利用大學生樣本施測顯示，個人身體特徵的重要性評估發現，不管男生、女生都認為臉部氣色、體型、體重的勻稱、外表、身高、臉均被認為是提昇身體吸引力相當重要的。另一方面，男生與女生均同樣較不關注髮色、耳朵、腳踝等(Lerner & Karabeneck, 1974)。以上的結果均是文化刻板印象影響身體吸引力的證據，如表 1-1 所示。

貳　青少年關注的健康議題

　　身體型態、控制自己的體重、臉部青春痘的問題均是青少年相當在意的焦點，然而卻有許多的議題是青少年關心，卻仍然未被人們注意到的。藉由一個 72 名大學生的調查研究可知，他／她們最關心的健康問題前十大排名分別為與朋友相處、睡眠、車禍、虐待小孩、疲勞、與成人相處、牙齒問題、營養、健康服務、體重過重，而節食、同性戀、生育控制、體重過輕則是大學生較不關心的健康問題(Sobal, 1984)。以上內容如表 1-2 所示。

■ 表 1-1　大學生選擇身體特徵的平均重要性摘要表(n＝72)

身體特徵	重要性分數	身體特徵	重要性分數
臉部氣色	3.86	大腿	2.95
體型	3.82	手臂	2.90
體重的勻稱	3.79	胸部	2.83
外表	3.61	鼻子	2.79
身高	3.58	嘴巴	2.79
臉	3.55	髮質	2.78
眼睛	3.44	下巴	2.74
牙齒	3.40	肩膀寬度	2.73
腿部形狀	3.19	髮色	2.57
輪廓	3.15	耳朵	2.37
腰部	3.01	腳踝	2.32
臀部	2.96		

※反應分數區分為 1 至 5 分，1 代表非常不重要，5 代表非常重要。

資料來源：Lerner & Karabeneck (1974)。

　　在這些健康議題中，最常被班級提出來討論的則是性，且隨著年級愈高，性與分娩問題更常被提出來(Walker et al., 1982)。此外，男生較關注的是什麼時候可以有性行為、交朋友以及約會、身高與體重、與成人相處、自己的身體如何發展；女生則較關心體重、交朋友與約會、運動、沮喪與悲傷、粉刺等問題。

　　綜合以上可知，青少年身體急遽成長時，不但面臨自我概念建立的課題，更需適應文化、社會的規範、自我意象、性與愛情等相關議題更是青少年關注的焦點。因此，以下將藉由理論觀點來探討青少年發展親密關係的原因及解釋。

表 1-2　大學生健康關注摘要表(n=72)

關注主題	分數	關注主題	分數
與朋友相處	3.99	頭痛問題	3.43
睡眠	3.80	懷孕	3.38
車禍	3.77	酗酒	3.36
虐待小孩	3.74	藥物	3.35
疲勞	3.72	月經問題	3.22
與成人相處	3.62	性	3.20
牙齒問題	3.59	神經質	3.16
營養	3.58	粉刺	3.15
健康服務	3.57	維他命	3.11
體重過重	3.55	抽煙	3.11
自殺	3.54	時常咳嗽	3.03
胃痛	3.51	節食	3.00
運動傷害	3.51	同性戀	2.92
沮喪	3.50	生育控制	2.91
性病	3.47	體重過輕	2.86

反應分數：反應分數區分為1至5分，1代表不關心，5代表非常關心。

資料來源：修改自 Sobal（1984）。

第二節　親密關係的理論基礎

　　許多理論嘗試著要描述、解釋、預測、控制男性與女性親密關係中思想、感覺、溝通以及行為，研究者為了能系統地解釋這些發生在親密關係間所產生的問題，便有必要藉助「理論」(theory)中各項觀點。所謂的理論是指一組可用以協助解釋、預測問題的相關概念，以下將介紹與青少年親密關係發展主要的理論。

壹　精神分析理論

一、佛洛依德的理論

▐ 圖 1-1　佛洛依德

佛洛依德(Sigmund Freud, 1856~1939)的理論用以解釋親密關係的重點主要有二：潛意識以及早年經驗（如圖 1-1 所示）。首先，精神分析理論主要在說明親密關係的發展是無意識的，也就是親密關係的發展遠超出我們的覺察範圍，主要是受到潛意識的影響。精神分析理論認為行為是表面的特徵，若要能真正瞭解行為的意義，就必須要分析行為的象徵性意義、以及心靈的深層內在運作程序。其次，精神分析理論也強調父母親對自己未來親密關係發展的早年經驗影響。

佛洛依德提出精神分析理論(psychoanalytic)用以強調「性」在我們日常生活中所扮演的重要性，雖然有許多學者不贊成這樣的看法，但我們不得不承認我們生活周遭都在散播著性相關的資訊，包括電視、電影、小說、報章雜誌等均會涉及性的描述，又如車展時所聘請的模特兒、牛仔褲及香水廣告亦是如此。

佛洛依德的理論主要是藉由分析、治療心理疾病的病人發展而來，他本身是一位醫生，專長在神精病學，長時間居住在維也納，晚年移居倫敦。佛洛依德理論的重點大致上可分為人格結構、自我防衛機制、人格發展階段等三部分。

(一) 人格結構

佛洛依德認為人格結構可區分為三部分，分別是本我、自我、超我。

1. 本我是由「本能」所組成的人格結構，所謂的本能是指心理能量的累積，依照佛洛依德的觀點，本我是由潛意識所組成，是不與現實

有所接觸的，自我與超我均由本我中發展出來。例如餓了就吃、渴了就喝，所遵循的是「享樂原則」，也是一種「小孩」的角色。

2. 隨著這個小孩與現實接觸，也受到現實生活的限制與要求，而發展出自我的人格結構，自我又可稱為「執行部門」(executive branch)，它會做出合理的決定，是由「理性」所組成的。例如上課能專心聆聽老師所提示的重點，所遵循的是「現實原則」，也是一種「成人」的角色。

3. 本我與自我均是沒有道德成分的，這二種人格結構並不會決定事情的對與錯，因而產生超我。超我是我們所謂的「良心」，是從成人、教師所習得的道德、良知發展而來，例如在親密關係中，若故意欺騙對方，會產生罪惡感，這種罪惡感即是超我，所遵循的是「道德原則」，也是一種「父母」的角色。

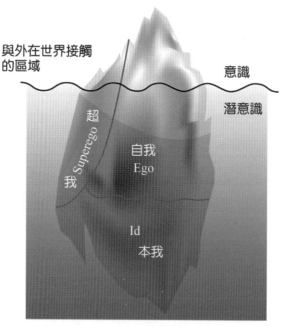

由圖可知，在波線的上方是意識的部分，在波線的下方是潛意識的部分，值得注意的是本我全部是潛意識，自我與超我則均包含了意識與潛意識的層面。

🔳 圖 1-2　佛洛依德人格結構冰山圖

(二) 自我防衛機制

　　自我通常必須解決出現於現實的要求、本我的欲望以及超我的限制之間所存在的衝突，這種衝突會引起焦慮，所以個體會採用自我防衛機轉減少焦慮。自我防衛機轉通常具有(1)否定；(2)扭曲現實；(3)在潛意識層面運作等特徵。以下茲簡述一些常見的自我防衛機制：

1. **壓抑作用**：壓抑作用是其他自我防衛機制的根源，是指將哪些具有威脅性的想法、感受，壓抑到潛意識，而不使其在意識層面出現。例如自己明明很喜歡前任男友、或是女友，卻將以前的記憶壓抑到潛意識裡，不使其在日常生活中出現。

2. **否定作用**：是指個體以扭曲想法、感受來逃避心理上的痛苦，例如當自己的戀情告吹時，會否定以往的歡樂時光，當作沒有經歷過這一段戀情。

3. **替代作用**：是指個體將不為人所接受的感受強加到一個或是多個對象身上，例如爸爸在公司被老闆罵，回家罵媽媽，媽媽罵我，我罵弟妹，弟妹打寵物等。

4. **昇華作用**：是指以一種可為社會認可的行為，取代不為社會接納的衝動，昇華作用是替代作用的一種類型。例如個體可能對性有很強的需求，因此將這種對性的需求轉而成為一位畫裸體畫作的藝術家。

5. **投射作用**：是指我們將自己的過錯、意圖或是問題、缺點歸之於別人身上。例如自己很想要在親密關係以外，與其他異性交往，但卻指責另一半與異性打情罵俏。

6. **合理化**：是指自己行為的動機不被自我所接受，但以合理的理由加以掩飾。合理化包含了二種，分別為酸葡萄以及甜檸檬，前者即是見不得別人好，葡萄原是甜的，吃不到便說葡萄酸，例如別人的男女朋友較自己的男女朋友外表出眾，便說他們的關係一定不好，或是交往不久。後者即是敝帚自珍，檸檬原是酸的，但因為是自己所

擁有的，即使是差的，也要說是好的，例如自己的男女朋友無法花很多時間陪自己，也要說這是對方在為自己的未來打拚。

7. **補償作用**：是指個體掩蓋本身的缺點，而發展某些正向的特質加以彌補。本身的特質、能力不佳、財富不足（例如脾氣不好、薪水較少），而努力裝扮、表現自己；另外可能在成長的過程缺乏父愛或母愛，便很早交往男女朋友等即可能是一種補償作用。

(三) 人格發展階段

另外，佛洛依德也認為個人之所以在日常生活中發生問題，多可追溯至其早年的經驗，他認為在小孩成長的過程中，很強調快樂、性衝動的滿足，而這種本能的滿足依序是從口腔期、肛門期、性器期、潛伏期、兩性期等五個時期發展而成的。

1. **口腔期**：口腔期是佛洛依德所提出的第一個人格發展階段，發生在出生至1歲半的年齡，這個時期嬰兒快樂滿足的來源是在口腔部位，藉由口腔咀嚼、吸吮、咬等動作來滿足自己的愉悅感，這些動作能夠減少嬰兒的緊張。

2. **肛門期**：發生的時間是在1歲半至3歲的年齡，此時期愉悅感的滿足是來自於肛門，主要是藉由幼兒肛門排泄物的排放獲得滿足，依據佛洛依德的觀點，肛門括約肌的運動可以有助減緩幼兒的緊張。

3. **性器期**：發生在3~6歲的時期，這個時期的愉悅感滿足來源在於幼兒玩弄性器官，依據佛洛依德的觀點，這個時期對於性別認同的發展相當重要。因為這個時期出現了「伊底帕斯情結」(Oedipus complex)，這個名詞主要來自於希臘神話，伊底帕斯是古希臘都市底比斯(Thebes)國王的兒子，最後，伊底帕斯在無意間殺了自己的父親，並且娶了自己的母親。所謂的伊底帕斯情結是指兒童有一股想要取代自己同性父母親地位的欲望，以獲得異性父母親的愛戀。此時期，男童愛戀自己的母親，稱之為「戀母情結」，由於想獲得母親的感情，但又礙於父親力量的強大，而無法取代，因此轉而認同父親。女童愛戀自己的父親，稱之為「戀父情結」，由於想獲得父親的感情，但又礙於母親力量的強大，而無法取代，因此轉而認同母親，此便為性別認同的過程。

4. **潛伏期**：這個時期是佛洛依德人格發展階段的第四個時期，發生年齡介於6歲至青春期，兒童將所有對於性的興趣全部加以壓抑，而發展社會能力與智能，由於此時期兒童將心理能量導向情緒較為安全的區域，因此能協助其忘記性器期中高度的壓力與衝突。

5. **兩性期**：這個時期是佛洛依德人格發展論的最後一個階段，發生在青春期之後，這個時期是性的重新覺醒時期，性愉悅的來源已在家庭之外。佛洛依德相信在青少年階段與父母親未解決的衝突會重新浮現，如果這些衝突已經被解決時，個人便有能力發展出成熟的愛情關係、並且成為一個具有獨立性的成人。

二、艾瑞克遜的理論

　　艾瑞克遜(Erikson, 1902~1994)承認佛洛依德的貢獻，但是認為佛洛依德曲解了人類發展的某些重要層面，佛洛依德認為人類行為的基本動機是性，艾瑞克遜則認為性是具有社會性功能的、能反應出想與其他人親近的欲望。艾瑞克遜強調人類發展的人生整體改變，因此提出了人生發展的八大階段，每一個階段均組成了一個發展任務、一個發展危機。艾瑞克遜認為這個危機並不是大災難，而是能夠補強自己弱點、提升潛能的轉淚點，若個人愈能將危機成功的化解，其發展便愈健康，因此認為「危機便是轉機」。

1. **信任對不信任**：年齡在 1 歲內，這個時期是艾瑞克遜理論的第一個發展階段，嬰兒的「信任感」是建立在，世界能成為一個良好、且令人感到愉悅、適於居住之假定上，因此照顧者必須要對嬰兒的需求有所反應，敏感度也要提高。

2. **自主對羞愧懷疑**：年齡介於 1~3 歲，在嬰兒獲得照顧者的反應與照顧而形成信任感後，幼兒開始會想要發現，自己對於行為是否有操控感，因此開始維護自己的「自主感」以及「獨立感」。此外，幼兒最常說的一句話就是「不要」，如果此時期幼兒常被限制或是受到太過嚴厲的處罰，他們將可能會陷入羞愧與懷疑。

3. **主動對罪惡**：這個時期發生在學齡前階段，也就是在 3~6 歲的兒童，這個時期的兒童需被鼓勵以擴大對社會世界的探索，在探索時，更為積極與更具目的性的行為便是需要的，兒童此時也會被要求應要為自己的身體、行為、玩具以及寵物負責，發展出「責任感」能增進兒童的主動性。當兒童不負責任時，罪惡感便會產生，艾瑞克遜認為這個時期的罪惡感會很快地被「成就感」所取代。

4. **勤勉對自卑**：這個時期發展在小學階段，大概是 6 歲至青春期，兒童的勤勉使得他們能獲得許多新的經驗，這個時期他們將自己的精力放在精熟知識以及技能上面，因此兒童會熱衷於學習。但是危險的是小學階段的兒童可能產生「自卑感」，這是一種無能力感，艾瑞克遜相信學校教師應該要對小學生的「勤勉感」負起責任，教師應該要溫和，卻也強硬地強迫學生發現自己可以學著完成自己從沒想過可以完成的事情。

5. **自我認同對自我混淆**：艾瑞克遜認為在這個青少年發展的時期，大約是 10~20 歲，青少年必須學著認識自己。青少年必須面對許多新的角色、扮演許多成人的地位，包括在職業上的以及親密關係上的，父母必須允許青少年探索許多不同的角色、以及完成這些角色的方法，如果青少年可以利用正向、積極的方法扮演好這些角色，那麼青少年便能自我認同，而形成「認同感」，否則便會陷入自我混淆。

6. **親密對孤獨**：這個時期是成人期早期，介於 20~40 歲，此時期個人必須面對與他人形成親密關係的許多任務，如果個人能與他人形成健康的友誼，且能與他人形成一種「親密感」，那麼任務便達成，否則便陷於孤獨。

7. **生產對遲滯**：這個時期是指成人期中期，大約是 40~60 歲，此階段的主要任務是在幫助年輕的一代發展、引導其過著有用的生活，若是沒有完成便會成為遲滯。

8. **圓滿對絕望**：這個時期是指成人期晚期，大約在 60 歲之後，此時我們會回顧、評價過去人生中所完成的事情。若在過去的幾個發展階段均能完成正向、積極的發展任務，那麼便會感受到滿足感，個體便會感到人生圓滿，如果不能正向、積極地完成以前的人生發展任務，便會感到絕望。

貳 史金納的行為理論

　　一對交往五年的情侶是什麼原因而在一起的呢？特質論者會認為兩個人因為溫和、友善的人格特質相似而結合。心理分析學者可能會說他們溫和、友善的人格是受到其與父母親關係的影響，特別是早年的經驗影響更大，而他們之所以能相互吸引是因為潛意識的關係，他們無法覺察自己生物學上遺傳因素的影響、以及早年生活經驗可能對自己人格的影響。若是行為理論便會強調環境經驗、以及可觀察行為對於親密關係發展的重要性。社會認知理論則是強調親密關係的發展是受到個人行為、認知以及環境等三個要素相互影響的結果。

　　行為學派強調可以進行觀察的行為反應、以及決定行為的環境因素。例如在親密關係中，男生之所以害羞是因為環境給予害羞行為獎賞或是懲罰所造成的(Skinner, 1938)，在成長的過程中，男生與家庭成員、朋友、教師以及其他人進行互動，而學到害羞的行為。正因為行為論者相信親密關係的發展是學習而來，且會隨著環境經驗而改變，因此只要重新安排經驗便可以改變親密關係，在親密關係的發展中，不敢主動邀約也可以轉變為主動約會，爭吵行為也會變成協商行為，無聊的約會也可以變成有趣、生動的約會活動。

參 心理社會觀點

一、社會認知理論

　　雖然行為學派很強調個人行為以及環境因素的重要性，但是卻忽略了個人認知因素的重要性，因此社會認知理論認為親密關係的發展，行為、環境以及個人的認知因素均是重要的決定因素。

　　社會認知理論的主要代表人物為班度拉(Bandura, 1986, 1997, 2000)，他認為個人行為、環境與個人認知因素會形成三角相互影響的關係，如圖 1-4 所示。班度拉認為環境可以決定個人的行為，個人也可以改變環境，例如門當戶對會使得社會經濟地位相當的人形成親密關

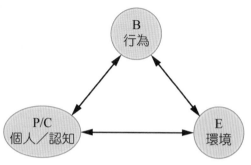

🔹 圖 1-3　班度拉　　🔹 圖 1-4　班度拉的行為、認知與環境
　　　　　　　　　　　　　　　　　　三因素互饋圖

係，但是社會地位相差懸殊的戀人，也會因為意志堅定、甜蜜恩愛而
改變眾人原先的看法。此外認知因素可以影響個人的行為，反之亦然，
例如以往為人所強調的三高（身高高、薪水高、學歷高），在個人改變
認知後認為，身高不是距離、薪水不是壓力、學歷不是問題，因而能
大膽追求心儀已久的對象。其中認知因素包括了自我效能的概念，所
謂的自我效能是指個人對於自己組織、執行行為以達成既定目標的能
力信念，所以在約會時自己有沒有自信心可能與約會自我效能(dating
self-efficacy)有關，如果自己對於約會很有自信心，那麼約會時所表現
出來的行為便會充滿自信，反之若沒有自信心，在約會前便很容易緊
張、焦慮。

　　班度拉相信觀察學習(observational learning)是我們如何學習的重
要因素，藉由觀察學習我們會形成對於他人行為的想法、並且會進而
調節自己的行為，例如小男孩可能會觀察到父親對母親體貼的行為，
而學習到友善地對待異性的方法，就如同其父親對母親的方式一樣。

二、海維赫斯特的發展任務

　　海維赫斯特(Havighurst, 1972)認為，要探討青少年的主要發展任務
應該要能通盤考量青少年個人的需求以及社會的要求，因此他認為在
每一個發展階段，青少年應該要能熟悉技能，使其能適應、提前準備

達成艱難任務的要求。若青少年能熟悉這些達成任務的技能，他／她們便成熟了，如果無法成功地獲得這些技能，他／她們便會出現焦慮，自己也因而不能成為一位成熟的人，於社會上也無法受到認可。

然而到底什麼時侯，青少年才能習得這些任務所要求的技能呢？海維赫斯特認為有些任務的達成是因為生理的改變，有些則是社會賦予某一個年齡的期待所產生，又或者是個人在某些時侯會想要完成某些事。更進一步來說，發展任務是會隨著文化而有所不同的，主要必須視心理、生理以及文化因素而決定任務。他提出八個青少年時期的主要任務：

1. **接受自己的體形並且有效地使用自己的身體**：青少年的一個主要特徵便是自己能察覺到自己的身體已然達成性成熟，青少年有必要接納自己的體形、自己身體成長的樣態、學習如何照顧自己的身體，在運動、休閒、工作以及每天的生活中更有效地運用自己的身體。

2. **與同年齡兩性同儕建立新的且更為成熟的關係**：青少年必須與同性、異性友伴建立起友誼關係，藉此學習社會技巧以及生活在團體中的行為，以成為一個成人。

3. **建立一個陽剛或陰柔的社會角色**：何謂男人？何謂女人？男人與女人看起來應該是什麼樣子？男人與女人要有什麼樣的行為舉止呢？雖然陽剛與陰柔的社會角色有所不同，但是隨著文化、價值的改變，性別角色亦隨之變化，因此青少年成熟的過程，有一部分即在決定他們應該要如何適應。

4. **從父母或其他成人處，獲得情緒獨立**：青少年必須要能瞭解、尊重他人，而不會對他人情緒依賴，讓人感到難以教養，而那些常與父母起衝突的青少年，必須要能瞭解他人行為背後的原因，更重要的是要能瞭解自己與他們起衝突的原因。

5. **能為謀職做準備**：青少年的主要任務之一即是要決定職業、為職業做準備，在他們能自己謀生後，即是已經能獨立的時侯，另外，任

務的另一個部分即是要發現生活中他們所想要的是什麼，且要能為這個生活努力。

6. **為婚姻及家庭生活做準備**：婚姻與家庭生活的型態已逐漸隨著經濟、社會、宗教等調整而改變，大部分年輕人所想要的是快樂的婚姻，而要達成這樣的目標，就必須要發展正向的態度、社會技能、情緒成熟並且要能瞭解如何達成這些目標，才能使婚姻正常的運作。

7. **完成具有社會責任的行為**：社會認同感的發展將有助於解釋社會價值，這個目標包括能參與社區以及地方成人的生活。年輕人會受到許多的社會道德而感到混亂，某些會成為激進的行動主義者，有些則成為拒絕參與者，這些青少年均會發現社會中有哪些生活方式對於自己是較有意義的。

8. **獲得一組價值與道德倫理以指引自己的行為，也就是要發展出自己的思想體系**：這個目標包括了社會政治、道德思想體系的發展、也包括了自己生活中具有意義的價值、道德與理想的應用。

肆　人本主義的觀點

　　人本主義的觀點強調人類有能力自我成長、有自由選擇自己的命運以及正向的生活品質。人本主義心理學家相信我們每一個人都有能力因應壓力、能控制自己的生活並且能夠完成我們所想要的事情，我們每一個人均能夠瞭解我們自己以及我們的世界，每一個人都可以破繭而出，成為美麗的蝴蝶。而人本主義的觀點最具代表性的即是羅吉斯以及馬斯洛的觀點。

圖 1-5　羅吉斯

一、羅吉斯的觀點

羅吉斯最重要的論點在於說明自我概念、提出無條件積極關注的概念。

1. **自我**：在談論到自我概念時，羅吉斯將真實我與理想我做出區分，真實我是指我們在現實生活中所經驗到的真實自我，是別人眼中的自己，理想我是指我們所期望的自己是一個什麼樣的人，是自己眼中的自己。若真實我與理想我的差距愈大，就表示我們愈不能適應這個環境，為了改善這種不適應的情況，我們可以發展出更為正向的現實我，而不必擔心別人是如何看待我們，若真實我與理想我的差距愈小，就顯示我們愈能自我統整。

2. **無條件積極關注**：羅吉斯強調我們可以藉由無條件積極關注幫助個人發展出更為正向的自我概念，並且認為我們有被他人接納的需求，而不只是強調我們做了什麼而已。所謂的無條件積極關注是指能以正向態度重視、接納一個人，不管這個人的行為是否好或壞。

二、馬斯洛的觀點

馬斯洛的需求層次理論對於人類需求與動機的說明有相當大的貢獻，人們可以藉由每一種需求的滿足而達到金字塔的頂端，在金字塔的最底部為生理需求，其次分別為安全需求、愛與隸屬需求、自尊需求，最後則為自我實現需求，如圖 1-6 所示。

1. **生理需求**：生理需求是人類生活最基礎的需求，也是眾多需求中最需要加以滿足的，包括飲食、睡眠、性等均屬於生理需求。

2. **安全需求**：人們必須要確保自己能免於戰爭或受害的需求。

3. **愛與隸屬需求**：愛與隸屬需求是指我們需要從他人獲得安全、情感與注意的需要。

4. **自尊需求**：自尊的需要是指我們要能夠使自己對自我的感覺較佳。

5. **自我實現需求**：金字塔的頂端是自我實現的需求，涉及了自我潛能的實現。馬斯洛認為當個人自我實現需求滿足的同時，會體驗到一種高峰經驗，這種經驗就好像登高山，往遠處眺望時所體驗到的舒服、愉悅感。

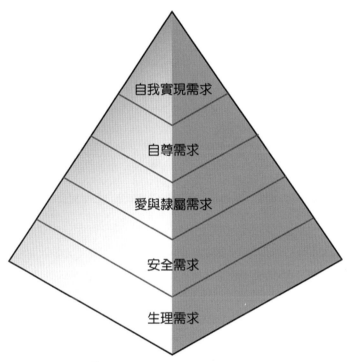

▶ 圖 1-6　需求層次理論圖

常有人疑問談戀愛時，麵包比較重要還是愛情比較重要呢？若採用馬斯洛的需求層次理論來看，麵包泛指生存基本所需，包括了薪資、生活物質的提供，所以是生理需求滿足的一環，而愛情則是指個人愛與隸屬需求的滿足。因此，我們在思考愛情與麵包熟重熟輕的情況下，不妨以需求層次來思考，愛情必須要有麵包為基礎，否則天天只為生計著想，是較難滿足愛與隸屬需求的。

第三節 親密關係的研究方法

壹 調查法

　　許多的調查法多採用量表、測驗調查的方式，方便實施且運用廣泛，因此獲得許多想要瞭解親密關係研究者的注意。在親密關係的研究中，調查法蒐集資料的方法大致上可區分為四類：

1. 利用自陳問卷的方式實施，將問卷發放給想要研究的對象，再回收統計結果。例如國內許多碩士論文均在探討學生的愛情態度，利用 Hendrick & Hendrick (1986)所編製的「愛情態度量表」，進行國中學生、高中學生以及大學生的愛情態度調查，並且將結果予以統計分析。

2. 利用網路問卷調查獲得資料，因為網路可以提供許多種優點：(1)網路可以讓大學生、不同背景、距離較為遙遠、特定團體的受試者接受調查，(2)當受試者完成調查，他們的回答記錄可以自動儲存，可以增加資料蒐集的有效性，(3)網路問卷調查比起傳統的紙筆測驗調查更能節省金錢，(4)網路聊天室以及佈告欄可以提供人類社會行為的豐富資料。此外線上論壇也可用以研究許多的主題，包括新主題的傳遞（宅男、宅女）、男女溝通方式與內容、性別偏見等(Gosling et al., 2004; Kraut et al., 2004)。

3. 其次學者發現可以利用個人所撰寫的日記或札記內所提到相關問題次數加以計分。例如 Kirchler(1988)讓夫妻記錄日記，有時是採用結構式問題為標準，用以追蹤關係中的資料，雖然這種次數記錄很耗費人力，但是卻可以提供相當真誠、未經隱瞞的資料。

4. 最後則是使用官方的統計資料庫、研究報告或是期刊所記載的統計資料，予以分析。例如國內的官方資料庫，中華民國統計資訊網、內政部戶政司的內政統計通報、行政院主計處的國情統計通報等，均是國內探討親密關係有用的數據資料庫。

貳　觀察法

　　觀察法的實施大致上可利用參與觀察、錄影帶記錄、生理現象記錄等。觀察法的實施雖然也涉及了自我報告的資料，但是這種談話的內容並不是要求談話的雙方各自坐在桌子的某一方輪流說出研究者所要的內容，重點主要是在於某些存在於關係中的問題，包括說話者的意圖為何？傾聽者聽到這些談話內容的反應為何？由觀察得到的內容加以編碼，盡可能地將雙方的相似性以及差異性加以記錄。例如男生可能說：「當你想要我對你做出承諾時，我會感到自己受到束縛」，這可能是說男生的目的是想要讓他的另一半，放棄要求自己立即要許下承諾；然而女生可能會說：「我將不會對你許下承諾」，這可能是在女生聽到後所做出的負面反應，觀察者也可能會對他們二人之間的其他問題做出記錄。

除了上述的參與觀察外，親密關係的觀察法還可以利用錄影方式做成記錄，再予以分析，這種方法可以提供有用的訊息。例如 Fichten (1984)在解釋伴侶間的衝突時，在訪談過程中以錄影帶評估伴侶之間那一位有較多的口語攻擊行為，這可以有助於釐清伴侶溝通方式是有效的，還是無效的。

觀察法的實施也並不一定在觀察人的外觀，Gottman & Levenson (1988)利用不同的狀況（例如衝突情況）評估夫妻的生理現象，包括心跳數、脈搏、皮膚情況等，他們發現有較多生理現象出現的夫妻，婚姻滿意度較差。

雖然觀察法相當耗時，但是可以經由方法的改善而大量運用於親密關係的研究，要注意的是在實施影帶記錄的觀察法時，受觀察者可能會因為自己正被觀察，而改變自己的行為，因此難以觀察得到真正的互動行為。

參　訪談法

有時最快、最容易獲得資訊的方法就是直接問問題，若我們想要瞭解個人的經驗、想法以及感受，可以利用訪談、提問題的方式加以瞭解，許多的訪談是面對面的，其他也可能利用電話訪問或是網路訪談的方式進行。要有好的訪談就必須要有具體、明確的問題，但是需要注意的是許多受訪者會提供社會認可的答案，例如你／妳有沒有性經驗？你／妳有沒有一夜情的經驗？即使受訪者有這類經驗，他們也可能會因為社會壓力而回答沒有，因為婚前性行為、一夜情多不被社會所接受，所以有技巧的訪談以及問題可以增加資料的正確性。

肆　個案研究法

個案研究法能更深層地探討親密關係，這種方法通常可以用來探討某個特定情況的個人生活，而這種特定情況是指除了這個研究對象

之外,已少有其他可供探討的案例,是具有獨特性的,例如男同性戀、女同性戀、家暴婦女的研究,均適合採用個案研究。雖然個案研究能提供對個人生活具有戲劇性、深層的描述,但是在解釋個案資料時仍應該小心,因為個案研究所得結果具有獨特性,該個案的特徵是其他個案所缺乏的,在研究結果的推論上仍應謹慎。

第四節 性別差異

一、身體／生理的差異

由於男女性身體／生理構造的差異,女性會較男性更長壽、也較不會有身體或心理的疾病,因此總結男女性在身體／生理的差異大致上有三點:

1. 女性的雌性素加強了女性的免疫系統,使女性更能抵抗感染。此外,女性荷爾蒙也促使肝臟製造較好的膽固醇,使女性的血管比男性的更具彈性;而男性的睪丸素會製造出低密度的脂蛋白,比較容易阻塞血管,所以男性罹患冠狀動脈疾病的機率是女性的二倍,壓力荷爾蒙愈多,便愈會使男性的血液凝結成塊,也有較高的血壓。

2. 女性的體脂肪是男性的二倍,且多分佈於臀部與乳房,對於男性而言,體脂肪較常堆積於腹部。

3. 一般而言,男性身高會高於女性身高的 10%,這是因為男性荷爾蒙會使得男性的骨頭成長得較長,女性荷爾蒙則會在青春期時阻止骨頭的成長。

二、能力差異

在傳統上多認為男生的數理、視覺空間能力較強,而女生的口語能力較強,然而這樣的結果並不能有一致性的結論,因為後續的研究證據發現,男女性口語能力、數理能力已經逐漸相似,而以前所發現

的口語能力、數理能力的差異，可能是因為父母多期望男生在課業上有傑出的表現，而女生只要遵守規則、誠實、乖巧就可以了。

三、社會情緒差異

男女性在社會情緒的差異包含了四個方面：

1. **談話形式**：Tannen (1990)將關係性的談話(rapport talk)、報告性的談話(report talk)做出區分認為，關係性的談話是指，談話的語言、方法是以建立關係為目的；報告性的談話則是指，談話要給予他人某些訊息，例如公眾談話即是一種報告性的談話。男性較擅長報告性談話，例如說故事、說笑話、演講等；相反地，女性則較喜歡私人的關係性談話，或是較喜歡以關係為取向的對話。

2. **攻擊**：男性較女性會出現較多的身體攻擊，但是在口語攻擊上則男女性沒有差別存在。

3. **情緒的調節**：女性較會情緒調節與情緒控制。

4. **表現**：在許多表現的領域有許多的性別差異，例如棒球運動中，我們很少看到有女性球員，同樣地，在護理領域中，96%的護理人員是女性。相反地，也有很多表現是沒有性別差異的，例如男女性均能堅持以達成任務，因此男女性在表現上的差異仍未有定論。

四、溝通

男女性在口語、非口語的溝通型態上也有差異存在，但是我們一般多認為女性會花比較多的時間聊天、也較常打斷別人的談話，但事實上正好相反。男生會花較多時間聊天、也較常打斷別人的談話，且在溝通時，男性更可能碰觸其他人，而女性則通常是被他人碰觸的。但是女性則比男性更能自我揭露，且在溝通時，女性也較男性表現出更為害羞的樣子。

五、情境中的差異

在我們要思考男女性別的差異時，我們必須將情境因素加以考量。男性在一個較為危險的環境中較願意伸出援手，他們也覺得自己有能力可以幫忙他人，例如在車禍中幫忙受傷者。相反地，如果這個情況轉移到自願性而不涉及危險性的環境時，女性較願意幫忙，且她們也會覺得自己比較有能力勝任，例如照顧小孩(Eagly & Crowley, 1986)。

在情境中的性別差異，也涉及了男女性情緒的差異。就以憤怒來說，當男性被挑戰時，較可能對陌生人，尤其是陌生的男生展現出憤怒的情緒，男性也較可能將憤怒的情緒轉變成為攻擊行為(Tavris & Wade, 1984)。另外，女性較可能在討論人際關係時表現出情緒，例如害怕、悲傷，特別是女性在談論到她們的朋友以及家庭時(Saarni, 1988)。

六、性態度

男女性別之差異亦出現在對性的態度上，男性較可能想到性、更可能在親密關係上放縱、更可能接受臨時的性行為，而不需要有任何的承諾，且會幻想與多個伴侶性愛(Oliver & Hyde, 1993)。另外，對男女性所做出的人生十大希望調查中發現，男女性均會許下例如渴望愛、健康、世界和平、能力強、富有，但是男性比起女性更會許下「我希望與我所選擇的任何一個人有性關係」(Ehrlichman & Eichenstein, 1992)。在世界上 52 個國家研究了 16000 個男女性，Schmitt (2003)發現男性較女性渴望更多的性伴侶、較多樣的性(sexual variety)，由以上可看出男性較女性更渴望性(Baumeister et al., 2001)。

七、看待男性與女性的差異

McNeely 等人(2004)研究了 326 位研究生如何看待男性，結果顯示，女性相信男性比女性更容易作弊、男性較不容易想起自己曾說過自己要做什麼事、男性較女性更喜歡同居而不喜歡結婚、男性較女性

更想要有性、且男性有較差的溝通技巧；同時，男性更可能相信超過
30 歲而未結婚的女人是不快樂的、男性也更相信女性是較易受控制、
很容易佔有的、可以操控的、且認為女性較喜歡金錢。

八、因應妒嫉的差異

因為第三者的關係，而導致愛情關係可能終止，而其間所產生的
情緒反應，即為妒嫉的概念。在一篇對大學生的研究中，一半以上的
人都同意，妒嫉的反應是正常的，而有三分之一的人認為自己是一個
容易妒嫉的人。以下為男女性別的差異顯示(Knox, Zusman & Breed,
2007)：

1. 當女生妒嫉時，她們通常會以吃來反應。
2. 當男生妒嫉時，他們通常會喝酒。
3. 當女生妒嫉時，她們通常會找朋友。
4. 女生也較會拒絕「妒嫉就表示自己在愛對方」的想法。

九、性暴力的性別差異

高達 95%以上的機率是由男性施予女性身上的暴力，此外男女性
所施加的暴力亦有所差異，女性虐待另一半多採用掌摑、推、撞，然
而男性所犯暴行，有的時侯是致命的攻擊(French, 1992; Jacobson &
Gottman, 1998; Wood, 1998)，事實上，親密關係的攻擊多與陽剛特質有
關。Thompson (1991)發現較具陽剛特質的男性與女性出現暴力的傾向
比沒有陽剛特質的男性與女性要多，然而親密關係中，暴力與攻擊行
為的發生，也有性別的差異存在。男性多半會使用身體暴力以獲得控
制、提昇自尊、貶損他人，女性多藉由暴力以保護自己，亦或是當其
他的因應方式無效時才會出現暴力(Campbell, 1993; Straus & Gelles,
1990)。

【活動一】比手劃腳

1. 請教師設計 6 個字以內的題目，例如酸葡萄、伊底帕斯情結、自我效能等三十題。

2. 請同學 4~5 人一組，每組派代表乙名出列，僅用動作來表示所獲得的題目，同組同學則必須猜出答案。

3. 不可以用嘴巴說出題目中的任何一個字，只要違犯，該題即不算分。

4. 各組限時五分鐘，答對最多題者即為優勝隊伍。

【活動二】六張小紙片活動

請同學拿出一張 A4 大小的紙，將其折成六張小紙片，如下圖所示。

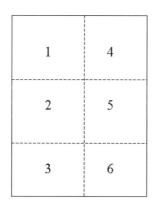

待同學折成後，沿虛線將之裁成六張小紙片，每張小紙片的左上角請寫上自己的姓名，並請同學自己完成第 1 張小紙片的句子，如下圖所示。

○○○是一個陽光、活潑、開朗、大方、善解人意的人。（至少寫出五個形容詞）

因為～～～～～～～～～

第一張紙片完成後，將第 2、3、4、5、6 張小紙片發送給自己的親朋好友，請他／她們協助完成如同第 1 張小紙片的句子，寫完後發回本人，並完成以下表格。

	他人知(他人寫到的特質)	他人不知(他人沒寫到的特質)
自己知 （自己寫到的特質）		
自己不知 （自己沒寫到的特質）		

【活動三】我爸爸媽媽說⋯

　　自從我們進入青春期，身體開始發育後，性在我們的生活中，便佔有一席之地，而最早教導我們有關性的相關知識的可能包括了父母、學校、朋友或是其他管道（報章雜誌、電視等），經由這些管道所傳遞的訊息有哪些？

1. 父母告訴你哪些性知識？

　　_____

　　_____

2. 學校告訴你哪些性知識？

　　_____

　　_____

3. 朋友告訴你哪些性知識？

　　_____

　　_____

4. 其他管道（報章雜誌、電視等）告訴你哪些性知識？

　　_____

　　_____

　　在以往傳統的年代，男女雙方的認識、結婚都是經由父母或是媒人的介紹或是媒合，現在認識異性已不像過去，但是父母親或是長輩都還是會告訴我們男女交往時應注意的事，他們都說了些什麼呢？

1. 爸爸說：

　　_____

　　_____

2. 媽媽說：

_____

_____

3. 朋友說：

_____

_____

4. 我自己認為：

_____

_____

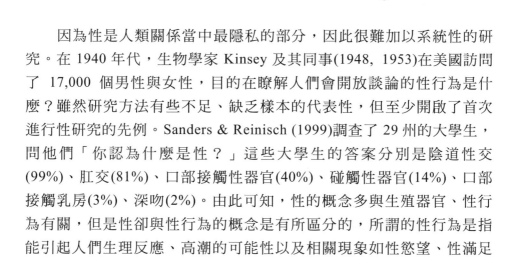

CHAPTER 02

性的生理基礎

　　因為性是人類關係當中最隱私的部分，因此很難加以系統性的研究。在 1940 年代，生物學家 Kinsey 及其同事(1948, 1953)在美國訪問了 17,000 個男性與女性，目的在瞭解人們會開放談論的性行為是什麼？雖然研究方法有些不足、缺乏樣本的代表性，但至少開啟了首次進行性研究的先例。Sanders & Reinisch (1999)調查了 29 州的大學生，問他們「你認為什麼是性？」這些大學生的答案分別是陰道性交(99%)、肛交(81%)、口部接觸性器官(40%)、碰觸性器官(14%)、口部接觸乳房(3%)、深吻(2%)。由此可知，性的概念多與生殖器官、性行為有關，但是性卻與性行為的概念是有所區分的，所謂的性行為是指能引起人們生理反應、高潮的可能性以及相關現象如性慾望、性滿足感、性態度等的人際行為(Sprecher & Regan, 2000)。而我們在日常生活當中也常將「性」(sex)與「性別」(gender)交互使用，但是這二個概念卻有其特定的意義，有必要加以釐清。

第一節　兩性關係中的性與性別

　　「性」是與生俱來的，具有生物學上男性與女性的特徵，而生物學上的性可以區分為二種：(1)遺傳學的性與(2)解剖學的性。遺傳學的性是由性染色體所決定的；解剖學的性則是具有男性與女性明顯身體外觀上的差異。「性別」則具有心理社會意義，是後天學習而來的，天生為男性或女性是不必要思考、感受的，但是生物上的「性」通常會被轉成為具有社會建構意義的「性別」觀念，也就是陰柔特質(femininity)與陽剛特質(masculinity)，而陰柔特質以及陽剛特質分別指的是女性與

男性的行為特徵,而這二個詞傳統被拿來當成性別角色刻板化的代表,例如男性不敢表現得太過柔弱,以免被視為娘娘腔,女性不敢表現得太過果決,以免被視為女強人。

壹 何謂「性」、「性別」

一、性(sex)

就遺傳學的性而言,「性」是在個體出生前即已決定,終其一生均會維持穩定;女性的染色體形態為 XX,男性的染色體形態則為 XY,荷爾蒙控制了第二性徵,諸如毛髮、月經週期、肌肉與脂肪組織的比例(Jacklin, 1989)。性會影響大腦半球的專門化,女性較善於使用控制創造力、直覺思維(intuitive thinking)、整體思考(holistic thinking)的右半腦功能,男性則擅於管理直線性思考以及抽象的分析思考(analytical thinking)的右半腦功能(Hartledge, 1980)。連接大腦半葉的神經纖維束－胼胝體(corpus callosum)的發展則是女性優於男性,因此女性可能對於使用二個大腦半球較具優勢(Begley, 1995)。性與大腦半球的專門化研究並未顯示性能決定大腦活動,因此男性與女性可能都受到社會化的影響而產生不同腦葉能力的發展(Hines, 1992)。

即使我們普遍認為生物學上的性是由二個類別所組成,即為女性與男性,然而目前的理論觀點建議生物學上的性是存在於一直線的連續層面上,這種觀點可以藉由兼具男女性之生殖器特徵之陰陽人(hermaphrodites)、個體的外生殖器與染色體核型相反之假性陰陽人(pseudohermaphrodite)等例子加以說明。其中假性陰陽人可區分為男假性陰陽人與女假性陰陽人,男假性陰陽人是指他本身擁有睪丸,但是卻也有女性的外生殖器官,而女假性陰陽人是指她本身擁有卵巢,但是外生殖器卻是男性;此外這種性別間重疊的現象也出現在比女性分泌較少男性荷爾蒙的正常男性、比男性分泌較少的女性荷爾蒙的正常女性(Morrow, 1991)。

二、性別(gender)

不像「性」是與生俱來、具有穩定性的,「性別」是由學習而來,並且隨著文化情境、一生中的經驗而有差異。當我們與他人、社會世界進行互動時,就會獲得性別概念,因此性別具有社會、心理特徵,性別是由男性與女性的意義與期望所組成,且是由社會所創造的。女性被期望要與他人親近、順從、善於情緒表達;男性則被期望要能獨立、果決、對自己的情緒有所保留。這種性別的社會化,尤其在小孩的照顧方式更為明顯,雖然性已決定了女性就是要生產、照顧嬰兒、餵奶,但性別則解釋了女性必須承擔起照顧小孩及他人的基本責任。研究顯示男性也能和女性一樣的敏感、會照顧他人、能表達愛意的(Kaye & Applegate, 1990; Risman, 1989),但是我們的社會還是持續期待女性能負起養育的責任,同時女性也被期待要能照顧老年人,因此女兒會承擔起照顧父母的大部分責任,而妻子則較先生提供更多的照顧(Wood, 1994)。

性別的意義會隨著時間與文化的不同而有所差異。以時間來看,美國在 1700 年時陽剛特質是指男性要身強體壯,但是到了工業革命,男性的價值就視其所賺的金錢而定。當時歐裔美國男性則被認為在公眾地位上要是負擔生計的人,同時歐裔美國人脆弱、華麗的女性形象則被能夠擔負家中生計所取代,因此女性被認為要能當一位家庭主婦(Cancian, 1987)。性別也會隨著文化的不同而有所差異。例如在尼泊爾,男性與女性均被期望能夠具有養育性,男性與女性一樣也被要求要能照顧小孩與老年人。即使是在美國,性別也會因社會團體而不同,因為性別具有社會意義,不同的社會環境會培育出對性別的不同期望,例如非裔美國女性果決、獨立,但歐裔美國女性則較順從(Halberstadt & Saitta, 1987)。此外,女同性戀較異性戀的女性更為自主(Huston & Schwartz, 1995)。

貳　青少年時期身體與心理的改變

許多研究者對於青少年(adolescence)時期的開始與結束均有不同的見解，一般來說，青少年期大致是於 12 歲開始，到 22 歲結束，這一段時期還可以細分為青少年前期（12~15 歲）、青少年中期（15~18 歲）、青少年後期（18~22 歲），在青少年時期會經歷到身體與心理的改變。

一、青少年時期身體的改變

而青春期(puberty)這個字，是來自於拉丁字「pubescere」，是指覆蓋毛髮的意思。少女的陰毛以及腋毛、少年的陰毛以及鬍鬚等均是。青少年時期會歷經急遽的身體改變，下視丘(hypothalamus)促動腦下垂體(pituitary gland)分泌性腺激素(gonadotropin)進入血液的結果，而使男性睪丸產生睪固酮(testosterone)、女性卵巢產生雌激素(estrogen)。

此外青少年身體的改變還包括第二性徵的出現，如女性的腋毛生長、乳房發育、子宮變大、月經來潮、陰毛生長、體型圓潤；男性鬍鬚生長、喉結生長、聲音低沈、腋毛生長、陰毛生長、陰莖、前列腺以及陰囊變大、肌肉發展，如圖 2-1 所示。而少女的生長發育於青少年時期要比少年快二年，少女會較其同年齡的少年要高。另外青少年的生殖器，包括男性的睪丸與陰莖，女性的陰唇也會變大。

就青少年的身體內部而言，男性的前列腺以及精囊開始發揮功能，使青少年開始有射精的現象，青少年第一次射精大約會發生在 13~14 歲左右，這會有個別差異存在，在 14 歲左右青少年射精的精液內會有精子產生。青少女身體內部改變則是月經來潮，子宮、子宮頸、陰道壁會因為荷爾蒙的分泌而產生第一次月經，稱之為「初潮」(menarche)，這通常會發生在 12~13 歲左右，其發生也存在著個別的差異。然而青少女初潮以及性成熟的年齡是很重要的，因為這關係著提早約會以及性交的開始(Phinney, Jensen, Olsen & Cundick, 1990)。非洲裔美國青少女乳房發育的平均年齡為 8.9 歲，白人青少女乳房發育的平均年齡為 10 歲，而初潮發生的年齡則分別是在 12.2 歲以及 12.9 歲。

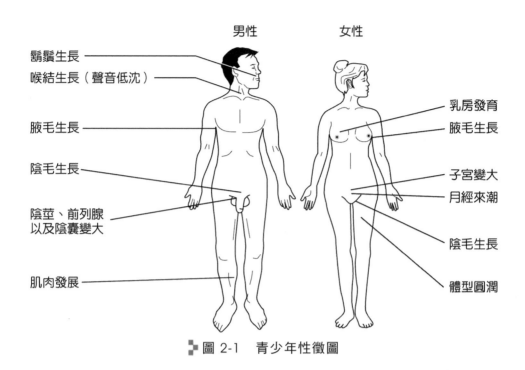

男性　　　　女性

鬍鬚生長

喉結生長（聲音低沉）

腋毛生長

陰毛生長

陰莖、前列腺
以及陰囊變大

肌肉發展

乳房發育

腋毛生長

子宮變大

月經來潮

陰毛生長

體型圓潤

◆圖 2-1　青少年性徵圖

我們的生理初體驗

　　以下為青少年陰毛發育、男性初次夢遺與女性初次月經的
經驗：

【陰毛發育】

　　「12 歲的時侯陰毛發育，自己是在洗澡的時侯發現的，很興
奮，因為自己變成大人了」（17 歲的男生）。

　　「13 歲的時侯洗澡發現自己長陰毛了，感到很好奇，也很不
舒服」（16 歲的女生）。

　　「大約在小六時或國一吧！就覺得很奇怪，為什麼會長出毛，
還拿過剪刀像剪頭髮一下剪掉，但後來發現毛變粗就不敢再剪」
（16 歲的女生）。

「大概在小六時，在某次洗澡當中，清洗身體才發現有像毛髮的細毛，數量不多，才一、二根而已，觀察後才發現跟毛髮有差異，陰毛很捲曲」（17 歲的女生）。

【男性初次夢遺】

「11 歲的時侯以為是尿床，所以沒啥感覺，長大後才知道那叫做夢遺」（17 歲的男生）。

「15 歲的晚上突然驚醒，感覺好像射精」（16 歲的男生）。

【女性乳房生長】

「因為發育得早，起初胸部會漲痛，超怕被別人撞到，第一次買內衣是媽媽帶我去買的，還記得專櫃小姐在幫我量大小的時侯，超害羞的」（16 歲的女生）。

「在小四時，穿衣服總覺得胸部有微微隆起，而且觸摸時，會有痛痛的感覺。我那時和媽媽一起到內衣店挑選剛發育時穿的學生型內衣，看起來像是半截的泳裝上衣，穿起來有點悶熱，到了乳房明顯時，才改穿為有鋼絲的內衣，而且穿內衣很麻煩，還得將旁邊多餘的肉肉撥進內衣」（16 歲的女生）。

「剛剛開始的時侯，是媽媽看我已經長大了，就自己去幫我買小可愛，到國一的時侯，胸部已經開始越來越大，就買一些沒有鋼絲的內衣，到現在高中了，媽媽會帶著我去挑自己喜歡的樣式」（16 歲的女生）。

【女性初次月經】

「13~14 歲之間，在看電視時，突然覺得一股熱熱的東西流出來，去廁所看發現有血，突然發現我月經來了」（16 歲的女生）。

「在國小四年級約 11 歲的時侯，都不敢跟家人說，怕他／她們笑我…後來媽媽發現她衛生棉少了很多，才知道我月經已經來了！那天媽媽還跟我說妳長大了，要更會保護自己！第一次的月經來了一個多月，最後還是去看婦產科才止住」（17 歲的女生）。

▣ 表 2-1　國外女生對於第一次月經來潮的情緒反應摘要表

反應	顯示反應百分比	反應	顯示反應百分比
驚訝	32%	與眾不同	13%
感覺自己長大了	24%	害怕每一個人知道	12%
尷尬的	23%	骯髒的	11%
噁心	15%	驕傲的	10%
害怕的	15%	擔心所要處理的事	10%
快樂	15%	悲傷	8%
更有女人的樣子	13%	與媽媽更為接近	5%

資料來源：Logan（1980）。

　　青少年早熟與受到同儕歡迎、感到較為放鬆(relaxed)、心地善良(good-natured)有關，然而青少女的早熟則與發展結果有不一致的現象產生，有些認為早熟的青少女享有較高的聲望並較具自信心，其他的則發現早熟的青少女較能自我覺察、較不受歡迎(Duncan, Ritter, Dornbusch, Gross & Carlsmith, 1990)。Duncan 等人(1990)也研究了體重增加對青少年自我意象的影響效果，發現當體重增加時，青少女認為自己變胖了，然而青少年認為自己變健壯了。由此可知，青少女對自己的身體意象較不滿意(Garner, 1997)，其中有 54% 的青少女滿意自己的身體，41%的青少年滿意自己的身體。此外在超過 5,000 名青少年的調查中，有 69%的早熟青少女、27%的早熟青少年想要變瘦，相反地，有較多的青少年(67%)對自己的體重感到滿意(Duncan et al., 1990)。

二、青少年時期心理的改變

　　青少年時期心理的改變包括了從孩童的依賴狀態轉變成為獨立的狀態、解決性取向的問題、對自己的性思想、態度與行為感到正常。其中從孩童的依賴狀態轉變成為獨立的狀態最常有的經驗是「矛盾心理」，例如青少女房裡可能同時有吹泡泡的瓶子，以及香水罐。在解決性取向的問題上面，學校當中仍存在一些不可見的少數團體，那就是男女同性戀的青少年、青少女，據估美國男女同性戀的青少年、青少

女人數大概為 290 萬人(Bailey & Phariss, 1996)。另外青少年、青少女還想要覺得自己是正常的(Campbell & Campbell, 1990)，尤其是自己對於性的思想、態度與行為，在 61 個男大學生中有 40%的人認為他們很關心自己對性思想、態度與行為的正常性(Metz & Seifert, 1990)。

此外，如果青少年最好的同性朋友有婚前性行為、喝酒、抽菸、賭博等偏差行為，那麼青少年也會有這些行為(Rogers & Rowe, 1990)。性知識的主要來源也是來自於同儕(Andre, Frevert & Schuchmann, 1989)。在 288 位國高中學生的調查研究顯示，學生性知識的來源主要來自於朋友，其次是學校、書本與雜誌、父母，較少從電視或電影中獲得性的知識，且僅有一半的青少年認為自己從兄弟姐妹、醫生與護理人員獲得性知識。女生比男生更常從父母那獲得性知識，男生則比女生更常從電影裡獲得性知識，年紀大的學生比年紀小的學生更常從朋友那獲得性知識，這是因為年紀較大的學生有較多的自由可以討論性的相關主題(Davis & Harris, 1982)。

第二節 兩性的性生理結構

壹 女性的生理結構

一、女性的外部生殖結構

即使是生活在醫學、生理學等各方面知識充足的時代中，仍有許多女性並不知道其生殖器官正確科學名稱(Tavris, 1992)。很少有女性會直接稱呼自己的性器官為「陰道」，反而是以「那裡」加以取代。實際上，陰道是女性的內部生殖器官，由外部是無法看見的，而女性的外部生殖器官包括了陰阜、陰蒂包皮、陰蒂、尿道開口、小陰唇、陰道開口、處女膜、大陰唇等，如圖 2-2 所示。

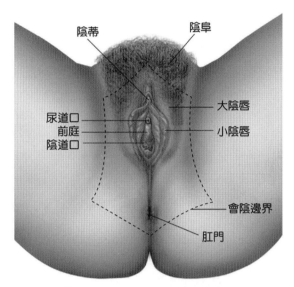

圖 2-2　女性外部生殖器

(一) 陰阜

　　陰阜是一種似軟墊的脂肪組織，座落在恥骨上，陰阜的拉丁字為「情欲的小丘」(mound of Venus)。陰阜就像是一個軟墊在從事性行為時保護著女性的陰部，因為該區域充滿著許多神經末端組織，女性通常可以藉由該區域溫和的刺激而達到愉悅的感覺，在青春期時該區域會覆蓋陰毛。

(二) 陰唇

　　大陰唇是兩個瘦長的皺褶脂肪組織，從陰阜延長到會陰部，而會陰部是指介於陰道開口與肛門間的皮膚區域。另外位於大陰唇之間的兩個無毛、平坦的皮膚皺褶即為小陰唇，小陰唇覆蓋了尿道口及陰道口，並且向上連結形成陰蒂包皮，陰蒂包皮包覆著陰蒂。小陰唇並不會突出超出大陰唇的包覆。

　　小陰唇有許多神經末端組織，使其對觸覺刺激格外敏感，此外小陰唇也充滿了血管。在性刺激時，小陰唇會充血，這會使得小陰唇腫脹、改變顏色，若持續的刺激，小陰唇的內表皮會獲得巴氏腺體

(Bartholin's glands)分泌少量黏液分泌物，巴氏腺體位於小陰唇的底部，巴氏腺體的分泌並不會有助於陰道的潤滑，該腺體的主要作用目前仍未知。

(三) 陰蒂

女性最敏感的生殖器組織即是陰蒂，位於小陰唇的上端，而陰蒂(clitoris)於希臘字的意思即為「要隱藏起來」，當有外力碰觸、壓迫時會有性知覺、性快感產生，在未受刺激前僅能看到陰蒂頭，這是一個小型外在球型突出組織，位於陰蒂包皮內，直徑大小 0.64 公分。

陰蒂的發展來自於如同陰莖般的相同組織，也佈滿了許多的神經末端，若有外在的刺激也會像陰莖一樣腫脹，但是不能將陰蒂視為小型的陰莖，因為陰蒂不具有生殖與泌尿功能。

(四) 尿道開口

尿道開口位於陰道開口之上，陰蒂之下，由於女性尿道長度較短，且較靠近肛門，因此較男性更容易受到膀胱發炎的感染，最常見的症狀是在排尿時，時常伴隨著灼熱感，這主要是因為尿道開口內的細菌所產生的。為了避免發炎的情況，必須要由陰戶處往肛門的方向清潔，例如上廁所時衛生紙的擦拭方式即為由前往後擦拭。

(五) 陰道開口

陰道開口位於大陰唇之間，稱之為前庭，包括尿道開口以及陰道開口，或稱之為「入口」(introitus)。陰道開口就像肛門一樣，包圍著一圈括約肌，雖然陰道開口可以擴大到足以通過生產時嬰兒通過的大小，這些肌肉也會在緊張的情況下，本能性的收縮。

陰道開口會有一個薄的黏膜加以覆蓋，我們稱之為處女膜(hymen)，處女膜均被視為女性是否為處女的根據，以往新婚的女性如果沒有處女膜可能會被送回娘家、流放、或甚至是受到折磨或殺害。然而處女膜並不能用來斷定一個女性是否為處女，有些女性出生即無處女膜或

處女膜不全，有些女性可能會因為劇烈的身體活動而導致處女膜破裂，也有可能因為放入衛生棉條而破裂。相反地，有些女性即使在性行為、生產後，處女膜也沒有破裂，而許多醫生也無法藉由處女膜來斷定一位女性是否為處女。

二、女性的內部生殖結構

女性的內部生殖結構包括陰道、子宮、輸卵管以及卵巢。

(一) 陰道

陰道是從陰戶到子宮頸，長約 7.6 至 12.7 公分長的肌肉質管，陰道位於膀胱之後，直腸之前。陰道壁是一個柔軟、黏膜似的表面；平時陰道壁是摺疊起來的，在性興奮時，會因為充血而腫脹，按壓會使得黏膜內壁分泌些微的液體。陰道可以做為月經時經血的流通管道、生產時的產道、性行為時的器官。

有人認為陰道是人體中很髒的部分，事實上，陰道具有自清的功能，在陰道內會發現益菌以消滅其他有害的細菌，此外陰道壁的分泌物也有助於維持陰道的酸性環境，女性清潔噴霧的使用以及過度的盥洗均會產生過敏、發炎、陰道感染。

陰道的後 1/3 則是由骨盆腔的肌肉所包圍，包括恥尾肌(pubococcygeus)、提肛肌(levator ani)，這些肌肉會影響性的功能運作，如果肌肉太過緊繃，要進入陰道則會相當困難。某些性的治療師提倡凱格爾運動(Kegel Exercise)，這是一種利用解一點點小便，然後把小便憋住，重覆多次來熟悉骨盆底肌肉收縮的骨盆體操。

(二) 子宮

子宮類似一個小型、上下顛倒的洋梨，一個未懷孕的女性其子宮的長與寬大約 7.6 公分，這是受精卵細胞發育成為胚胎的地方，人體的其他組織均無法像子宮一樣在懷孕期間擴張那麼大，藉由韌帶可以將子宮托住，使其與陰道成九十度垂直座落於骨盆腔內。

子宮底部是一個寬且圓的部分，而狹窄且伸向陰道的部分即為子宮頸，該組織感覺像是一個小的、滑的腫塊，常態下子宮頸的開口就如同鉛筆的直徑大小一樣，生產時會擴大約 10.2 公分，以利胎兒通過。

(三) 輸卵管

從子宮連接到卵巢的輸卵管大概延伸 10.2 公分左右，輸卵管從卵巢運送卵子到子宮，耗時約三天。但是輸卵管並不直接與卵巢相連接，漏斗型狀的卵巢末端管腺鄰近卵巢，且輸卵管的繖部(fimbria)像掃把，可將卵子掃進來，每一個月會有一個卵子藉由一條輸卵管中的纖毛運動往子宮方向運送。卵子的受精亦在這裡發生，若受精卵未在子宮著床，即為子宮外孕(ectopic pregnancy)，最常見的例子是發生在輸卵管，這對於母體的健康是相當嚴重的威脅，必須要以手術加以移除。另外女性的結紮就是將輸卵管予以捆綁便可以阻止卵子的受精。

(四) 卵巢

　　卵巢受到韌帶作用而附著在子宮的兩側，是女性的生殖腺，這兩個杏仁狀的結構有二大功能，分別是製造卵子、製造女性荷爾蒙（雌性素與黃體激素），在新生兒誕生時，其體內大約會有200萬個不成熟的卵子，每一個均受到半透性膠囊的包覆以形成濾泡。青春期時，某些濾泡開始成熟，但一個女性的一生僅有400~500個成熟的卵子會被釋放出來。

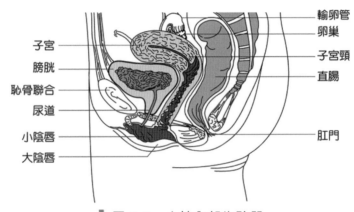

⊹ 圖 2-3　女性內部生殖器

貳　男性的生理結構

一、男性的外部生殖結構

男性外部生殖結構包括了陰莖以及陰囊。男性的生殖器在外觀上與女性的不同，且男性的生殖器也沒有所謂的正常與否，如圖 2-4 所示。

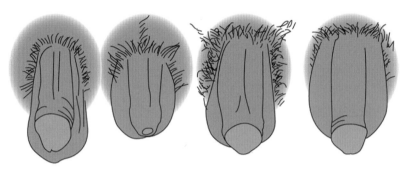

▶ 圖 2-4　男性生殖器

資料來源：McCammon, Knox & Schacht(1998)，頁 63。

(一) 陰莖

陰莖是男性基本的性器官，在未勃起的情況下，陰莖是軟的、吊掛在雙腿之間的，當接受到性刺激時，陰莖會擴大、變硬、豎起，而能穿透、進入陰道，陰莖不僅能將精液送到女性的陰道內，更是從膀胱將尿液排放出來的管道。

與女性的陰蒂相同，陰莖也佈滿了許多的神經末端，陰莖的本身並不會像龜頭般的敏感，不像某些哺乳動物。人類的陰莖是不包含骨頭的，亦不包含肌肉，以陰莖的橫切面來看，陰莖可視為由三個平行的圓柱狀組織所構成，這些圓柱狀組織包括了二個陰莖海綿體(cavernous body of penis)及一個尿道海綿體(cavernous body of urethra)。當陰莖勃起時，可以感覺到尿道海綿體位於陰莖的下側，而陰莖佈滿了許多的血管，當陰莖受到刺激後動脈膨脹，靜脈血液流出減少，血液進入陰莖的量多於離開的量，使得海綿體充滿血液，導致陰莖勃起。尿道開口及尿道位於龜頭的頂端。

(二) 陰囊

陰囊位於陰莖下方包覆睪丸，在皮膚之下的是肌肉纖維的薄層，當溫度變冷時，肌肉纖維會收縮向上提，使睪丸更接近身體，當溫度提昇時，肌肉纖維放鬆，使睪丸遠離身體。另外在陰囊皮膚存在許多腺體會產生汗水以調節睪丸的溫度，且低於正常體溫下，精液才會製作，否則會產生不孕的情況。

二、男性的內部生殖結構

男性的內部生殖結構包括睪丸、導管系統、精囊、前列腺等，如圖 2-5 所示。

(一) 睪丸

睪丸是男性的生殖腺，與女性的生殖腺卵巢一樣是發育自胎兒期組織的，睪丸的拉丁字意思是指證詞的意思，在聖經存在時代，當某人要做證時，這個宣誓者會握住自己的睪丸，從此後就變成了慣例，

到了羅馬時代才修改了這項慣例。基本上，男人的話就好像他們的睪丸一樣是很好的(Rosen & Beck, 1988)。

這二個卵形的的睪丸藉由精索(spermatic cord)懸浮在陰囊中，且受到纖維鞘膜(fibrous sheath)的環繞，對於慣用右手者，其左睪丸位置低於右睪丸是很正常的，慣用左手者，其右睪丸位置會低於左睪丸的位置，然而二個睪丸大小應該相同，若其中一個較大應該要請醫生做個檢查。

睪丸的功能有二種，分別是要製造精蟲與荷爾蒙，每個月會有數十億個精蟲在細精管(seminiferous tubules)中產生，男性荷爾蒙（睪固酮）也會在萊氏細胞(leydig cell)中產生，萊氏細胞也存在於細精管中。

在出生時，睪丸正常應該在陰囊內，但是某些新生兒的睪丸卻未能由腹腔中下降至陰囊，若是有這樣情況就是所謂的「隱睪症」(cryptorchidism)，大概有 3~4%的新生兒有這種情況(McClure, 1988)。由於精子的製造會受到溫度的影響，陰囊的平均溫度大約低於體溫的3.1°C(Tessler & Krahn, 1966)，而精子的製造在這種低的溫度下較為適當，此外隱睪症還很有可能會產生疝氣、睪丸癌(Walbrecker, 1995)，若要讓睪丸得以降至陰囊中，手術或荷爾蒙的治療就成為必要。

因此男生在決定生育時應讓陰囊的溫度不致過高，有以下幾點建議：

1. 穿較為寬鬆的內褲，儘量少穿三角褲。

2. 避免曝露在溫度過高的環境下工作超過三十分鐘。

3. 避免太常泡溫泉、泡熱水澡、洗蒸氣浴等。

4. 避免久坐。

（二）導管系統

數百條細精管聚集在一起以形成副睪(epididymis)，副睪的位置是在每一個睪丸的上方，狀似英文字母 C，內含許多迴旋管腺，若將之展開可以延伸大概 6.096 公尺長，而精蟲成熟後也必須要花費 2 至 6 週的時間從副睪中離開。若成熟的精液未射精而離開人體，會被人體自然

吸收，排出時經由輸精管，它是一條細長的導管，且相當接近陰囊的皮膚表面，因此男性的結紮手術只要將輸精管予以切除、縫合即可，相當簡單。

　　精液藉由導管的第二部分離開陰囊，這些 35.56~40.64 公分的雙導管從副睪上越過膀胱到達前列腺，在前列腺混合了前列腺液以形成精液。導管系統的最後一個部分長大約 20.32 公分，被區分為前列腺、膜、陰莖等三個。於前列腺部分，先前一對的導管系統結合在一起以形成通過尿液與精液的路徑，這也就是所謂的尿道，男性尿道的功能不但從膀胱輸送出尿液，也輸送精液。尿道的括約肌環繞膜部尿道 (Membranous urethra)，使個體得以控制排尿。陰莖中的尿道通過陰莖的海綿體，尿道開口在龜頭的頂端。

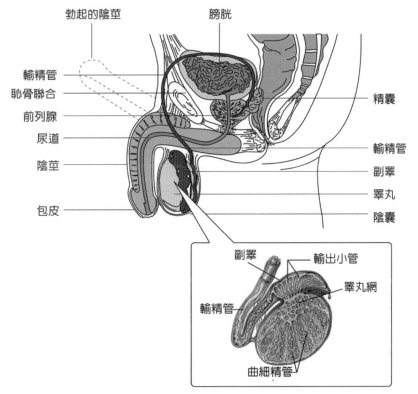

🔹 圖 2-5　男性內部生殖器

(三) 精囊與前列腺

　　精囊就像小囊泡一樣，左右各一個，長約 5.08 公分，且精囊多被錯認為是貯存精液的地區，事實上精囊會分泌一種鹼性液體，富含果糖、前列腺素，並且與精液混合，而流到前列腺體，而糖分可能是在提供精子養分以及活動力(Spring-Mills & Hafez, 1980)。前列腺素會引起子宮收縮，可能會有助精子在女性生殖系統內活動。

　　許多精液來自前列腺，就像栗子大小的結構位於膀胱底下，前列腺左右各一個，而在直腸之前，射精管腺連結了尿道，尿道的起點是膀胱，形成了排尿與射精的共同通道。在青春期時，前列腺會增大以增加荷爾蒙的分泌量，當男性愈老，前列腺會縮小，但是如果前列腺變得過度肥大，就會壓迫尿道，阻礙排尿，如此一來便需要以手術將之切除。而前列腺發炎是常見的男性感染症狀，主要症狀是在排尿與射精時會有灼痛感，這可以抗生素治療。另外隨著年紀增長，男性罹患前列腺癌的機率會增加，因此男性每年應定期做前列腺檢查，醫生會將手指伸入直腸，以觸診的方式檢查前列腺的任何不尋常情況。

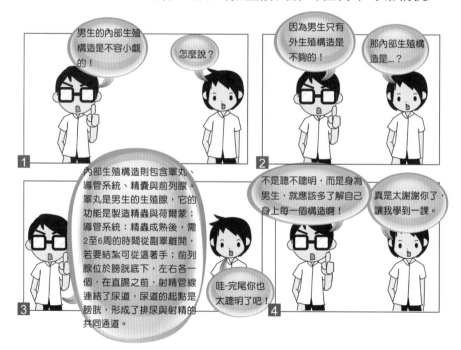

參　兩性的性反應階段

　　性的反應階段的命名與研究較為著名者首推 Masters & Johnson 的研究，他們將性的反應階段區分為四個階段，分別是刺激期、高原期、高潮期、解除期(Masters & Johnson, 1966)，然而這些階段有可能會重疊，並不是絕對的。

一、刺激期

　　在刺激期人們會因為荷爾蒙、視覺、聽覺、嗅覺、觸覺以及認知上的刺激做出反應，對男性與女性而言，在刺激期的性反應多是因為神經的激發（如心跳增加、肌肉緊繃以及血液流動快速）、生殖器的激發（如血管收縮、生殖器充血）所引起，其他的還包括對刺激敏感、對疼痛敏感等特徵。對女性來說，血液流動快速也被稱為血管收縮(vasoconstriction)，而使得其生殖器（大小陰唇、陰蒂）、乳房充血，同時也使得陰道獲得潤滑的作用；對男性來說，明顯可見的是因血管收縮，生殖器充血使得陰莖勃起，陰囊收縮、睪丸提升也發生在這個階段。

二、高原期

　　高原期是覺醒期的延續及增強，這個時期經常藉由身體的刺激而產生與維持。男性在這個階段會分泌類似精液的潤滑液，這通常包含了精液，這也就是為什麼「性交中斷法」不是一個良好避孕的方法，且在性交之前會傳染疾病的原因。同時男性生殖器會微微地增加堅硬的程度，提昇的睪丸也持續地提昇接近身體，男性的陰莖也會在這個時期微微地增大，睪丸也會變大，很多男性龜頭的顏色會轉為較深的紅紫色。女性在這個階段陰蒂會隱縮在陰蒂包皮內，若此時直接刺激陰蒂會感到痛苦與不舒服，陰道充血的情況更多，子宮上升使陰道內產生了能容受物的效果。性潮紅(sex flush)是一種短暫的潮紅現象，可能在乳房、胸部產生，且乳頭可能豎立、乳暈可能變大。

三、高潮期

　　高潮是指性刺激的高峰，且是一種緊張釋放的強烈愉悅感覺，在生理上男性與女性均會產生呼吸急促、心跳加速、血壓上升等現象。女性經驗到高潮時陰道、子宮、直腸括約肌會產生有節律的收縮，這些收縮會以 0.8 秒的間隔出現，隨後在強度、持續性以及規律性上減少 (Masters & Johnson, 1966)。較為溫和的高潮大約有 3~5 次的收縮，然而強烈的高潮則有 10~15 次的收縮，另外 Masters & Johnson 也認為女性陰蒂的刺激對於達到高潮是必要的條件。男性經驗到高潮時多半伴隨著射精，然而男性達到高潮即射精的現象並不是同時發生的，男性高潮是指其節律性的肌收縮、性緊張的釋放，射精是指精液的釋放。男性的高潮多可區分為二階段，第一階段是指來自前列腺、精囊中的液體集結之後，男性將不可避免的射精，第二階段的高潮是指男性的陰莖每間隔 0.8 秒便會收縮 2~3 次，而這種收縮也可能會有更長的間隔時間，以將精液送出。

四、解除期

　　在高潮之後，性反應的解除期開始，這是指人體回復到受刺激前的情況，就女性而言，陰道在寬度及長度上會縮短，陰蒂會回到其正常的狀態，就男性而言，通常陰莖逐漸會下垂，睪丸會縮小，睪丸也會回到陰囊中，而男性與女性的呼吸、心跳、血壓均會回復正常，且會出現些許的汗液。在解除期，人們較不喜歡的生殖器刺激，亦即女性的陰蒂及男性的龜頭均是在高潮後較不喜歡再受到刺激。

第三節 性的相關問題

壹 手淫

手淫(masturbation)是指個人以任何自我刺激的方式製造性激情，而達成性的滿足。手淫不管是在婚前、結婚、婚後，在男性、女性來說均是相當普遍的現象，研究顯示 92% 的男大學生、64%的女大學生均有手淫的經驗(Story, 1982)，但都顯示男性手淫的比例均較女性為多，此外，男性也較女性更常有性幻想(Jones & Barlow, 1990)。

實際上所有健康、醫學以及心理領域的專家均認為手淫是成長過程的正常現象，對於身體或心理也不會有任何的傷害，更不會對日後的婚姻生活的性適應產生任何的影響。事實上，手淫可以協助個人學著瞭解自己的身體、發展出性的認同、並且提供性的釋放；手淫唯一的缺點並不是因為活動的本身，而是因為罪惡感、害怕與焦慮等感受，這是因為青少年認為手淫可能會傷害身體或是產生問題。

然而這種手淫是不好的迷思是很難以破除的，有研究者發現仍有15%的青少年相信手淫是錯的(Santrock, 1987)，某些青少年相信手淫會產生心理的傷害、性無能，但是只要是手淫不過度，它並不會引起個體身體或心理上的傷害。但是什麼是過度呢？這或許可以參照閱讀小說或是看電視來做比喻，讀小說、看電視的活動本身並沒有害處，但是當我們耗費很多時間與精神，而使自己無法負擔時，就是過度了。

貳 性傳染病

性傳染病是指藉由性接觸而傳染的疾病，性接觸的途徑包括口對生殖器、肛門對生殖器的接觸、以及陰道性交。主要由細菌所感染的性傳染病包括了三種：淋病、梅毒、衣原體；主要由病毒所感染的性傳染病包括了三種：生殖器疱疹(genital herpes)、人類乳突病毒(human papillomavirus, HPV)、後天免疫缺乏症候群又名愛滋病(Acquired Immunodeficiency Syndrome, AIDS)。

一、淋病

淋病是一種常見的性傳染病,主要是由耐瑟氏淋球菌(*Neisseria gonorrhoeae*)所引起,於口腔、咽喉、陰道、子宮頸、尿道、直腸道等黏膜內繁殖,傳染途徑是來自於人與人之間潮溼的黏膜所傳染。淋病可藉由早期以盤尼西林、抗生素加以治療,若未經治療,淋病可能會導致組織的感染。

二、梅毒

梅毒是由梅毒螺旋體所感染,該種細菌喜愛生長在一種溫暖、潮溼的環境,傳染途徑是來自於陰莖對陰道、口對生殖器或是肛門接觸,其次,梅毒也可以於懷孕四個月後的婦女垂直傳染給胎兒,因此在此之前應該要以盤尼西林治療,便不會傳染給胎兒。若梅毒不經治療,後期可能會導致癱瘓、死亡。

三、衣原體

衣原體又稱為砂眼披衣菌(*Chlamydia trachomatis*),傳染途徑包括性接觸以及生殖器組織的傳染,雖然這種性傳染病較少被提及,但是卻有很高的發生率。男性患病會在生殖器附近出現症狀,所以較容易獲得治療,但是女性患病會因為不出現明顯的症狀而延誤治療,最後產生骨盆發炎的疾病,進而產生子宮外孕(受精卵著床於子宮外)。

四、生殖器疱疹

生殖器疱疹是由許多不同種類的病毒所感染,包括小孩長水痘、單核白血球過多症(mononucleosis)等均是非性傳染途徑,在三至五天的感染後,會有發癢、刺痛的感覺出現,繼而會出現水泡及發疹,並持續三週的時間,也可能在數週或數年後復發。

雖然「無環鳥苷」(acyclovir)能減緩症狀,目前對於生殖器疱疹的治癒方法仍是未可知,病毒可以藉由非乳膠製的保險套傳染,患者會害怕自己無法因應此種疼痛以及下次發作的痛苦,正因為這些原因,具有能支持生殖器疱疹患者的公益團體、私人機構應該要能予以注意與關懷。

五、人類乳突病毒

　　人類乳突病毒會使患者生殖器產生疣，這種疣如一元硬幣般大，也會小到肉眼無法辨識，傳染途徑是藉由性行為、生殖器與患者的接觸。患人類乳突病毒的女性患者得到子宮頸癌的機率會大增，生殖疣可經醫生加以移除，即便如此，普遍相信，一旦個體感染病毒，人類乳突病毒將不會消失。

六、愛滋病

　　沒有哪一種性傳染病對於社會大眾的影響比愛滋病還要大，愛滋病是藉由人類免疫缺乏病毒(HIV)所感染，該病毒會破壞人類的免疫系統，一經感染，個體正常的免疫系統會隨之遭到破壞。由於愛滋病在感染病毒到發現症狀有很長的潛伏期，因此較難以發現，在感染之後可能會產生某種疾病或是死亡，因此僅能儘量避開危險的傳染途徑，但是哪些是危險行為，那些是安全的行為呢？作者列如表 2-1。

❂ 表 2-1　感染愛滋病的安全與危險行為摘要表

危險行為	安全行為
1. 有多重性伴侶	1. 沒有性行為(或禁止性行為)
2. 與他人共用針頭或注射器	2. 有性行為，但是沒有體液的交換
3. 肛交、口交與性交而沒有使用保險套	3. 性行為的伴侶未感染愛滋病毒，常保持單一性伴侶
4. 與有使用毒品者性交或口交	4. 沒有注射藥物
5. 與陌生人性交、或與有多重性伴侶者性交	5. 每天在學校、工作場所、商店等可能接觸到的人
6. 與已感染愛滋病者進行不安全的性行為(沒有戴保險套)	6. 在游泳池游泳，即使是與已患愛滋病患者同在泳池中
7. 受到感染病毒的血液的輸血	7. 蚊蟲叮咬
8. 母子的垂直感染	8. 接觸唾液、汗水、淚水、尿液或排泄物等

表 2-1　感染愛滋病的安全與危險行為摘要表（續）	
危險行為	安全行為
	9. 親吻（雙方沒有傷口可供感染的情況）
	10. 衣服、電話、坐式馬桶的接觸
	11. 他人使用過的眼鏡以及餐具的接觸
	12. 與感染愛滋病患者共同搭乘公車、火車或是擁擠的電梯

參　打破性的迷思

　　我們從小到大均對性存有許多幻想、懷疑與迷思，所謂的迷思是指無法符合現實清況的主觀感受。性的迷思包括性等於性交與高潮、老年人對性不會感到興趣等。Beckman 等人(2006)研究了 563 個 70 歲的老年人對於性的興趣與需求發現，有 95%的老年人仍對性存有興趣與需要，且將近 70%的已婚男性與 60%的已婚女性仍持續有性行為。我們在日常生活中也常會受到這些性迷思的影響，表 2-2 即呈現某些性的迷思，供做參考。

❖ 表 2-2　普遍性迷思摘要表

1. 女性私底下是想要被強暴的
2. 女性較不會有自慰的行為
3. 正常的女性可以從男性陰莖的交媾獲得高潮
4. 自慰是一種病態
5. 我的性伴侶應該會喜歡我在性行為所喜歡做的事
6. 性行為多半在60歲之後就會停止
7. 性行為時使用保險套可以避免愛滋病的感染
8. 性教育會使得孩童混淆男女關係
9. 勃起才能保證有令人滿意的性行為
10. 除非男性勃起，否則他不會有性的高潮
11. 高潮才能保證會有令人滿意的性行為
12. 婚外的性會毀掉婚姻
13. 婚外的性會增強婚姻
14. 許多人均對性有正確的認識
15. 許多女性喜歡自己的另一半有較大的性器官
16. 喜歡性愛的女生是很隨便的人
17. 喜歡看色情圖片或影片的人最後都會有性犯罪的行為出現
18. 與性伴侶同時有性的高潮是性行為最根本的目標

資料來源：Knox & Schacht (2008)。

第四節 避孕

在我們所認識的避孕方法中，通常包含二種目的：其一是在避免男性的精子與女性的卵子結合，其二則是要避免受精卵在子宮中著床生長(McCammon, Knox & Schacht, 1998)。避孕方法共包括了荷爾蒙避孕法、保險套、避孕器裝置(intrauterine device)、子宮帽(diaphragm)、子宮頸帽(cervical caps)、殺精劑(vaginal spermicides)、週期性節慾法(periodic abstinence)等七種。

壹 荷爾蒙避孕法

荷爾蒙避孕法多為女性所使用，包括口服避孕藥、諾普蘭(Norplant)、狄波-普維拉(Depo-Provera)、事後避孕丸(morning-after pill)。

一、口服避孕藥

口服避孕藥是最常使用的非手術形式避孕方法，口服避孕藥的主要目的在抑制排卵，可區分為複方避孕藥(combination pill)以及黃體素製劑(minipill)等二種。複方避孕藥包含了雌激素(estrogen)、黃體激素(progesterone)，雌激素抑制了促卵泡激素(follicle-stimulating hormone, FSH)的釋放，而使得濾泡無法成熟變成卵子，另外因為黃體激素的關係使得女性無法排卵，黃體激素也使子宮頸黏液偏酸性、變得較黏稠，不利於精子到達子宮而阻隔精子，其次，黃體激素也使得子宮的內膜發生改變，而無法讓受精卵於子宮中著床。複方避孕藥是在月經來的第五天開始服用，一天一粒，定時連續服用 21 天後，即不需服藥，停藥後的第八天即又要開始服用下一包藥錠，如果忘了服用，就應即刻補用，並且要在次日的同一時間再次服用，如果忘了服用二日以上，最好尋求醫師或在性行為使用保險套或輔以其他避孕方式。

另外黃體素製劑的服用必須有醫生的指示，而有些婦女即使在服用黃體素製劑後仍可能會排卵，主要的功能在使子宮頸黏液偏酸性、

變得較黏稠，不利於精子到達子宮，而達到阻隔精子的作用。有血凝塊(blood clot)以及高血壓均不適合服用。然而這些口服避孕藥會有陰道感染、噁心、輕微的體重增加、頭痛、某些女性還會有憂鬱、失去性慾等副作用。即使有許多女性認為服用避孕藥會傷害自己的身體，但最重要的是應該要有瞭解自己病史的醫生指示用藥。

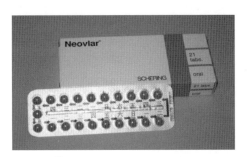

⬥ 圖 2-6　口服避孕藥

二、諾普蘭

　　諾普蘭是由六個細小、有彈性、狀似火柴棒的矽樹脂膠囊，並充滿了合成的黃體激素，植入上臂的皮膚下，在植入的二十四小時內即可提供有效的避孕作用，主要的好處是諾普蘭可以提供持續五年的避孕效果，而在移除之後的二十四小時內即具有懷孕的能力(Darney, 1994)。這種長效其實也伴隨著一些副作用，包括偏頭痛、氣喘、月經失調、體重增加等，然而這種避孕方式的使用率已有下降的趨勢，主因在於廠商未能告知使用者可能產生的潛在問題。

三、狄波-普維拉

　　狄波－普維拉是一種綜合性、與黃體激素相似的混合物，目的在抑制女性的排卵，用以注射在女性的手臂或臀部，避孕效果長達三個月，避孕失敗率小於 1%。由於狄波法只有黃體激素，而沒有雌性素的相關副作用，狄波法的副作用最常見的包括不規則出血，較少見的則是在使用後的頭一個月會出現大量出血、心情改變、頭痛、頭昏眼花、

體重增加的現象(Earl & David, 1994)，要注意的是狄波－普維拉與其他荷爾蒙避孕法一樣，並不能預防性的相關傳染病。

四、事後避孕丸

在未採取保護措施的情況下從事性行為，即有可能會懷孕的情況下，就必須服用事後避孕丸，換言之，為了在性行為後採取避孕，取用高劑量的荷爾蒙（雌激素與黃體素）就成了最常用的方法(Wentz & Huggins, 1994)，而這些荷爾蒙會影響子宮內膜，而使得胚胎無法著床，達到避孕的效果(Grou & Rodrigues, 1994)。事後避孕丸必須在從事性行為後的 72 小時內服用，噁心、嘔吐是常見的副作用，而長期服用對胎兒與婦女的健康影響仍是未知(Hatcher et al., 1994)。事後避孕丸多可在藥局、一般藥妝店購買獲得。

五、避孕貼片

避孕貼片的效果與口服避孕藥效果一樣，均在預防排卵，貼片之所以具有避孕作用主要是因為貼片能經由皮膚釋放出黃體素以及雌激素進入血液中，使用者可以在藥局購買得到。貼片可貼於雙手臂、上軀幹部（包括前後的上軀幹部以及胸部）、腹部、臀部等四個部位，貼上之後可以正常運動，洗澡、游泳均不需取下，若使用得當避孕比率為 99%。如果是第一次使用避孕貼片，應該要等到月經開始的第一天 24 小時內開始使用。若是月經已經開始，則應在月經開始後的第一個星期日開始使用。每週一片，在貼上之後的一週內均不得取下，待一週結束後，更換新貼片，連續使用三週，最後一週不需使用，而在第四週就會產生月經，因此每個月必須購買一盒貼片，一盒共三片。避孕貼片的副作用與口服避孕藥相似，包括頭痛、噁心、嘔吐、貼片部位出現紅腫等過敏反應等。如果有以下狀況應該要經醫師許可才可使用，包括抽菸、剛生產完畢復原中、流產或墮胎、哺餵母乳、體重在 198 磅以上（約 90 公斤以上）、或服用其他藥物等(Ortho-McNeil Pharmaceutical, 2006)。

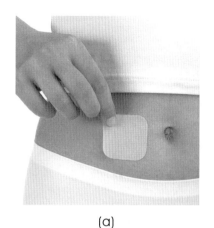

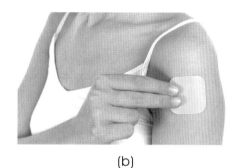

(a)   (b)

圖 2-7　避孕貼片

貳 保險套

一、男性用保險套

保險套是男性唯一較容易達成的避孕方式,由薄膜式的乳膠或聚胺基甲酸乙酯(polyurethane)所形成,聚胺基甲酸乙酯材質所製成的保險套可與礦脂(petroleum jelly),也就是所謂的凡士林

▌圖 2-8 男性用保險套

(Vaseline)塗抹,可以避免某些人會對乳膠過敏的症狀發生。但一般所製成的保險套均為乳膠成分,因此任何一種油性潤滑劑都會破壞保險套的乳膠成分,大部分的保險套都內含潤滑劑,如果需要使用潤滑劑,則必須選擇水性潤滑劑。

男性保險套的發展有一段很長的歷史,15 世紀的日本就已經開始使用保險套了,1564 年義大利的解剖學家 Fallopius 說明當初的保險套是以亞麻布所製成,目前的保險套則是在 1840 年經由硫化橡膠(vulcanized rubber)發展後才出現(Vinson & Epperly, 1991)。

但是這些保險套也因為材質、形狀、顏色而有所不同,但如果保險套有潤滑,那麼破損的機會較小,某些男性認為在性行為時使用潤滑的保險套並不會減少陰莖的感覺,且對於性傳染病具有預防的效果。大部分的保險套前端多有一個小型類似乳頭的突起,這稱之為貯精袋,某些保險套的內部與外部均塗有殺精劑。保險套一般的保存期限大約為五年,有些則更短,因此在購買時應注意保存期限與製造日期。男性保險套大概可區分為「小」(小於 19.05 公分)、「一般」(等於 19.05公分)、「大」(大於 19.05 公分)。

保險套的目的主要是在阻止精子與卵子的結合,其使用步驟包括了五個:

1. **貯存**：保險套應該貯存在陰涼、乾燥的地方，若將保險套放在溫度較高的皮夾中數週，可能會使保險套破損。

2. **開啓包裝**：開啟保險套包裝時，應注意包裝的本身是否破損，並應小心手指甲可能將保險套刮破。

3. **檢查**：取出保險套後，應檢查保險套是否為柔軟，若保險套呈現變質、損壞，便不應使用。

4. **戴上**：在套戴保險套前，應確保其未接觸到男性的分泌物，輕捏前端貯精袋，套上勃起陰莖，順勢往後推拉至陰莖根部。

5. **丟棄**：射精後，捏住保險套尾端將保險套取下，丟入垃圾筒，不可重複使用。

保險套使用方法如下：

1	2
3	4

5	6
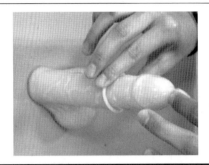	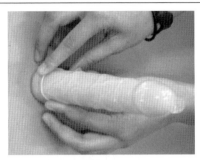

　　雖然保險套具有方便、有效的特質,但仍必須視其目的而定,一般來說,保險套多被用在預防性傳染病、性病,然而少數用途為避孕,且在穩定關係中情侶使用保險套的比例亦少,值得大力推廣。在 932 位已有性經驗,但是未結婚的 17~44 歲女性中,共有 41%認為使用保險套是為了要預防性傳染病的發生,30%認為要預防特定的性病,僅有 4%認為自己是要避免懷孕才使用保險套(Anderson, Brackbill & Mosher, 1996)。另外保險套的使用會受到青少女與其伴侶關係類型所影響,在 75 個已有性經驗的青少年研究中發現,保險套的使用多在一夜情中使用最多(61%),在穩定關係中所進行的性行為,使用保險套的比例最低 (57%)(Ellen, Cahn, Eyre & Boyer, 1996)。另外青少年如果覺得自己的性伴侶支持使用保險套,那麼他／她們使用保險套的機會將會提高 (Santelli et al., 1996)。

二、女性用保險套

　　女性的保險套也像男性保險套一樣可以用來避孕、預防性傳染病、AIDS 的感染,但是女性保險套較男性保險套要大,且只有一種尺寸,大約17.78公分長,於兩端均有一個彈性環存在。放置方法如同子宮帽,內部的環安置、環罩在子宮頸上,而外部的環則仍在身體的外部,環繞著陰唇。女性保險套與男性保險套相同均不可重覆使用,且女性保

險套的內部與外部均無殺精劑的存在，其材質也和男性保險套一樣為乳膠或聚胺基甲酸乙酯(Cates & Stone, 1992)。

圖 2-9　女性用保險套

參 避孕器裝置

　　避孕器裝置(intrauterine device)，普遍所指的是 IUD，是一個小型物體，必須由醫生經陰道、子宮頸而放置在女性的子宮內，避孕器裝置的目的是在避免受精卵在子宮中著床，使用人數仍很少。IUD 有二類型，分別是銅 T 及黃體激素 T，銅 T 是指塑膠的材質製作，並以銅金屬環繞在其柄上，且銅金屬亦環繞在兩邊的橫桿上，而黃體激素 T 則是因為塑膠 T 內會緩慢釋放黃體激素，這兩種 IUD 均有線繫上，並且會經子宮頸、陰道而懸吊。銅 T 因為有銅金屬存在，因此會釋放出銅離子以影響精子的活動力以及生存，而黃體激素 T 的效果與荷爾蒙避孕法相同，此外子宮內膜可能會因為 IUD 的裝製而輕微受到影響，從而減少受精卵著床的可能性。銅 T 每七至八年更新一次，黃體激素 T 則是每年更換一次，當婦女停經時，IUD 應加以移除(Hatcher et al., 1994)。然而 IUD 可能會引起婦女骨盆發炎疾病，不舒服、出血、痛苦

均是在裝置後可能出現的情況，出血、痛苦感可能會在裝置後持續數天。

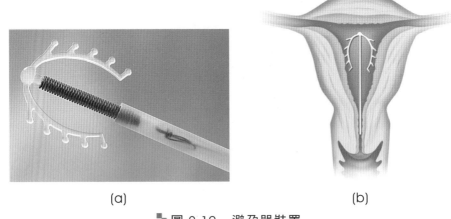

(a)   (b)

➕ 圖 2-10 　避孕器裝置

肆　子宮帽

　　子宮帽是一個具有彈性、圓形的橡膠圓蓋，放入陰道後子宮帽環正好能在恥骨之後、子宮頸外加以覆蓋，從而防止精蟲進入子宮使卵子受精。由於有些女性的子宮頸位於陰道較深處，有些則較靠近外陰部，因此子宮帽的直徑大約 5.08 至 10.16 公分，子宮帽的形狀可區分為弧狀、平坦狀、環狀，在使用前可以選擇較容易放置的子宮帽。子宮帽的使用必須經由醫生檢測內部的骨盆，以選擇適當的大小，並且教導使用者如何放置，且須在進行性行為前不超過二個小時放置到陰道。放置前先塗抹一茶匙的殺精潤滑劑於子宮帽內側及邊緣，並將子宮帽的環狀擠壓在一起後塞入陰道內，最後檢查子宮帽是否能包覆住子宮頸，若沒有包覆住子宮頸則完全沒有避孕效果，且在性行為後的 6 至 8 小時不得取下，但是也不應留置超過二十四小時(Hatcher et al., 1994)。要將子宮帽予以移除就須以手指伸入陰道內，將子宮帽予以擠壓會使得子宮帽較容易取下，並以兩根手指頭將子宮帽取出，在移除後，應以中性肥皂與溫水清洗，且要小心地、完全地蔭乾，放置到盒

中，若保存得當子宮帽可以保存數年。若是生育完畢、流產、腹部手術、或者是使用後增加及失去4.5公斤體重者，必須要徵求醫師的許可，且在月經期間亦不得使用。

伍 子宮頸帽

子宮頸帽是一個杯蓋狀的橡膠、塑膠製品，子宮頸帽是子宮帽的縮小版本，但是子宮頸帽只是適合子宮頸，不像子宮帽，子宮頸帽有不同的尺寸，且最好與殺精劑一起使用。在放置入女性陰道前，應先以殺精劑注滿子宮頸帽的三分之一或三分之二後，將子宮頸帽的邊緣摺疊在一起，並放置到陰道內，直到能完全覆蓋子宮頸。另外，在從事性行為之前，必須將子宮頸帽放置大約六小時，且在性行為後，子宮頸帽亦應放置六小時，在這個時期應避免陰道的沖洗，且在放置二十四小時內應予以移除。其取下方法、保養方法均與子宮帽相同，唯一要注意的是應避免油性的潤滑劑清洗子宮頸帽，因為這樣會破壞乳膠(Hatcher et al., 1994)。使用子宮頸帽的主要好處是沒有副作用，有些婦女因為骨盆的問題，而無法使用子宮帽。

陸 殺精劑

殺精劑是一種能殺死精子的化學物質，且有許多種形式，包括泡沫、乳膏、凝膠、栓劑等。乳膏與凝膠較常與子宮帽一起使用，栓劑通常單獨使用或與保險套一併使用，泡沫可以單獨使用或與子宮帽、子宮頸帽、保險套一併使用。

殺精劑必須要在從事性行為前 20 分鐘內將藥物放進陰道，泡沫在放入陰道後會立即生效，栓劑、乳膏及凝膠均要數分鐘才能使藥物在陰道內融化，一次的塗抹僅可提供一次射精的避孕，且殺精劑必須要在性行為之後保留 6~8 小時，此時陰道不適宜清洗。殺精劑的好處在於可以不用獲得醫生的指示或檢查即可使用，而這些藥物也不會影響女性的荷爾蒙系統，且少有副作用，缺點則是患急性子宮頸炎的婦女

不可使用，因為殺精劑會使得大腸桿菌數增加，而造成陰道、尿道感染的機會增加，對性病的預防也不理想。

柒 週期性節慾法

週期性節慾法必須要在 1~2 週的時間實施，實施前婦女必須要知道排卵的時間，若正值排卵期應該要避免從事性行為。因此必須要計算可能受孕的時間，這涉及了三個假定：

1. 排卵期是下一次月經開始之前的第 14 天，前後再加、減二天，均是危險期；

2. 精子會存活 3 天；

3. 卵子可存活 1 天。

週期性節慾法共有三種方法可以加以預測懷孕的危險期，包括日曆法、基礎體溫法、子宮頸黏液測試法(cervical mucus method)。

一、日曆法

週期性節慾法當中，歷史最久遠以及實施最廣泛的就是日曆法，使用日曆法時應避免服用口服避孕藥，日曆法能使女性計算她們的受孕期。在使用日曆法時，必須連續記錄八個月經週期，月經週期的記錄是以首次月經開始的第一天至月經結束的最後一天（月經來潮即為第一天，而下一次月經來潮的前一天即為月經結束的最後一天)，連續八個週期的月經週期天數記錄完畢後，將最短的月經天數減掉 18 天，最長的月經天數減掉 11 天，如果在這個週期內就必須要禁止從事性行為。

例如一位婦女八個月以來的月經週期天數分別為 25，27，26，24，30，29，27 與 31 天，將最短的天數 24 減掉 18 等於 6 天，最長的天數 31 減掉 11 等於 20 天，因此該位婦女應該要在月經週期開始後的第 6 天到第 20 天禁止從事性行為。值得注意的是，日曆法即使是運用在有規則月經的女性身上，仍然是效果最差的避孕方法。

二、基礎體溫法

　　基礎體溫法是指藉由測量體溫的改變，來決定排卵時間，所謂基礎的體溫是指清晨清醒休息時的體溫。為了建立基礎體溫，婦女必須在起床前測量自己的體溫連續三個月，在排卵後婦女的體溫通常會提高大約攝氏 0.5℃，通常大概是在 37℃左右，體溫上升那天起三天內應避免性行為。

✦ 圖 2-11　　基礎體溫計

三、子宮頸黏液測試法

　　婦女可以藉由衛生紙擦拭其子宮頸黏液進行測試，但應避開月經週期，因為此時期的黏液是較無法觀察到的，在月經減少之後，若沒有黏稠的黏液或未出現黏液，便可以有數天的性行為。在排卵前，子宮頸黏液會呈現混濁的、黃色或白色、黏的狀況；在排卵期間，子宮頸黏液呈現淡的、透明的、滑的狀況，類似未煮熟的蛋白，而這些組織將有助於精子進入子宮。而某些婦女在排卵期間也會經歷到某些疼痛的感覺，這就是所謂的經期間痛(mittelschmerz)，這些疼痛的感覺包括沈悶感、腹腫脹、直腸痛或直腸的不舒服，經痛對於排卵的辨識上很有用處，但並不能用以預測排卵。

表 2-3　避孕方法優缺點、避孕效果摘要表

避孕方法	優點	副作用	預防性傳染病的效果	避孕效果	
				最高效果	平均效果
口服避孕藥	非常有效、不需中斷性行為、減少月經的束縛及出現褐黃斑	噁心、頭痛、頭暈、不正常出血、體重增加	無資料	96%	99%
子宮內避孕器	非常有效、不需中斷性行為、不需記得使用	經痛、點狀出血、出血量增加	無資料	99%	96%
保險套（男、女）	能預防性傳染病、不需醫師診斷即可使用	減少快感	30~60%（男）資料不足（女）	98%（男）資料不足（女）	88%（男）85%（女）
諾普蘭	非常有效、不需中斷性行為、沒有雌激素的相關副作用	植入處痠痛、月經週期改變、掉髮、體重增加	無資料	無資料	無資料
週期性節慾法	沒有藥物的副作用	心理反應	無資料	無資料	無資料
子宮帽（包括子宮頸帽）	可以在性行為之前加以放置	骨盆腔壓力、陰道刺激、過敏、留置過久造成陰道分泌物	50~70%對子宮頸病原體有效，其他無效	99~98%	82%
殺精劑	不需要醫師的診斷書、有些殺精劑可以預防性傳染病	陰道刺激、過敏	50%	99%	79%
狄波法	非常有效、不需中斷性行為、沒有雌激素的相關副作用	不規則的出血	無資料	無資料	無資料

資料來源：整理自 Crooks & Baur (1996)，頁 288~289；McCammon, Knox & Schacht (1998)，頁 154~155；林鉅勝、唐憶淨、黃曉峰、劉丕華 (2005)。

【活動一】性知識大考驗

1.(　　) 使用嬰兒油不但可以當做潤滑液，更可以減低保險套破裂的機會。

2.(　　) 保險套是沒有尺寸大小之分的。

3.(　　) 戴保險套時，不應該先將前端的空氣擠出來。

4.(　　) 情趣保險套是比較不安全的。

5.(　　) 保險套不可以重覆使用。

6.(　　) 使用保險套可降低女性罹患子宮頸癌的機率。

7.(　　) 保險套不僅可以避孕，又可以預防性病及愛滋病。

8.(　　) 避孕丸可以有效預防愛滋病。

9.(　　) 女性月經來潮時，是最容易懷孕的時間。

10.(　　) 要預防愛滋病可以在性行為之前確定對方是否為愛滋病帶原者，便不會感染。

11.(　　) 只要沒有性行為，隔著女生的內褲射精也不會懷孕。

12.(　　) 初次性交時，女生的處女膜會因破裂而流血。

13.(　　) 哺乳期間從事性行為不會懷孕。

14.(　　) 墮胎的危險性很高。

15.(　　) 保險套的使用必須要先分辨它的正反面，以免戴錯。

答案：1.✕　2.✕　3.✕　4.○　5.○　6.○　7.○　8.✕　9.✕　10.✕
　　　11.✕　12.✕　13.✕　14.✕　15.○

【活動二】我要怎麼說出口？

　　平常我們有許多關於性的詞語是自己不方便，也不好意思說的，請同學想想，通常我們是怎麼稱呼以下的語詞呢？以下共有十四格空白欄，請同學將自己慣用的詞語填寫上去，並完成以下問題。

	女生的稱呼方法	男生的稱呼方法
男生的性器官		
女生的性器官		
性行為		
月經來潮		
衛生綿		
保險套		
自慰		

1. 為什麼平常我們不敢直接說呢？

　　_____

　　_____

2. 男女生的說法有什麼差別？

_____

_____

【活動三】團體 Q&A

1. 發給每一位學生三張紙條，請學生在第一張紙條上列出對性或生育是否有何疑問或誤解？放入第一個籃子或袋子中。

2. 在第二張紙條上，列出一項學生在青春期所發生的疑問或誤解？放入第二個籃子或袋子中。

3. 在第三張紙條上，列出一項學生現在的疑問？放入第三個籃子或袋子中。

4. 最後，將學生以 5~6 人方式分組，每組從每一類籃子或袋子中，至少抽取三張紙條來討論，並將答案寫出，上台報告。

MEMO

CHAPTER 03

性別認同、性別角色、
性別刻板化

壹　性別認同

　　性別認同(gender identity)是指個體認為自己未來是一個男性或女性的主觀感受(Crooks & Baur, 1996)，且性別認同是經由後天學習而來，它是一種社會對於男性陽剛特質與女性陰柔特質的既定看法。大約在出生後幾年我們就能瞭解或是被告知自己是男性或女性，但並不能保證自己的性別認同與生物學上會有一致性，有些人則可能在認定自己為男性與女性前就產生不同的認知混亂。就如同變性人(transsexual)心理上之性別認同是不等同於生物學之性別認同。而男變女的變性人是指其具有男性的生理構造，但卻擁有女性自我概念，例如台灣變性藝人利菁、南韓變性藝人河莉秀。女變男的變性人則是具有女性的生理構造，但卻擁有男性自我概念，例如名作曲家、音樂劇導演吳心午。一般來說，傳統社會上重男輕女的觀念，也使得女變男的變性人較男變女的變性人來得多。

貳　影響性別認同的因素

　　影響性別認同的主要論述有五種，分別是生物學、社會學習理論、認同理論、認知發展理論、性別基模理論，茲說明解釋如下(Crooks & Baur, 1996; McCammon, Knox & Schacht, 1998)：

一、生物學

男性與女性的性別差異是在受精時就已經決定了，在此同時染色體、荷爾蒙等二個因素會影響個體的性別發展。

(一) 染色體因素

染色體是絲狀的結構，存在於人體的細胞核內，每一個細胞共有23 對染色體，也就是說每個細胞會有46 個染色體，染色體中內含基因，這是遺傳的基本單位，決定了眼睛、頭髮的顏色、體型等身體特徵，以及決定了禿頭、色盲、血友病等傾向。在精子與卵子製造過程中，精子與卵子各別具有 23 個染色體，其中第 23 對染色體決定了個體成為男性與女性，也就是所謂的性染色體。性染色體由 X、Y 等二種性染色體所組成，一般來說，當各具有一半染色體的精子與卵子結合時，女性卵子的性染色體均為 X，男性精子可能帶有一個 X 或一個 Y 的性染色體，若男性的精子帶有 Y 性染色體時，與女性的 X 性染色體結合，那麼受精卵即為男性(XY)，若男性的精子帶有 X 性染色體時，與女性的 X 性染色體結合，那麼受精卵的性別則為女性(XX)。

若受精卵染色體數正常，那麼男與女的性別就會正常發展，若受精卵所產生的染色體個數變多或減少就會發生胎兒性別、身理構造發展的不正常，二種最為常見的性染色體不全即為克林菲爾特症侯群(Klinefelter syndrome)、特納氏症候群(Turner syndrome)。

克林菲爾特症侯群通常發生在男性身上，是由於性染色體多一個 X 所致，性染色體為 XXY，發生的機率為五百分之一。它會產生睪丸發育不全、性機能低下、在某些個案會產生心理遲緩的現象。此外若男性的性染色體多一個 X，通常也會發生語言缺陷、學習困難、心理壓力等現象(Mandoki, Sumner, Hoffman & Riconda, 1991)。可以採用精神治療、修正式教育安置、增補睪固酮(testosterone)、在青少年時期的手術等，均可加以治療。

特納氏症候群則是發生在女性身上，是由於缺乏一個 X 性染色體所致，性染色體為 XO，發生的機率為二千五百分之一。它會產生卵巢的不正常發育、沒有月經、缺乏第二性徵（如乳房發育很小）的現象。此外，特納氏症候群還會有身材矮小、腎臟與心臟缺陷等現象(Orten, 1990)，可以採用荷爾蒙治療，以發展第二性徵，且可以採用生長激素以治療身材矮小。

(二) 荷爾蒙因素

懷孕後的第一週，男女性的生殖腺均相同，而男女性別的生殖腺差異是發生在懷孕的第六週之後。男性基因由生殖腺組織發展成睪丸，而女性基因也會由生殖腺組織發展成卵巢，一旦睪丸及卵巢開始成長，這些生殖腺就會釋放自己的性荷爾蒙，而這些性荷爾蒙則又會更進一步去決定性別分化，此時基因的影響就會減少。

在第七週及第八週時，如果胚胎是男性(XY)，一種由 Y 性染色體的化學物質（H-Y 抗原，H-Y antigen）會刺激未分化的生殖線，發展成為睪丸，睪丸也會開始分泌睪固酮(testosterone)，以刺激男性生殖器與外生殖器官的發展，其次，睪丸也會分泌第二種化學物質，稱之為慕勒氏管抑制物質(Mullerin Duct Inhibiting substance)。因此，男性的性生理結構是依賴男性荷爾蒙的分泌而定，而女性因為沒有 Y 性染色體的化學物質控制，所以未分化的生殖線會發展成卵巢、輸卵管、子宮、陰道。由此可知，組織要發展成為男性或女性的外部生殖器官，就要視男性睪丸內所釋放出睪固酮的多寡而定，這就是為人所熟知的雄性素雙氫睪固酮(dihydrotestosterone, DHT)。睪固酮會刺激陰唇腫脹而成為陰囊，並且使得生殖結節(genital tubercle)、生殖褶(genital fold)分別構成陰莖頭(glans)及陰莖，生殖褶結合尿道以形成陰莖，而腫脹陰唇的兩側則加以結合以形成陰囊；若是缺乏雄性素雙氫睪固酮分泌的情況下，生殖褶會分化為小陰唇，腫脹陰唇的兩側則構成外部的大陰唇。到了第十二週時，分化歷程結束，在男性身上可以看到陰莖與陰囊，在女性身上可以看到陰蒂與陰唇。至此我們可以藉由生殖器的外觀判定自己與他人的性別，而形成生物上的性別認同。

　　荷爾蒙太多或太少均會影響個體性的發展，其中荷爾蒙的不正常最常見的情況有半雙性症(hermaphroditism)、假性雙性症(pseudoherm-aphroditism)二種。

　　半雙性症是一種很少發生在個體身上的情況，半雙性症患者我們稱之為雙性人，在其出生時即具有卵巢與睪丸組織，有可能會有一個卵巢與一個睪丸、女性乳房以及陰莖在上、陰道在下的生殖系統。他們通常具備女性基因(XX)，也會有月經，內部生殖系統通常是混合的、不完全的，在外貌上可能會被當成男性或女性加以教養。

　　另外比半雙性症更為常見的是假性雙性症，這是指個體出生時生殖腺與性染色體相符合，但是外生殖器則類似異性的外觀，亦即個體的外生殖器與其染色體核型相反。假性雙性症的患者可以區分為二種，分別是女假性雙性人，她們具有女性基因，但是卻有男性的外生殖器官，因此被當成男性養育成人。另外則是男假性雙性人，他們具有男性基因，但是卻有女性的外生殖器官，因此被當成女性養育成人。

　　某些人會經驗到性別焦慮症(gender dysphoria)，所謂的性別焦慮症是指個人對於自己性別認同與生理上的性無法吻合所經驗到的情況，這些人會進行變性手術，也就是所謂的變性人(transsexuals)。5,000 個人中至少有一個人在超過15歲時可能會成為一位變性人(Pauly, 1990)，到了成年期男生是女生的二至三倍(American Psychiatric Association, 1994)。然而變性人與同性戀者均會受到與自己具有相同生理性之對象所吸引，例如男同性戀與男變女之變性人均會受到其他男性的吸引，女同性戀與女變男的變性人均會受到其他女性的吸引，但兩者的性別認同卻不同。同性戀者與自己生理上的性是相同的，例如男同性戀認為自己是男性，女同性戀認為自己是女性，但是男變女之變性人則認為自己是女性，女變男之變性人認為自己是男性。

　　另外一種與性別認同有關的情況是裝扮癖者(transvestite)，他們喜好裝扮成異性，並且藉由穿戴異性的服裝來獲得性刺激，他們的性別認同均與自己生理上的性相同，並不會想要藉由變性手術改變自己的

性別。所以男裝扮癖者有男性生殖器官，但卻想要裝扮成女性，而男變女的變性人認為自己是一個女性，卻擁有男性生殖器官，因此會想藉由變性手術將自己變成女性。裝扮癖者通常是異性戀者，研究調查顯示，在 372 個裝扮癖者中有 67%認為自己是異性戀者，11%是雙性戀者，2%是同性戀者，而 20%認為「性目前並不是我生活的一部分」(Bullough & Bullough, 1997)。

二、社會學習理論(social learning theory)

社會學習理論強調性別認同是經由觀察與模仿其他人的行為舉止、並受到增強的結果。我們的性別認同並不會只限於先天生物的條件而已，必須強調結合社會與文化因素的影響力，亦即社會學習理論強調獎賞與懲罰對於學習性別角色行為的重要性。例如男孩子若偷穿媽媽的高跟鞋、衣服，就會受到父母親的責難；相反地，如果男孩子學習爸爸的行為就會得到讚美。但是獎賞與懲罰並不能完全解釋性別認同的學習，成人直接的教導亦是相當重要的，包括教導女孩應該要穿女裝，男孩應該要表現出紳士有禮的行為。在小孩出生時，父母親或照顧小孩的成人就已經開始預先思考男孩與女孩之間的差異了，這種性別角色的期望會影響養育小孩的環境、父母回應小孩的方式。例如女孩的父母親認為自己的孩子較溫和、纖細，男孩的父母親則認為自己的孩子較強壯、更機敏、更具協調性(Rubin et al., 1974)。此外楷模的學習也是性別角色學習的方式，這些楷模包括父母、同儕、手足、媒體中的主角等，兒童藉由觀察楷模的行為並且加以模仿。

事實上性別角色的學習會隨著社會的不同而有所差異的，Mead (1935)於 1930 年代拜訪了三個新幾內亞的部落並且加以觀察發現，阿拉帕許(Arapesh)的人們被教導應該要與他人合作、對他人的需求要給予回應。相反的德昌布利(Tchambuli)的女性較具支配性、男性則較順從，與我們的社會相反。蒙杜古馬(Mundugumor)部落的人們則多具有無情、攻擊性等男性陽剛的特質。由這個例子可知，性別角色學習是

社會與文化環境的產物。其他接近現代的性別角色學習例子，例如印度教與回教女性，在這二種文化當中的女性均較為卑屈的，妻子與先生講話時不得凝視。用餐時，女性必須等到男性吃飽後才能用餐，出外時，妻子必須尾隨先生。

三、認同理論(identification theory)

佛洛依德是首位研究性別角色學習的研究者，認為兒童學習性別角色是經由認同的歷程。男孩認同爸爸的行為，女孩認同媽媽的行為，這是因為兒童害怕同性父母親對自己的愛會消失、害怕被報復，所以男孩與女孩之所以要認同是因為害怕的關係。害怕愛的喪失是因為男孩與女孩均會認同媽媽，這是源於對媽媽愛的仰賴，正因為男孩與女孩均依賴母親的愛與養育，因此都必須要對母親認同，才能獲得母親的愛與照顧。

另一方面，害怕報復是指害怕來自同性父母親的強大力量，與自己爭取異性父母親的愛，所產生的感受。根據佛洛依德的理論，在 4 歲時，兒童認同媽媽的情況開始改變，其中以男孩最為明顯，男孩會經驗到佛洛依德所謂的「伊底帕斯情結」(Oedipal complex)，也就是戀母情結，這個情結是指男孩會想要將媽媽佔為己有，但又害怕爸爸發現，深怕爸爸將自己閹割，此即為閹割恐懼(castration fear)，因此轉而認同爸爸。而女孩會經驗到佛洛依德所謂的「伊萊翠情結」(Electra complex)，也就是戀父情結，該情結是指女孩想要將爸爸佔為己有，但到了 3~6 歲時發現自己沒有陰莖，因此怪罪媽媽將自己的陰莖切除，因此會有「陰莖妒羨」，希望自己有陰莖，為了報復，女孩拋棄來自母親的愛，開始將爸爸當成愛的對象，藉由愛爸爸可以懷有一個新生兒，而替代自己沒有陰莖的遺憾，為了使自己能愛爸爸，因此自己必須更像媽媽，女孩再次認同媽媽。而現代對於「陰莖妒羨」的解釋則是女性不想要陰莖，而是想要有比男性還要有優越的經濟與社會優勢(Chafetz, 1988)。

四、認知發展理論(cognitive-developmental theory)

認知發展理論混合了生物與社會學習的觀點，認為兒童認知的發展會影響其如何回應環境中的性別線索(Kohlberg, 1966, 1976)。例如大約30 個月時，兒童就能辨識與男性、女性有關的社會與心理特質，這個時期的兒童就能將男孩的玩具分給男生，能將女孩的玩具分給女生(Etaugh & Duits, 1990)。要一直等到 6 或 7 歲時，兒童才會將性別視為恆定(Kohlberg, 1966, 1969)，認為其他人的性別是不會改變的，等到兒童習得性別恆定的概念，他們會加入與自己性別相同的團體。

五、性別基模理論(gender schema theory)

性別基模理論是結合了「認知發展理論」以及「社會學習理論」發展而成，所謂的基模是指能夠組織、指引個人行為的網絡連結概念(network of association) (Bem, 1983)。而性別基模則是指男性與女性的網絡連結概念（或是稱陽剛概念以及陰柔概念），與社會學習理論相同。組成性別基模的男性與女性網絡概念是經由與社會環境互動而習得的，性別基模會影響一個人如何處理所獲得的訊息，並強調處理訊息時認知架構的角色。

第二節 性別角色

壹 性別角色

性別角色(gender role)是指被社會認為符合常態、或是在特定的文化中屬於適當的態度與行為(Crooks & Baur, 1996)。性別角色建立了對於性別相關行為的期望，一般而言符合社會期望的男性行為被稱之為具有陽剛氣質(masculine)，具有符合社會期望的女性行為被稱之為陰柔氣質(feminine)。所有的社會均對男孩／女孩、男人／女人應如何表現有所期待，而這個性別角色也會對生活的每個面向產生影響，包括家

庭與職業。例如在傳統女性角色裡會將女性定義為兒童的照顧者、家務管理者，而女性的職業則包括了護理師、秘書以及教師等；而傳統的男性角色則是將男性定義為家庭經濟支柱、決策者，而男性的職業則包括了工程、建築、機械修復等工作，如表 3-1 所示。

性別角色期望的界定會隨著文化與時代的不同而有所改變。就文化差異而言，印第安－洽部里(the Tchambuli)部落社會的男人負責照顧家裏，女人則是像傳統的男人養家活口。在中國、歐美社會則相反，男主外，女主內。就時代差異而言，1950 年代的美國，如果太太仍在下班的路上，先生留在家中照顧學齡前的孩子，將會令人感到驚訝。但是今日的年輕夫妻可能依據實際需要區分家務，而不是認定先生、太太應該要去做什麼。正因為在不同的文化而有不同的性別角色期望，因此性別角色是一種社會化(socialization)的產物，也就是個人學習以及適應自己所處社會對自己行為期望的過程(Crooks & Baur, 1996)。

🜚🜨 小學堂 ✏️　你喜歡自己的性別嗎？

為什麼？請寫出自己性別的優點＿＿＿＿＿＿＿＿＿＿＿＿

缺點＿＿＿＿＿＿＿＿＿＿＿＿

❖ 表 3-1　美國特定職業的性別差異表

職業	女性 百分比 %	男性 百分比 %	職業	女性 百分比 %	男性 百分比 %
牙齒保健專家	99	1	廚師	44	56
祕書	98	2	大學教師	42	58
保姆	97	3	電腦系統分析師	29	71
護理師	95	5	律師、法官	29	71
說話治療師	93	7	運動員	28	72
營養學者	84	16	醫師	24	76
小學老師	84	16	建築師	16	84
服裝推銷員	78	22	牙醫	16	84
醫學與健康經理	77	23	警察	14	86
服務生	77	23	機具及船的推銷員	11	89
心理學家	65	35	機械工程師	7	93
醫師助理	53	47	卡車司機	5	95
金融經理	51	49	建築工人	3	97
酒保	48	52	消防隊員	2	98

資料來源：Brehm, Kassin & Fein (2005).

貳 性別角色社會化方式

　　然而這些性別角色的社會化是如何形成的呢？大致上有四種方式，分別是父母、同儕、學校以及電視媒體。

一、父母

　　通常父母親會對男孩與女孩有不同的期望，並要求男孩與女孩能表現出符合自己性別的角色期望，例如女孩在遇到痛苦與挫折時可以放聲哭泣，但男孩則是被禁止的。即使有些父母親會刻意避免不讓自己的小孩學習這些角色期望，而使他／她們學習雙性的性別角色，但是這種性別角色社會化的影響卻會在無形之中形成。尤其會在家庭雜務的分配上更為明顯，例如男生會被要求割草、協助幫忙修理工作，女生則被要求要保持房間的整潔、幫忙準備飯菜、照顧弟妹等(Basow, 1992)。研究顯示父親會花較多時間在兒子身上，且提供較多的禮物或金錢給小孩，媽媽則提供給兒子與女兒同等的情感性支持，如愛、關懷、口頭讚美(Starrels, 1994)。因此不管是父親還是母親更應該要瞭解到自己在分配家務及與孩子互動時，孩子可能會學到什麼？此外，爸爸比媽媽更容易傳達性別角色的期望(Lamb, 1981; Power, 1985)。

二、同儕

　　學齡前的兒童大約有 95% 的時間，會選擇與自己性別相同的同伴共同遊戲(Maccoby & Jacklin, 1987)，而這種相同性別友伴遊戲會一直持續到就讀小學，甚至到了兒童期後期及青少年期，同儕對性別角色的影響會變得更為重要(Doyle & Paludi, 1991; Hyde, 1991)。因為這個時期的兒童與青少年會認為自己的行為更應該要符合自己的性別角色，以獲得同儕的接納，如果做出與自己性別不符合的行為就會受到排斥與嘲笑，例如男生如果表現出女性化的行為或態度，會被稱為「娘娘腔」，女生如果表現出男性化的行為或態度就會被稱為「男人婆」。

三、學校

　　男生與女生在學校所受到的待遇是不同的。一般來說，男生較女生更容易得到老師的注意與照顧，教師也較會鼓勵男生回答問題，若男生被要求回答問題但卻沒有回應，教師多半不會處罰，但若是女生則會受到教師處罰，且男生比女生更容易因為自己的課業而被教師讚美，而女生則是因為自己的整潔而被教師讚美(Kantrowitz, 1992)。此外，教師會對較依賴的女生更為注意，對獨立或是較有進取精神的男生也會給予回應(Serbin, 1980)。

　　早期學校教科書也出現了相當多的性別角色期望，例如人物多以男性為主、會區分出男性與女性的工作等。但是近期的教科書已有所修正，也注意到了性別角色期望的影響力，因此學校對於性別角色的社會化功能已有所醒覺，並趨向雙性化。

四、媒體

　　諸如電影、電視、雜誌、報紙、書本及音樂等媒體均會影響我們的性別角色，在電視媒體上的性別角色社會化會將男性描述成具積極性、聰明、勇於冒險、負責，女性則描述成為消極性、較無能力、對家事較在行(Ward & Wyatt, 1994)、較容易受到電視廣告的影響而去購買產品(Waters & Huck, 1989)。

參　改變傳統性別角色

　　由於兩性被認為是平等的，女性與男性均有機會追求平等的職業、政治以及家庭的地位，所以某些學者建議，不管男性或女性均不可能完全具有陽剛或是陰柔特質，而應該是趨向於雙性化(androgymy)特質。

雙性化是指個體既不是單純男性特質也不是單純女性特質，而是混合兩種特質，雙性化的特質形式共有二種：

1. **生理上的雙性化**：生理上的雙性化也就是我們前述的雙性人，生殖器即未清楚地出現男性的生殖器官，也沒有明顯的女性生殖器，而是混合了女性與男性的染色體與荷爾蒙。

2. **行為上的雙性化**：這是指個體出現了傳統屬於男性與女性的混合行為，所以長相為男性可能具有消極、溫柔、養育等特質；女性則可能會具有果斷、粗魯、自私等特質。一個具有雙性化特質者，我們是很難以外觀辨別其為男性或女性的。

第三節　性別刻板化

　　性別刻板化無時不刻在影響著我們，例如在嬰幼兒出生時，男嬰即以藍帶標示，女嬰即以粉紅色帶標示。隨之父母親的養育也隨著性別而有所不同，替男孩購買玩具車、棒球及槍，替女孩買洋娃娃、填充玩具動物、廚房設備玩具等。等到進入中小學後，許多人也都會期望男孩能多出力氣、多接觸數學與電腦，期望女孩多照顧他人、喜愛音樂、手工藝。在上了大學後，也會出現許多的男女性別差異期望，包括男學生會主修理工、化工、建築、法律、政治等科目，女學生則主修藝術、語文、心理等社會科目。即使出了社會，這種情況也持續出現，男生會成為醫生、建築師、機械操作員、飛行員、工程師等，女生則會成為秘書、教師、護士、空服員、銀行行員、家庭主婦。

　　大部分的人都認為男人與女人應該要表現出該有的行為以及態度，而形成一種規約化(prescriptive)，卻很少有人會認為同性戀應該要具有藝術天份、敏感的，抑或認為老人是健忘或保守的。但是許多人卻會認為女性應該要具有養育性，男性應該要不易動感情，即使社會

上認為雄心壯志、成就動機是很重要的，如果女性展現這些特質，就會面臨到嚴厲的批評，這些均是對男性與女性的壓力與性別刻板化的印象所致。

在日常生活中，我們時常將性別偏見、性別刻板化、性別歧視等三種詞彙交互使用。「性別偏見」是指因為對某個人是男性或女性，所抱持的負面態度，是我們對某些性別角色的情感型態，並將事實予以過分簡單化或誇大化而產生的(Allen, 1995)。「性別刻板化」是指將男性或女性的某些特性類化到該群團體的所有成員，而不管這之間是否存在個別差異，是我們對某些性別角色的認知型態，所出現許多的性別刻板化特質如表 3-2 所示。「性別歧視」是指僅因為某些人是男性或女性，而對其採取不正當、負面、有害的行為，是我們對某些性別角色的負面行為型態。

表 3-2　性別刻板化印象內容摘要表

男性（陽剛特質、工具性特質）	女性（陰柔特質、表達性特質）
支配	服從的
任務取向的	人際取向的
有野心	情感用事
自信	迷信的
具攻擊性的	溫和的
果斷	較敏感
冒險	順從
堅強	被動
理性	優柔寡斷
較獨立的	依賴的

壹　性別刻板化的內容

一、Bem 的性別角色取向

　　Bem (1974)提出了四種的性別角色取向類別，假定陽剛特質 (masculinity)與陰柔特質(femininity)是兩個極端特質。當一個男性或女性擁有較多的陽剛特質、較少的陰柔特質時就會被認為是「陽剛型」的人；若擁有較多陰柔特質、較少的陽剛特質時，就會被認為是「陰柔型」的人；「雙性特質」(androgyny)則是指，一個人兼有陽剛特質（果斷、分析、獨立）、陰柔特質（溫柔、有同情心的、仁慈的、善解人意的）；「無性」(undifferentiated)是指缺乏陰柔特質、陽剛特質，四個取向類別概念圖如圖 3-1 所示。

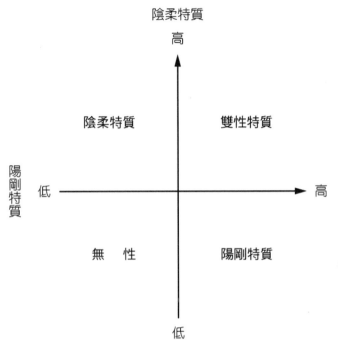

圖 3-1　性別角色取向類別概念化圖

資料來源：Bem(1974)。

二、Gutmann 的性別角色學習

Gutmann (1987)認為男女性陽剛特質以及陰柔特質的學習是因為「父母親責任履行」(parental imperative)所造成的，這是指父母親之所以要表現出不同的角色是因為要成功地養育小孩，於是在許多不同文化中，年輕的、中年的男性，為了要養育、保護家庭，所以要增強自己的陽剛特質，然而年輕的、中年的女性為了要養育、並符合家庭的情緒需求，就必須要能表達出自己的陰柔特質。

Gutmann 認為中年人會開始性別角色的轉換，亦即男性會具有陰柔特質；而女性會擁有陽剛特質，之所以中年會急遽改變其性別角色特質，主因是來自於家庭的父母親責任履行的免除。如果我們能免於建立家庭時所必須承擔的角色，通常男性會變得較不積極，更為被動，變得較不關心社區事務，反而更強調宗教沉思、家庭關係，他們也較

為敏感、較能情感表達。同時女性也會朝著男性的陽剛特質改變,她們會變得更為積極、支配、果決。

　　許多研究支持了 Gutmann 的假設觀點認為,當女性在不需要養育小孩之後,會獲得陽剛刻板印象的優點。然而到了成年期後期,也就是當上了祖父、祖母之後,則並未能支持 Gutmann 的假設觀點,祖父並不會以陰柔特質取代陽剛特質;祖母也不會更具陽剛特質。相反地,祖父在獲得陰柔特質之後會維持其原有的陽剛特質;祖母也會在具有陽剛特質後,維持其原有的陰柔特質。

　　總之,沒有擔任父母的成人較能具備雙性特質,而養育的角色會使成人形成「性別刻板化」(Feldman et al., 1981),到了老年期所獲得的雙性特質多會維持。因此,不管我們的性別角色如何發展,我們應該要以情境的觀點來看性別角色學習,並且要能瞭解到男性或女性會因為社會、文化、歷史情境因素的不同,而有許多不同的發展方向、能扮演不同的社會角色。

　　從 2,800 位橫跨北美、南美、歐洲、非洲、亞洲與澳洲等 25 個國家的大學生對於典型男性與女性描述之跨文化研究指出(Williams & Best, 1982; Williams et al., 1999),人們相信男性較為支配、冒險、果斷、具攻擊性、較獨立、任務取向;女性被認為較敏感、溫和、依賴、人際取向、情感用事、服從、迷信。而這種男女性的差異特質即分別被稱為陽剛特質、陰柔特質。心理學上的陽剛特質是指與公眾世界的工作有關之任務完成、工作目標達成的工具性特質,心理學上的陰柔特質是指與私人世界的家庭相關之關懷、養育等表達性特質。

　　另外在一個性別刻板化印象的研究中(Eagly & Kite, 1987),要求美國大學生評估在 28 個國家人們擁有某些工具性與表達性人格特質的可能性。在這些國家男性的工具性與表達性特質的評估中,顯示了相當大的變異性,而在所有國家的女性,則被評估為有低的工具性、高的表達性特質。在某些文化中,男性被認為具有果斷、堅強、自信、有

野心、理性；而女性則被認為被動、順從、優柔寡斷、情感用事、依賴的(Unger, 1994)。

三、雙性特質的優點

有沒有人是可以兼具支配性、服從性、或同時是果決也是敏感的，是獨立也是善解人意的呢？是不是具有雙性特質就是好的呢？Bem (1978)發現雙性特質的男性與女性行為較具彈性，例如一個具有雙性特質的人可以藉由展現陽剛特質以抵抗社會壓力，也可以展現陰柔特質與孩童積極互動。這也顯示擁有雙性特質者有高度適應性，可以藉由調整行為來適應情境的要求(Shaffer, Pegalis & Cornell, 1992)，雙性特質者也較不注意性別、較不可能歧視女性(Frable, 1989)。此外，雙性特質者有較高的自尊、被認為更可愛、較能適應(Allgood-Merten & Stockard, 1991; Boldizar, 1991)，陽剛特質與高自尊、良好適應有高的關連性(Boldizar, 1991)。因此我們不能武斷的說雙性特質在各方面均有其優勢，而陽剛、陰柔特質就是不好的特質，所以至少我們可以說男性具有一些陰柔特質，而女性具有一些陽剛特質未必是有害的。

貳 性別刻板化印象的形成

社會角色理論(social role theory)將有助於我們瞭解性別刻板化印象的形成(Eagly et al., 2004)。社會角色理論認為性別差異的概念是基於實際性別差異而產生的，但性別刻板化印象擴大了社會角色中男性女性的不平等，這種歷程有三個步驟：

1. 藉由生物社會、經濟與政治因素的結合，隨著時間在性別間出現勞務區分。男性可能在企業或公司工作，女性則可能照顧小孩或從事較低階的工作。

2. 人們會依自己所適配的角色採取行為，因而男性可能較有行使物質、社會與經濟的權力。

3. 這些行為差異提供了社會概念的基礎，導引我們認為男性本質上較有支配性，女性在本質上較會管理家務。

參 性別刻板化印象的發展

　　儘管最近這些年，女性地位已發生了改變，但性別刻板化印象卻未獲得相當大的改變(Deaux & Kite, 1993)。由於這些性別刻板印象是從學齡前一直延續到成人期，因此性別刻板化印象所呈現的方法會隨著個體發展階段的不同而有所差異，但其內容均相同，即在文化的情境下塑造男性的陽剛特質、女性的陰柔特質，以下茲以兒童期、青少年期以及成人期等三個階段分述性別刻板印象的發展。

一、兒童期

　　兒童期的性別刻板印象多半是藉由最重要的人（通常是父母親）而發展的，其中父母親對於男孩與女孩的態度也會影響性別刻板化印象。例如女孩的父母親認為自己的孩子較溫和、纖細、較小，而男孩的父母親則認為自己的孩子較強壯、較大、更機敏、更具協調性(Rubin et al.,1974)。且女嬰的媽媽會低估自己女兒的爬行能力，而男嬰的媽媽則會高估自己兒子的爬行能力(Mondschein et al., 2000)。男生多被父母親鼓勵應忍住自己的眼淚並且表現出獨立、進取性，而女生則被鼓勵應該要具有合作、養護性(nurturing) (Hyde, 1991)。在父母親對兒童的溝通上，也出現了性別的差異，一般父母多會鼓勵男童的冒險行為，但卻會避免女兒出現該類行為，這不僅是態度上的差異，更會表現在父母的言談與行為當中。例如 Morrongiello & Dawber (2000)拍攝操場中某些冒險活動的錄影帶，並且要求這些兒童的媽媽要停止錄影並還原自己所說的話，結果發現有女兒的媽媽會比有兒子的媽媽更快的制止自己的小孩從事更多的冒險活動，例如媽媽更時常告訴女兒小心不要受傷，有男孩的媽媽更時常鼓勵小孩的冒險行為。男孩不被允許哭泣，但女孩則是被允許的(Lott, 1994; McCammon, Knox & Schact, 1993)。

▌圖 3-2　　小女孩常喜歡逛百貨公
　　　　　　司化裝品專櫃。

▌圖 3-3　　小男孩的志願是想要當
　　　　　　個廚師。

　　另外在兒童期的性別刻板印象還會決定兒童如何遊戲以及玩什麼
種類的玩具。學齡前的男孩或女孩如果被告知有一項新玩具是異性兒
童喜歡玩的，那麼他／她們較不會喜歡玩該項玩具(Martin et al., 1995)，
這也就是說兒童會選擇性別相關的玩具。

小學堂 ✎ 猜性別

　　在這個照片中，你可以找出有幾個男孩？幾個女孩嗎？你是依據
什麼來判斷的呢？

二、青少年期

　　青少年通常被期望要能遵循三種基本的原則(Masters, Johnson & Kolodny, 1995)，如果青少年違犯了這些原則將會受到其他同儕的排斥以及恥笑：

1. 必須要在體育成績上有良好的表現。

2. 他們必須受到女孩以及性的吸引。

3. 他們不敢對女性的事物感到興趣或是出現任何與女性相關的行為。

　　青少女也有自己的問題存在，而這些問題多是從文化情境中衍生出來的，而這些文化任務亦包括了三種，進而影響青少女的性別角色(Lips, 1994, 1995)：

1. 尋找心目中的理想伴侶是很重要的。

2. 受人歡迎以及具有女性特質是很重要的。

3. 已社會化的青少女是較具彈性化的、善體人意、能照顧他人的。

　　正因為青少年各具有應遵循的原則以及文化任務，因而形塑了青少年的性別刻板化印象。

三、成人期

　　媒體形象與大眾文化等社會文化因素助長了男性與女性的性別分化，性別刻板化充斥了電視廣告、節目、童書、雜誌、音樂錄影帶等，在 1,699 個電視廣告中出現具有卓越與權威特質的人物均是白人或男性(Coltraine & Messineo, 2000)。包括在啤酒與男性古龍水以及將女性當成性目標的電視廣告中，廣告會影響男性的行為與態度嗎？答案是肯定的。電視廣告會影響女性的行為，在女大學生看完女主角被描述為低自信、低獨立性、較少職業抱負的廣告後，高難度數學測驗成績較差(Davies et al., 2002)。

小學堂 電影欣賞

【門不當父不對】一片在描述男護士貴格發克（班史提勒飾）前往女友的家，拜見她的父親母親大人，沒想到卻發生一大堆糗事。他不但把行李弄丟，把女友家的後院燒掉，打水上排球時差點把女友妹妹的眼睛打瞎，而曾是中情局幹員的女友父親傑克柏恩還對他進行測謊，不過幸好最後一切的誤會都化解，傑克也答應把他的寶貝女兒嫁給他。

肆　性別角色刻板化的缺點

由於女性被教導應成為妻子以及母親，而男性則被教導滿足感的主要來源是自己的職業，這些壓力以及期望使得男性與女性的性別角色刻板化印象產生嚴重的問題。

一、女性性別角色刻板化的缺點

綜合女性性別角色刻板化可能對女性所產生的不良影響大致上有四點(Lott, 1994; McCammon et al., 1993; Sapiro, 1999)：

1. **女性在教育系統、職場上受到差別待遇**：一般來說女性在工作職場上所獲得的薪資較男性來的少(McCammon et al., 1998; Steiger & Wardell, 1995)，且學校會使女學生遠離科學、技術、數學等學科(Sapiro, 1999)。此外，73%的女科學家覺得自己會因為性別而受到歧視(Sonnert & Holton, 1996)。

2. **由於女性的性別角色刻板化印象使得女性產生負面的自我概念**：女孩子的自尊，從小學到中學呈現急遽下降的傾向(American Association of University Women, 1991)且女大學生較男大學生更自我貶抑(Oliver & Toner, 1990)。

3. **當女性在外工作時，她們仍被認為是家務以及小孩照顧責任的主要承擔者**：不管女性的工作種類、地位，她們仍被期望要能擔負起照顧家庭的責任，這使得女性負擔多重角色，同時也使得她們耗費大量的精力與時間，進而減低其婚姻滿意度。

4. **性別角色刻板化使得女性的價值被男性以身體與外貌加以定義**：男性較喜歡有大胸部、沙漏型態身材的女性(Furnham, Hester & Weir, 1990; Handy, 1999; Turner, 1999)，可見女性的價值多被男性以身體與外貌加以定義。

二、男性性別角色刻板化的缺點

　　男性對於性別刻板化印象經驗到較少的缺點，但男性的性別角色刻板化缺點仍有三種影響(McCammon et al., 1993; U.S. Bureau of the Census, 1998)：

1. **男性被壓迫藉由其工作來建立認同**：由於社會期望的關係，如果男性的工作地位較低，通常會被認為是個次等的人，與工作相關的是一個男性能賺多少錢，若一個男性賺的錢較少，則會被認為是一個不具有陽剛特質的人(Rubenstein, 1990)。

2. **性別角色刻板化使得男性不易表達情感**：男性多被教導不應該掉眼淚，而應該要表現出堅強、果決的樣子。因此，男性較不易表達自己的情感，這對於親密關係的建立亦有所妨礙，值得重視。

3. **性別角色刻板化使得男性的平均壽命較女性少七年**：由於傳統的男性性別角色強調成就、競爭、優越，因此較容易產生壓力，而這種壓力也使得男性抽菸、喝酒、且會以冒險行為解決壓力，因此使得男性的平均壽命較女性要來得少。

第四節　性別歧視

壹　性別歧視現況

一、家庭

　　雖然性別歧視的問題已獲得各方重視，但是性別歧視現象仍存在於社會。在美國大部分的男性與女性均認為，家庭責任應該要能平等，根據美國的民意調查顯示 75% 的美國人認為妻子與先生的工作是同等重要的，且高達 90% 的美國人認為男性與女性在養育孩子的責任上是相等的(Coltrane, 1996)。然而在外工作的妻子仍持續地從事不均衡家務及照顧兒童的工作，是先生所做的二倍(Hochschild & Machung, 1989)。妻子所從事的家庭與照顧兒童工作不僅較多，她們也多半對於這些家庭雜務感到不滿意，尤其是這些家庭雜務具有重覆性、例行性、受到時間限制的(Hochschild & Machung, 1989)。Coulter & Helms-Eridson (1997)的研究顯示，先生更可能從這些常態性的責任中獲得壓力減緩，由於在家務工作中獲得緩衝的機會不平等，這也可以用以解釋為何在外工作的太太會對自己的生活感到較為正向(Burley, 1991; Crosby, 1991; Hochschild, 1997)。其他性別歧視現象還包括女性較男性獲得較低的薪資、較低地位的工作、平均薪資也較男性為少。

二、工作

　　眾所皆知女性一般所賺的薪資較男性要少，女性所賺的薪資大約是男性的 70%左右(Rotella, 1995; Slater, 1995)。一個擁有大學學歷的女性薪資大約是同等學歷男性薪資的 65%，而擁有高中學歷的女性薪資大約是同等學歷男性薪資的 67% (U.S. Bureau of the Census, 1998)。之所以如此，有許多種原因會影響這種薪資的差異，其中較為主要的原因可能是因為性別間職業種類的差別。

　　要能讓男女性能同工同酬就必須要先知道「可比較價值」
(comparable worth)的意義，所謂的「可比較價值」是指從事相同價值的
工作應該要支付相同的報酬，而不論這些工作的內容是否相同(Bellak,
1984, p. 75)，可比較價值並不是指相同的工作，而是強調相似的工作就
應該要有相同的報酬。例如秘書和製圖員需要相似的技能，對員工提
出類似的要求，那麼就應付給相同的報酬，而不考慮外部市場因素。

　　對於職業婦女而言，工作對她們的生活而言是相當重要的，特別
是對她們的自我概念而言更是如此，就如同我們所注意到的，女性工
作的薪水多半是相當低的，超過 70% 的職業婦女受雇於以女性為多數
員工的職業，例如護士、勞工健康管理師、小學及中學老師、銷售員、
服裝及紡織女工、女服務生、牙醫助理等(Thornborrow & Sheldon, 1995;
U.S. Department of Labor, 1991)。相反地，男性的工作薪資通常較佳，
例如醫生、經理、工程師、律師等。

　　當我們在工作職場上平等評估男性與女性的能力時，性別的考量
可能會一再的出現，某些研究就指出企業較支持男性從事陽剛工作（如
機械公司的經理）、支持女性從事陰柔工作（如接待員）(Eagly, 2004)。
即使在男性與女性均可從事的工作中，女性所獲得的酬勞也會較男性
更少，女性也較常面臨到較多敵意、不公平的事與工作環境。例如當
女性在為工作或職業成就努力時，通常會遇到兩難問題，也就是如果
自己展現出陽剛氣質，而不是女性的陰柔特質時，她們多半被認為較
具有能力的，但如此一來也被認為是較沒有吸引力或沒有社交能力的，
到頭來可能會因為自己被別人認為沒吸引力、沒有社交能力而喪失了
工作機會(Eagly, 2004; Jackson et al., 2001; Rudman & Glick, 2001)。

三、學術環境、政治權力

　　另一個會影響男女性薪資、社會地位差異的是學術環境的差異。
一般來說，學術地位愈高，女性的人數就愈少(Fox, 1995)。在大專院校

教書的女性有 53%是講師，36%是助理教授，有 25%是副教授，有 14% 是教授(Sapiro, 1999)。而女性比男性更可能從事兼職工作，這種工作通常會使她們變得更為邊緣化。此外，由立法院女性人數所佔的比例就可以知道，女性掌握較少的政治權力，民國 84 年 12 月選出第 3 屆立法委員，在 164 位立委中，有 22 位女性，占總數的 13.4%。民國 87 年 12 月選出第 4 屆立法委員，在 225 位立委中，有 43 位女性，占總數的 19.1%。民國 90 年 12 月選出第 5 屆立法委員，在 225 位立委中，有 50 位女性，占總數的 22.2%。在民國 96 年 12 月後選出的立法委員中，女性立法委員將不得低於二分之一，亦即 34 席不分區立法委員中，女性立法委員至少有 17 席。民國 109 年 1 月選出第 10 屆立法委員，在 113 位立委中，有 47 位女性，占總數的 41.59%。

由以上的統計數據可知，女性在社會中居於一個不利的地位，因此可比較價值已成為人們所強調的議題，也是較常被用來說明女性受到歧視的概念。民國 105 年「性別工作平等法」第二章第七條至第十一條規定：「雇主為受僱者之招募、甄試、進用、分發、配置、考績、陞遷、所舉辦或提供教育、訓練或其他類似活動、各項福利措施、薪資之給付、退休、資遣、離職及解僱不得因性別而有差別的待遇。」如此一來更能促進性別地位之實質平等、消除性別歧視。可見工作、教育之性別歧視在我國已屬不合法，女性的地位、工作權與教育權均應獲得保障。

貳 影響性別歧視的因素

雖然性別歧視已獲得各方重視並且立法保障，但是仍有些微的因素在影響達成這些目標的可能性，包括結構與內在因素、性別規範、對女性領導者有負面的反應、社會支配取向等因素，影響女性職業選擇。

一、結構與內在因素

多種的結構性與內在因素使女性面臨更大風險。在這些因素中，包括男性沙文主義（大男人主義）、父權制與性別成見的盛行，及長期存在對女性的歧視進入社會結構中，而社會對於女性在身體、心理、性、經濟與其他領域等各種層面暴力的容忍，將更進一步加劇性別歧視(Inter-American Commission on Human Rights, 2019)。

二、性別規範

性別偏見與性別歧視始於童年，從孩童一出生，女孩及男孩就可能面臨到不平等的性別規範，包括期望、資源與機會獲得，這對他們的家庭、學校和社區產生了終生的影響。具體而言，男孩通常被鼓勵上學，並接受教育做為未來工作之準備，然而女孩則背負沉重的家庭責任，使其無法上學，從而增加了童婚與懷孕的機率(Save the Children, 2021a)。

性別規範(gender norms)是管理女孩、男孩、女人及男人社會行為，並將人們的性別認同限制在被認為適當範圍內之社會原則。性別規範既不是靜態的，也不是普遍性的，而是會隨著時間變化的。某些規範是正向的，例如孩童不能吸菸的規範，其他規範則可能導致不平等。例如，家庭事務更可能由女孩承擔，而非男孩(Save the Children, 2021b)。

三、對女性領導者有負面的反應

自從 1960 年斯里蘭卡產生第一位民選的女總理，1974 年阿根廷產生第一位民選的女總統，隨後女性領導人也愈來愈多，但是人們對這些女性領導人是如何反應的呢？部屬對女性領導者還是有相當多的負面非口語行為產生(Bulter & Geis, 1990)。原因可能在於女性領導者所獲得的評價會稍微較男性為低，特別是當男性來評論時，更會有這種低

評價的現象產生(Eagly, Makhijani & Klonsky, 1992)。由此可知，女性在獲得領導及職權時，仍持續面臨到這種不利條件。

四、社會支配取向影響女性職業選擇

當人們有高的社會支配傾向時，通常是男性會傾向於較重視聲望、領導機會、名聲，而這些價值會使自己選擇能達成這些目標的職業，如果較不具有社會支配傾向者，通常是女性，就會比較重視社區服務以及幫助貧困團體，並且選擇較能符合這些目標的職業(Pratto et al., 1997)。

【活動一】Cosplay

1. 上課前把班上的同學分組，每一組均要準備不透明的紙盒乙個（裡面各裝有男性與女性的服飾、配件，由各組在課前先行準備）。
2. 上課時，請每一組繳交紙盒，並由老師將紙盒排序、編碼。
3. 再由各組派代表同學來抽後，選派一名同學穿戴紙盒內的服飾、配件（最好是與紙盒內的服飾、配件相反的性別）。
4. 請同學在十分鐘內換裝完畢。
5. 換裝完畢後，進行展示活動。

（討論問題）

※ 班上同學打扮成異性裝扮，您對他（她）的觀感為何？請在以下表格打勾：

女性對男性觀感	
文雅的	
剛強的	
純情的	
動人的	
甜蜜的	
粗魯的	
粗獷的	
善謀的	
慈善的	
愛美的	
溫柔的	
溫暖的	
端莊的	
豪放的	
噁心的	
隨便的	
膽大的	
穩健的	
嚴肅的	

男性對女性觀感	
文雅的	
剛強的	
純情的	
動人的	
甜蜜的	
粗魯的	
粗獷的	
善謀的	
慈善的	
愛美的	
溫柔的	
溫暖的	
端莊的	
豪放的	
噁心的	
隨便的	
膽大的	
穩健的	
嚴肅的	

【活動二】媽媽咪呀！

　　將班上同學以 5~6 人分組，由各小組決定「工作」的定義，並列舉出數個符合該定義的範例，並以各小組為單位進行活動。請各組學生檢視媽媽一天二十四小時的活動，說出她們每一個鐘頭通常都在做些什麼。將這些活動列表（例如，早上七點：準備早餐、搭公車、上班等），並分析每一項活動：

1. 如果該活動符合工作的定義，打一個加號。

2. 如果該活動不符合小組對工作的定義，打一個減號。

3. 對於那些不能確定的活動，打一個問號。

4. 媽媽可從列表上的哪些活動賺取到金錢？請圈起來。

工作定義：＿＿＿＿＿＿＿＿＿＿＿＿＿＿＿＿＿＿＿＿＿＿＿＿

※ 請各組完成以下問題：

1. 可定義為工作的活動項目占了多少百分比？

2. 被定義為工作且又可以賺取到薪資的活動項目（即圈起來的項目），占了多少百分比？

3. 如果雇用某人從事列表上這些無薪給的工作，應該要花費多少錢？

4. 將一天當中所有的活動表列出來，是否讓你對工作的定義有改變？

5. 被歸類為「工作」的活動，都是不愉快或困難的嗎？

6. 被歸類為「非工作」的活動，都是愉快或有趣的嗎？

時間	工作內容	符合與否
6：00 至 12：00		
12：01 至 18：00		
18：01 至 23：59		

【活動三】搏版面

　　請同學帶報紙、剪刀、膠水，將同學 4~5 人分成一組，並發給學生每人一張 A4 紙，就政治、社會、體育、商業等四種類型版面加以分析。

1. 在當日報紙，女生的姓名出現的次數？

2. 形容一下各個版面所出現女生的特質為何？

3. 這些版面中的女生形象，對你有什麼影響？

【活動四】限時猜職業

1. 請老師準備 15 種職業，並將職業名稱列在卡上，依序分成 5 類不同順序的套卡，換言之每組套卡均為相同 15 種職業只是順序不同，並請老師標上順序。

2. 將班上同學以 8 人為一組，分成 5 個組別。選一人為組長，每組成員排成一直線，均背對著組長排列，並不可出聲只能做動作，以身體語言表示。

3. 一個接一個傳達所看到的職業。

4. 直到最後同學公佈答案，答對最多題者為勝利隊伍。

MEMO

CHAPTER 04

人際吸引力

　　人是群居的動物，無時無刻都在與其他人互動，但我們會發現有些人我們會想要與其親近，而有些人卻是我們想要加以逃避、令我們感到厭惡的，然而我們為什麼要與別人親近？是什麼使得我們想要與別人親近？是對方的外表、態度、背景、能力、家世吸引我們的注意嗎？其實這可能是因為「人際吸引力」(interpersonal attraction)的關係，所謂的人際吸引力是指想要親近其他人的渴望(Franzoi, 2006)。有些人認為人與人親近是因為「物以類聚」，有些人則認為是雙方互補的關係，你認為呢？因此本章想要探討為何人們有親和的需求(need for affiliation)？具備人際吸引力的決定因素為何？最後我們也將要探討具有人際吸引力的人有什麼樣的特徵？

第一節　親和需求

壹　影響親和需求的理論

　　我們想要與他人親近的需求涉及了二個理論，首先是有關於瞭解自己與世界關係的社會比較理論(social comparison theory)，其次是為了能確保心理與物質獎賞得失能夠平衡的社會交換理論(social exchange theory)。

一、社會比較理論

　　社會比較理論有三個重點(Taylor, Peplau & Sears, 2003)：

1. 人們有正確評估其觀點與能力的動力。

2. 在缺乏直接的比較標準下，人們會藉由與其他人比較的方式評估自己。

3. 一般來說，人們較偏好與其相似的人進行比較。

根據 Festinger (1954)的社會比較理論認為，因為人類對世界擁有正確看法的需求很強，我們藉由思想及行為與其他人進行比較，以獲得自己所需要的訊息，而這種社會比較訊息能提供評估自我的有效方法。當我們不確定自己所呈現出來的樣子時，我們會與相似的他人進行比較，這是因為與我們相類似的人所比較出來的訊息，較能使我們瞭解自己及未來的行為所呈現的意義，因此我們會被與我們有相同地位、背景的人所吸引，而進行社會比較。社會比較理論不僅對於自我瞭解提供重要訊息，更協助自己瞭解情緒及選擇朋友的原因(Helgeson & Mickelson, 1995; Wood, 1996)。

二、社會交換理論

雖然藉由社會比較以自我瞭解、提供自己參照標準是親和需求的一項原因，但社會交換理論更接近人們的互動情況。根據社會交換理論，人們在報酬（所得）多於成本（所失）時，傾向於結交新的朋友或維持以往的人際關係，如果成本（所失）多於報酬（所得）時，傾向於避免或結束人際關係(Berscheid & Lopes, 1997)，因此我們通常會被那些能提供我們較多報酬（所得）的人所吸引。

社會交換理論是由 Homans (1958)所提出，認為所有的人際關係都像經濟學上貨物的交易一樣，貨物有物質的（如金錢、花、食物）、非物質的（如社會影響、資訊）。例如教師在課堂上教學（非物質的），用以換取薪資（物質的），丈夫可能要到雜貨店購物、每日要準備家庭伙食、每週打掃庭院，用以換取他太太幫忙洗衣、餐盤的清洗、每週家庭環境的整理。但是人們並不會只是單純的進行報酬與成本的比較而已，反而會想要與其他的關係進行比較，因此 Thibaut & Kelley (1959)

認為當人們決定是否要維持某段關係，並不會將報酬與成本分開來看，而是將一段關係中的報酬、成本與另一段關係的報酬與成本加以比較，如果沒有另一段關係可供選擇，或是另一段關係所出現的報酬並沒有比現在的關係還要多時，人們不會選擇改變。這可以用以解釋交往當中男女的劈腿、婚姻關係中出軌的原因。

貳 影響親和需求的因素

一、進化的結果

　　人類親和需求可以說是一種進化的結果，有研究發現青少年平均會花 75%清醒活動的時間與其他人相處(Larson et al., 1982)，而且當青少年與其他人在一起時，他們感到較快樂、更機敏、更興奮。針對棄嬰的研究顯示，即使他們有充足的溫飽，但卻少有機會與他人進行社會互動，這樣的死亡率較高(Spitz, 1945)。這也就是說我們會尋求與他人親近、結交朋友，與他人形成親密關係似乎有著人類遺傳性的特徵，並藉此協助我們生存與繁衍。

二、生物及激發作用

　　親和需求之個別差異主要涉及了生物性的激發(arousability)，這種激發狀態是由於中樞神經系統所引起的(Stelmack & Geen, 1992)，就好像我們喜歡追求刺激、快感，所以會搭乘雲霄飛車，藉以激發這種快感、刺激，而親和的需求也是需要激發的，並且我們會試圖將這個需求維持在激發的狀態。Eysenck (1990)對於內向性及外向性的研究認為，那些想要有較多社會互動的人，對於社會或非社會的刺激都會希望將親和需求維持在一個最佳的激發狀態。而為了要達到這個相當高的最佳激發狀態，高親和需求的人不僅會尋求與其他人進行社會互動，更會尋找其他的刺激來源以維持自己的高親和需求(Bullock & Gilliland, 1993)。這也就是說每一個人都有親和需求，只是有個別差異而已。

三、文化、性別的影響

親和需求存在文化間的差異。Hofstede (1980)分析 22 個國家後發現，在愈具有個人主義文化的國度當中，國民的親和需求就愈高，深究其中的原因，個人主義文化的人多會在各種不同的社交場合發展個別的人際關係，雖然個人會有很多種的人際關係，但都不是很親密。以美國來說，美國人有許多的人際關係，但這些人際關係多不親密且不長久(Bellah et al., 1985; Stewart & Bennett, 1991)，但是與前共產主義國家蘇聯相比較發現，蘇聯人與其朋友有較深入的交往，能延續相當長時間的親密關係(Glenn, 1966)。

此外，親和需求仍存在著性別差異，一般而言，女性的親和需求較男性要高。女性較男性更會藉由與他人的情感連結去思考、定義自我(Cross & Madson, 1997)，這也就是所謂的「關係的自我」(relational self)，而男性則被教養為「獨立的自我」(independent self)，這是指男性較獨立、對培養能與他人分享情緒的關係較不感興趣(Cross et al., 2000)。

小學堂 ｜ 能清楚陳述自己的需求

以下 11 個題目在瞭解男性與女性的關係性相互依賴問題，請依您對每一題同意或不同意的程度填寫分數於反應欄。

11 個題目共有 2 題為反向題，必須要進行分數轉換，第 8、9 題為反向題，請將分數由 1＝7、2＝6、3＝5、4＝4、5＝3、6＝2、7＝1 的順序加以轉換，等轉換完畢後將 11 個題目的總分加總，即為自己的關係性相互依賴的程度，分數愈高代表自己對於發展親密關係興趣愈高，反之愈低。Cross, Bacon & Madson 於 2000 年發展這份量表時，2,330位女大學生的平均分數大約為 57，1,819 位男大學生的平均分數大約為53，可見男生與女生存在著相當大的性別差異。

強烈不同意 ← 1 2 3 4 5 6 7 → 強烈同意

題號	題目	反應
1.	我與別人的親密關係是很重要的，因為從親密關係中能反應出我是一個什麼樣的人	
2.	當與別人親近時，我會覺得這個人是我的人生當中很重要的一部分	
3.	與我很親密的人有重要成就時，我會感到很驕傲	
4.	我覺得要瞭解我是什麼樣的人，一個很重要的來源是可以藉由瞭解與我交往的對象是誰、以及看我親密的朋友就可以知道	
5.	當我想到自己時，我也會時常想到自己的親密朋友或家人	
6.	如果別人傷害了與我親密的朋友，我會覺得自己也受到了傷害	
7.	我的親密關係對於影響我是一個什麼樣的人而言，是相當重要的一部分	
8.	整體來說，我的親密關係與我對自己的看法沒有很大的關聯性存在	
9.	我的親密關係對於自己是什麼樣的一個人並不重要	
10.	我的驕傲來自於別人知道我的親密朋友是誰	
11.	當我與別人建立親密的友誼時，我通常會對那個人發展出強烈的認同感	

資料來源：Franzoi（2006），頁366。

第二節 人際吸引力的決定因素

人與人之間相互吸引的決定因子是什麼呢？當我們想要與其他人親近時，要提供那些條件才能吸引對方的注意、提昇自己的吸引力呢？人們之所以會被某些人所吸引可歸諸於情境因素與個人因素，其中的情境因素為熟悉度，熟悉感讓人覺得安全，情境因素可以採用與他人保持聯繫、增加自己在公眾場所聚會的曝光率等方法增加自己的人際吸引力；個人因素包括相似性、互補性與互惠原則，例如這個人與我

很相似會使我們受到吸引，另外當別人有我們所沒有的特質與能力時，亦有可能吸引我們的注意，但是這樣的吸引力很難以持久，並且可能適得其反，最後一個人際吸引力的決定因素為互惠原則，即人們會對喜歡自己以及對自己有所反應的人所吸引。

一、熟悉度

人們會隨著對於人、事、物的熟悉程度而決定自己的喜好，人們較喜歡親近熟悉的人、事、物，而較不喜歡親近不熟悉的人、事、物，因此人際吸引力的第一個決定因素是「熟悉度」，熟悉度可藉由二個基本且重要的效果加以提昇，「接近效果」(the effects of proximity)及「單純曝光效果」(mere exposure effect)。

(一) 接近效果

首先要預測二個人是否會在一起最好的方法可藉由他們的身體接近性而定，雖然現在我們可以倚靠電話、e-mail、網路聊天室等進行遠距離的互動，但最具有影響力的社會互動是與那些同一時間、同一地點的人所進行的互動。「接近效應」(proximity effect)是指由於時空上的接近，而使人際互動吸引力增加的效應。針對大學生的研究顯示，住校外、公寓、學生宿舍的大學生會與自己住得較近、與自己同樣住宿方式的對象約會(Hays, 1985; Whitbeck & Hoyt, 1994)。接近性不需要有令人感到眩目的外表吸引力，但接近性能增加彼此間接觸的次數，這對於友誼的建立是良好的第一步，例如「近水樓台先得月」即為接近效應的例子，然而要注意的是彼此之間存在衝突、爭吵的人，增加他們之間的接近性及接觸可能會有反效果產生。

(二) 單純曝光效應

另一個增進人際吸引力的方法便是增加自己的曝光率，所謂的「單純曝光效應」(mere exposure effect)是指人們愈常見一種新奇的刺激，對這種刺激的評價就會愈正向。在一個具有代表性的研究中，研究參

單純曝光效應與人際吸引力的關係

　　Moreland & Beach (1992)將這種曝光效應運用在大學的課堂上，要求四位女性的研究助理出席一個學期中的某一門課，她們的外貌均相似，第一位參與十五堂課，第二位則出席十次，第三位則出席五次，第四位則從不出席，期末要求學生評估他們對於這四位研究助理的喜好程度，結果顯示隨著研究助理曝光的次數增加，所得到的喜好程度也會隨之增加，如圖 4-1 所示。值得注意的是這種曝光效應必須是在潛意識的狀態下進行的，另外，必需要在對出現的物體或人物感到愉快，或至少是不會感到討厭的情況下，否則容易適得其反。即使自己提高與他人的接近性及自己的曝光率，但我們也有可能會被完全陌生的人所吸引，因此熟悉度並不是人際吸引力的唯一決定因素。

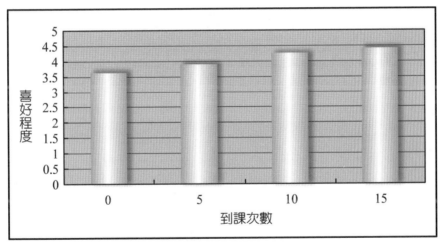

圖 4-1　曝光次數及喜好程度關連性

資料來源：Moreland & Beach（1992）。

接近性與友誼發展的關係

　　Festinger 等人(1950)在一棟公寓建築進行研究，這棟建築共有二層樓，每層樓包括五戶，左右各有一個樓梯，每一個樓層中間的住戶（第三戶、第八戶），較常被認為是其他住戶的親密朋友，而不是最靠兩旁邊的住戶，而住在一樓靠近樓梯的住戶（即為第一戶、第五戶），被二樓的住戶標示為自己朋友的次數要比一樓的其他住戶來得多。之所以會產生這種現象乃是因為其他的住戶在離開、回到住家時很常會遇到靠近樓梯的住戶，如果你家也類似實驗的建築結構也可以利用這個機會驗證一下自己的友誼是不是與接近性有關。

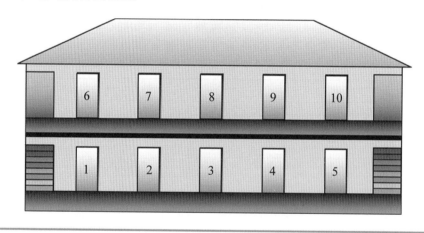

　　與者觀看許多圖片，每一張呈現大約 1 到 5 毫秒，這些圖片快到讓人無法覺察與瞭解其意義，但是有些圖片被播放多如 25 次，有些則播放1、2 次，待圖片播放完畢，研究參與者又看了那些無法讓人瞭解、以前不曾看過的圖片，並被問了二個問題：你喜歡這些圖片嗎？你之前曾經見過這些圖片嗎？結果發現，研究參與者會回答自己比較喜歡那些播放多次的圖片，這樣的結果顯示「單純曝光效應」會在我們沒有覺察的情況下影響我們(Kuntz-Wilson & Zajonc, 1980)。

二、互補性

在 1950 年代，心理學家認為人們之所以互相吸引是因為互補的關係，也就是一般所俗稱的「相反吸引力」(opposites attract)，這種互補性是指人們會尋找與自己特質相反的對象，也就是說具有支配慾的人會尋找服從的對象。當別人有我們所沒有的特質與能力時，可能吸引我們的注意，這是因為當我們與這種人在一起時會提高我們的自尊心且會獲得別人的讚賞，但是這樣的觀點很少獲得支持(Murstein, 1980)，尤其是過度的讚美、諂媚可能會使他人懷疑自己的動機，而不敢與我們親近。另外當我們發現自己所讚美的人是不具吸引力的、且這種讚美令人感到不好意思、令人感到討厭時，互補性所產生的吸引力即無法產生效果。

這種互補性也反映在伴侶的選擇上面，男性通常偏好選擇較年輕的女性當伴侶，而女性亦偏好選擇較年長的男性當伴侶。Buss(1989)在 37 個文化當中發現，男性較喜歡比自己年輕的女性，而女性更喜歡比自己年長的男性。社會科學家們認為這樣的結果反應出了「尋求地位交換」(looks for status exchange)的傾向(Davis, 1990; Gutierres et al., 1999)，認為男性之所以受到年輕女性的吸引是因為女性的年輕代表美，而女性受到年長男性的吸引是因為男性的成熟代表有較高的社會地位。所以一個不具有外表吸引力的男性也可能吸引美麗女性的注意，只要這位男性有較高的社會地位，同樣地，沒有高社會地位的女性也能夠吸引高社會地位的男性，只要她在外表上具有吸引力，換言之，男性會以社會地位交換外表，女性則以外表交換社會地位。但是若將其間的關係交換，即為女性以社會地位交換外表，男性以外表交換社會地位則不常見。

三、相似性

想像自己正在網路聊天室裡遇到一位能與自己談論運動、美食、興趣、嗜好的人，再想像自己在聊天室裡遇到一位與自己背景、興趣、價值以及生活觀點不同的人，這二種人當中，哪一種人是自己想要在

網路上遇到的呢？是與自己相似的還是與自己不同的呢？一般而言，人們多會與那些特徵、條件跟自己相似的人互動，因此相似性可以說是較重要的人際吸引力的因素，隨著彼此之間相似性的提高，關係的品質也會隨著增加(Acitelli et al., 1993; Hammond & Fletcher, 1991)。這種相似性就是所謂的「物以類聚」。人們相似性的吸引力範圍從年齡、教育程度、種族、宗教、身高、智力、社經地位等背景條件的相似性，到觀點、興趣、態度與價值等內在條件的相似。

除了相似背景、態度的相似性能影響人們吸引力外，還包括了第三種影響吸引力的相似性因子「相配性」(matching)，這種相配主要來自於「相配假設」(matching hypothesis)，認為人們傾向與那些具有和自己同樣外表吸引力的人形成親密關係，研究顯示在公眾場所出現的夫妻檔，他們在外表的吸引力具有相當良好的相配性(Feingold, 1988)。在兩性關係發展中，當人們尋求最好的對象卻發現自己可以勉強接受對方時，外表相配性(physical matching)會自動產生(Kalick & Hamilton, 1986)。這是因為當我們尋找另一半時，自己會評估對方的外表是否與我們相似，以免被對方拒絕。而具有外表相配性的伴侶會比那些不相配的伴侶有更多的親密感（包括親吻、握手）、也較有可能結婚、較可能維持良好的婚姻。雖然相似性能使我們增強對其他人的吸引力，但有的時侯相似性是有威脅性的，例如某人和我們有相同不幸的遭遇或同樣罹患癌症時，我們會想要避免與這個人在一起。

就伴侶的選取而言，最好具有以下幾方面的相似性：

1. **觀念相似性**：彼此應具有觀念上的相似性，例如雙方均認為每個月應該給予父母親生活費。

2. **價值相似性**：雙方對於事物、興趣、價值、休閒生活所持態度均相似。

3. **家庭相似性**：彼此應能接納對方的家庭成員、背景，對於家庭的想法與觀念亦應相似，如：教養方法、家庭生活模式等。

4. **精神相似性**：這裡所謂的精神相容性泛指包括政治、宗教等的相容性，亦即雙方最好具有相同的政治立場及宗教信仰。

5. **金錢相似性**：雙方對於金錢使用應具有相同的觀念，例如消費時均能接受使用信用卡。

6. **社會相似性**：指雙方均能接納對方的朋友及社交生活，例如其中一方能接納另一半的其他朋友，如果有一方認為對方的朋友有很多壞習慣，而不願意與對方的朋友聚會、接觸時，就容易衍生衝突。

四、互惠原則(the principle of reciprocity)

二個人之間存在付出與獲得之間取得平衡的關係，這種關係被稱為互惠，而二個人之間彼此是相互喜歡的，這也就是為何我們傾向於中意喜歡自己的人，也就是說人們會受到喜歡自己以及對自己有好感的人所吸引(Berscheid & Walster, 1978)。Curtis & Miller (1986)安排學生相互談話的實驗研究發現，當學生被告知其他的伙伴喜歡或不喜歡自

己後，再安排這些學生回來交談，那些知道自己被人喜歡的學生表現更為溫暖、更令人愉快、更能自我揭露(self-disclosing)，所以感受到自己被喜歡，在兩性關係的發展過程中是很重要的。

人們如何選擇伴侶？

Sprecher, Sullivan & Hatfield (1994)調查了 1,300 個說英語及西班牙語的單身美國人，年齡均在 35 歲以下，被問到「在考慮結婚對象所可能擁有的財產及能力後，說出自己願意選擇另一半具有某些特徵的意願」，分數 1 代表「非常不願意」，分數 7 代表「非常願意」。

表 4-1 中共有六個反應題目，包括「沒有好的容貌」、「比自己年長五歲」、「比自己年幼五歲」、「沒有穩定工作」、「錢賺得比自己多」、「錢賺得比自己少」。以女性的反應來看，女性認為未來的結婚對象可以沒有好的容貌、比自己年長五歲、且錢賺得比自己多，不願意選擇另一半的特徵則是沒有穩定工作，可見女性較男性要求未來能過有保障、金錢不匱乏的生活。男性的反應則認為未來的結婚對象最好是比自己年幼五歲，而另外一半賺得比自己多或比自己少，對男性而言是沒有關係的。對於另外一半是否要有好的容貌的問題而言，雖然男性相當重視女性的容貌，但在男女交往時，男性可能會考慮相配性的問題，也就是自己的容貌是不是與對方的容貌相配，因此並未在「沒有好的容貌」的答案中呈現出非常高的意願。

表 4-1 伴侶選擇喜好的性別差異表

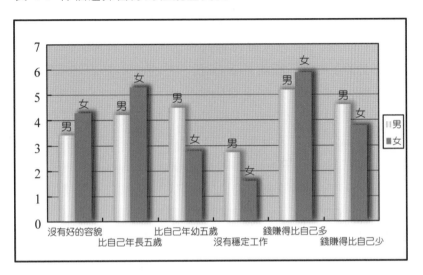

總而言之，就容貌來看，男性較女性更重視對方的外表，女生偏好較年長的男性，男性較偏好年輕的女性；在社經地位等外在條件來看，女性更強調男性要能賺較多的金錢、有穩定的工作、較高的教育程度。

資料來源：Sprecher et al.(1994). Mate selection preferences: Gender differences examined in a national sample. *Journal of Personality and Social Psychology*, *66*, 1074~1080.

第三節 外表與特質吸引力

俗語常說：「美貌是膚淺的」、「不要以貌取人」，但卻不得不承認外表不但會影響個人對自己的觀感，更會影響我們對其他人的判斷，當二個人的其他條件相等時，我們會較喜歡外表有吸引力的人，這是因為外表吸引力刻板印象(physical attractiveness stereotype)的關係。

一、何謂外表吸引力刻板印象

「外表吸引力刻板印象」是指我們多會認為具有身體吸引力的人也會有較佳的人格特質、且會過著較為快樂的生活。Dion, Berscheid & Walster (1972)請大學生觀看外表好看、普通、不好看等三種等級的男女生照片，並且要這些大學生說出圖片中男女生的人格特質，結果發現大學生認為外表具吸引力的人較具有符合社會期望(socially desirable)的人格特質。成人多認為具有外表吸引力的嬰兒較可愛、友善、有能力、易於照顧(Casey & Ritter, 1996; Karraker & Stern, 1990)。具有外表吸引力的成人多會被徵求成為朋友或情人，且被知覺為具有可愛、有趣、靈敏、泰然自若、性感、有能力、具有社會技巧、心理健康、優越、聰明等特質(Feingold, 1992; Jackson, Hunter & Hodge, 1995)。例如一個化了妝的女演講者，多被學生們認為其演講很有趣，且是一個好老師(Chaikin et al., 1978)。

外表吸引力在兩性交往的過程中也是相當重要的，Walster et al. (1966)事先進行每一位男女大學生的外表吸引力評估，並配對大學生的約會對象，等約會完畢後，大學生們被要求互相評估自己對約會對象的喜歡程度，結果發現被事前評估為較具外表吸引力的約會對象，也被認為是自己較喜歡的對象。但具有美麗、帥氣外表的人，真的擁有較好的人格特質嗎？答案很顯然是不一定的。

Snyder 與同事們(1977)實驗研究發現，善意的回應會如何支持社交優勢呢？他們告知大學男生即將會與自己在照片中所看到的女生進行電話唔談，有些男生拿到不具外表吸引力的女生照片，有些則拿到具有外表吸引力的女生照片。首先要求男生們評估這些女生是什麼樣的人？就如同外表吸引力刻板印象所呈現的一樣，對那些拿到具有外表吸引力照片的男生所做出來的評估是，這些女生較具有溫暖、可愛、有趣的特質。其次讓男生與女生交談，結果那些拿到具有外表吸引力照片的男生比起那些拿到較不具外表吸引力照片的男生，於電話談話過程中，表現出更具直率、更友善的態度。同樣的結果也發生在女生

的樣本上，Anderson & Bem (1981)的研究發現，若女生相信她們自己談話的對象是較具吸引力的男生，在談話過程中會更積極、友善。這種結果的原因可能在於「自我驗證預言」(self-fulfilling prophecy)，自我驗證預言是指某個人對另一個人的信念會導致人們表現出可以驗證這些期望、態度的一種過程。

Feingold (1992)的研究顯示，外表吸引力與智力、自尊、心理健康等內在特質並沒有關係存在，這表示我們都認為具有外表吸引力的人較健康、快樂、有高智能，但事實並非如此。Feingold 的研究還發現有好看外表的人比不具外表吸引力的人，較不會有社會焦慮、有較佳的社會技巧、較少的寂寞感。這可能的原因在於，具有外表吸引力的人在社交場合中，別人會給予更多善意的回應，也較能輕鬆地尋找伴侶。

而這種外表吸引力刻板印象在我們的日常生活中也會有許多的影響，一般而言具有外表吸引力有正向的影響，不具外表吸引力的則傾向較為負面的影響。研究顯示，具有吸引力的人不管其性別，多被認為較有公信力(credibility)，這會大大地增加販售物品、公眾演講、諮商等的說服力(Knapp & Hall, 1992)。相反地，不具吸引力的人多會在法庭上被認定為有罪，也較可能會有較長的刑期(Knapp & Hall, 1992)。另外，在社會評價上，具外表吸引力者亦較有正向的評價，亦即具外表吸引力者的人格、受歡迎程度、成功機會、社會能力、說服力、幸福感等均較佳(Knapp & Hall, 1992)，例如具吸引力的女性較可能會受到他人協助、較不可能成為受到攻擊的對象（這不包括性的攻擊）。

較不具有吸引力者的負面影響從早期孩童期就已開始了，例如教師對於不具吸引力的孩童較忽視，到了成年期外表的吸引力也會影響我們的約會對象(Knapp & Hall, 1992)，而那些不具有外表吸引力者卻能受到女生青睞的男生，多在其他領域被認為較具吸引力(Bar-Tal & Saxe, 1976)，例如這樣的男生較會賺錢、在職場上較成功、更有能力。

一個人的身體型態也說明了某些刻板印象可能是不正確的，體重過重的人可能被他人認為是較為老態的、較不強壯的、更喜歡說話的、較不好看的、更易相信別人的、更依賴別人、更熱心及具同情心的；

而那些擁有較多肌肉的，則被認為更強壯、較好看、更具冒險性、更自我依賴、行為上更成熟、更具陽剛氣質；而那些具有較瘦的體型者多被認為較年輕、更會猜疑他人、較緊張與神經質的、更不具陽剛氣質的、更悲觀的、較安靜、更頑固的、更難相處的；高的男性在商場上有很強的優勢，但女性長得高則不具有這種優勢，長得較矮的人則在薪資以及工作機會上較容易受到欺騙(Knapp & Hall, 1992)。

即使如此，我們仍可以透過節食、運動、適當睡眠、良好的作息、選擇良好的衣飾來改善自己的身體外觀，進而開啟更多成功的機會。

二、什麼是美？

既然外表亮眼的人會吸引我們的目光，就好像蜜蜂喜歡鮮花一樣，我們不禁要問什麼是美？是不是有一種美是可以為所有人都接受呢？許多研究發現外表吸引力對女生是較為重要的(Ford & Beach, 1951; Townsend & Wasserman, 1997)。而外表吸引力對於男同性戀也是相當重要的(Harrison & Saeed, 1977)，亦即男同性戀較強調親密關係的另一半應有較好的外表。

美的定義會隨著時代的觀點而有所不同，在古希臘時代較強調男性的身體，在羅馬帝國時代，瘦就是時髦，然而到了中古世紀後期，軀體豐厚(full-bodied)又變成了主流(Garner et al., 1983)。到了十九世紀初期到中期，北美及歐洲中產階級的女性使用鋼架所製作的束腹，讓自己的腰變成 18 吋以符合當時文化，也就是符合嬌弱的、嬌貴的維多利亞時代女性身材，到了十九世紀後期，由於勞工大量移民到北美，使得緊身上衣、嬉皮的女性變成了主流。到了今日，瘦與嬌弱被認為是普世之美的標準。與美國文化相反地，Cogan 等人(1996)的研究卻發現，在西非國家迦納的大學生多認為較大的身材對於女性是較為理想的。

雖然每個時代有其美的觀點，但到底是什麼左右了美的觀點呢？Anderson 等人(1992)的研究發現，女性美的標準與食物供應是否充足有關，當食物的供應不充足時，美的標準就會變成「豐滿的身材」。目前工業時代，食物的供應充足，肥胖的身材即不受重視。

　　從小女性即被教導她們的身體是別人如何判斷自己的重要因素，從電視到雜誌廣告都在建立一個難以達成的標準，特別是與體重有關的標準(Posavac & Posavac, 1998)。這種標準的灌輸會使女性對於身體的態度，或稱之為「身體評價」(body esteem)變得較為負面，而更容易經驗到社會體格焦慮(social physique anxiety)，這種焦慮是指擔心別人觀察或評價自己身體時所產生的焦慮(Fredrickson et al., 1998; Sanderson et al., 2002)。相對於女性，男性則被教導要將自己的身體視為能完成任務的工具，因此從小男性即被教導身體的力量與身體功用比起可見的外表更為重要。

　　不管是男性或是女性均表示不太滿意自己的身體意象(body image)。研究顯示56%的女性、43%的男性對自己的身體意象感到不滿意(Garner, 1997)，另外女性較男性更可能會有飲食失調的情況出現(Seid, 1994)，且會持續的節食。有96%的女大學生在調查時，正在進行節食，而男性僅有59%(Elliott & Brantley, 1997)，可見身體意象是目前男性與女性均關注的焦點，然而女性則更重視自己的身材，並期望能以節食的方式達成社會對女性身材的標準。

　　許多的證據均指出，具有吸引力的臉部特徵，仍有規則可循。我們較偏好左右的半邊臉具對稱性、擁有年輕或些微不成熟的臉部特徵（大眼睛、小鼻子、圓潤的嘴唇、小下巴），能增強女性的吸引力，然而成熟的臉部特徵（小眼睛、寬的額頭、粗眉毛、薄的嘴唇、大下巴）則與社會支配性有關，這能增加男性的吸引力(Cunningham, 1986; Keating, 1985)。具吸引力的女性照片特徵包括了天真爛漫（大眼睛、小鼻子）、成熟（凸出的頰骨、狹小的臉頰、大瞳孔、大的微笑、與眼睛有點距離的眉毛）等二大特徵。而被認為天真爛漫的女性特徵，也被認為是可愛的(McKelvie, 1993)。由此可知，男性的成熟與女性的年輕可能是普世美的標準。

　　另外，我們也會對於許多外表特徵給予正向的反應，例如時髦的穿著、良好的打扮、較高的身高、不戴眼鏡、健康的飲食習慣、甚至是較為好聽的名字，例如史考特(Scott)、布列塔尼(Brittany) (Pierce, 1996; Stein & Nemeroff, 1995)。

另外，性對於吸引力也是相當重要的先決條件，男人與女人認為具有身體吸引力的人是較具性吸引力的(Suman, 1990)，亦即較具吸引力的身體外觀被認為是能引起性慾的重要條件(Regan & Berscheid, 1995)。Abbey (1982)將一位男大學生與一位女大學生配對，雙方進行五分鐘的談話，而其他的學生進行觀察，稍後她問談話者及觀察者一些問題後發現，男性會受到女性「性」的吸引，反之女性也會受到男性「性」的吸引，男性比女性有更多的眼神接觸、致意、友善的評論、輕觸手臂、單純的微笑，而這些多被解釋為性的引誘(Kowalski, 1993)。其他的身體外觀也會影響性的吸引力，包括身材大小及體形。研究顯示，肥胖的男性與女性被認為不具有性的吸引力(Regan, 1996)。同樣地，男性認為具有沙漏形狀、「腰／臀」比例較少的女性身材較為性感，此外男性則較喜歡有大胸部、沙漏型態身材的女性(Handy, 1999; Turner, 1999)，而女性認為擁有正常體重的男性身材最為性感(Singh, 1995)。

與性相關的其他具體特徵包括個人的性史、性經驗等，一般而言，較少的性經驗者多被認為是較受到喜好的交往對象。人們可能會喜歡那些較少有性經驗的人當約會或結婚的對象，但是如果是要尋求性刺激，可能會尋找那些有較多性經驗者。

▶ 圖 4-2　奧莉赫本年輕時與年老時照片

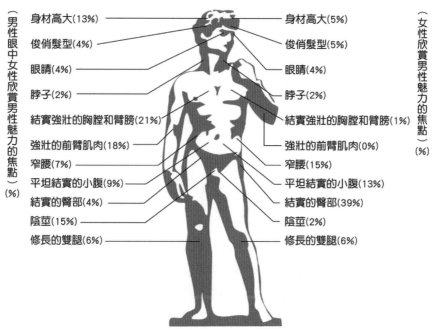

（男性眼中女性欣賞男性魅力的焦點）（%）

身材高大(13%)
俊俏髮型(4%)
眼睛(4%)
脖子(2%)
結實強壯的胸膛和臂膀(21%)
強壯的前臂肌肉(18%)
窄腰(7%)
平坦結實的小腹(9%)
結實的臀部(4%)
陰莖(15%)
修長的雙腿(6%)

（女性欣賞男性魅力的焦點）（%）

身材高大(5%)
俊俏髮型(5%)
眼睛(4%)
脖子(2%)
結實強壯的胸膛和臂膀(1%)
強壯的前臂肌肉(0%)
窄腰(15%)
平坦結實的小腹(13%)
結實的臀部(39%)
陰莖(2%)
修長的雙腿(6%)

圖 4-3 男女兩性看男性魅力的差異圖

資料來源：澀谷昌三(1992)，頁 66。

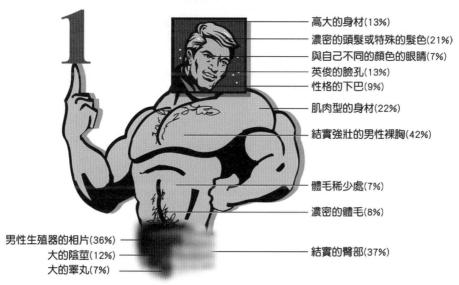

高大的身材(13%)
濃密的頭髮或特殊的髮色(21%)
與自己不同的顏色的眼睛(7%)
英俊的臉孔(13%)
性格的下巴(9%)
肌肉型的身材(22%)
結實強壯的男性裸胸(42%)
體毛稀少處(7%)
濃密的體毛(8%)
男性生殖器的相片(36%)
大的陰莖(12%)
大的睪丸(7%)
結實的臀部(37%)

圖 4-4 同性戀看男性魅力圖

資料來源：澀谷昌三(1992)，頁 67。

三、特質吸引力

是什麼讓我們比較喜歡某個人呢？對於這個問題沒有一定的答案，某些人欣賞別人具有同情心，有些人則較看重具有智慧的人，在這麼多的特質當中有沒有什麼內在特質是較具人際吸引力的呢？

Anderson (1968)彙整 555 種人格特質，並尋問大學生什麼樣的人格特質是自己比較想要親近的呢？結果顯示，較被人喜愛的特質包括真誠、誠實、忠心、真實性、可信賴，較不喜歡的特質包括不誠實及欺騙，其中有二個人格特質被高度讚賞，那就是溫暖及有能力的，通常我們會對溫暖的人感到親切，並且尊重有能力的人。什麼會使得一個人變得較為溫暖、友善呢？那就是對人、事、物抱持著正向積極的態度，相反的，如果對人、事、物有負面的態度、會批評他人、輕視他人，那麼這個人會變得很冷漠。除此之外，溝通時的非口語行為，如微笑、注意傾聽、能表達情緒等，均能傳達出溫暖的感受。

另一方面，我們也會比較喜歡具有社會技巧、聰明及有能力的人，而這種有能力的特質可以從一個人的談話中傳達出來。在一個研究當中，大學生要分別說出什麼是無聊的演講、什麼是有趣的演講，結果發現被大學生認為無聊的演講者，多半會說很多有關自己的事物、談論不重要與平庸的主題，這些演講者在態度上，多半呈現出過度消極、冗長乏味、與聽眾的互動過於嚴肅、不友善、不熱情、不受歡迎、冷淡(Leary, Rogers Canfield & Coe, 1986)。此外有較多利社會行為、個性外向者，均易於使人留下深刻的第一印象(Jensen-Campbell, Graziano & West, 1995)。

綜合上述，外表吸引力可能存在著性別差異，成熟的男性及年輕的女性均較具有外表吸引力，而溫暖、友善、有能力、具社會技巧的特質則被認為是有較佳的特質，然而不管是外表吸引力或是特質吸引力，對我們的影響也似乎隨著與對方相處的時間而有所改變，在我們剛開始認識一個人時，外表吸引力是重要的，但隨著相處時間增加，外表吸引力的影響逐漸減少，特質吸引力則居重要地位。Sangrador &

Yela (2000)的研究顯示，在偶遇的關係中，以身體吸引力為重要的特質，但隨著相處時間的增加，許多的特質包括討人喜歡的、具智慧、真誠的、性的忠誠、價值觀相似等反而成為伴侶偏好的特徵，如表 4-2 所示。

表 4-2　伴侶偏愛特徵摘要表

	偶遇	%		穩定關係	%
1	身體吸引力	53.7	1	討人喜歡的	57.6
2	討人喜歡的	45.8	2	具智慧	50.8
3	浪漫的	25.2	3	真誠的	49.3
4	性的可接近性	23.3	4	性的忠誠	41.5
5	具有高超的本領	22.7	5	價值觀相似	33.3
6	具智慧	22.6	6	較具敏感性	30.8
7	真誠的	20.9	7	浪漫的	26.9
8	較具敏感性	20.3	8	自信	19.7
9	熱情	19.5	9	身體吸引力	19.6
10	年輕	18.2	10	健康	18.1
	～			～	
20	社經地位	4.2	20	性的可接近性	4.2

資料來源：Sangrador & Yela (2000)。

【活動一】我最好的朋友

　　請同學依最要好程度由上往下排列填寫要好的朋友的姓名與其他資料，此外，最後一行則為自己的住宿地點、興趣與嗜好、個性等資料，亦請填寫。完成後，同學請比較一下好朋友的友好程度與見面次數、認識時間、個性、目前住宿地點、興趣與嗜好、我最敬佩他／她的是什麼等那一種相雷同？自己的個性、目前住宿地點、興趣與嗜好與那位朋友的相同？

友好程度	要好的朋友姓　　名	見面次數（每日見、每週見、每月見）	認識時間	我最敬佩他／她的是什麼？	目前住宿地點	興趣與嗜好	個性
1							
2							
3							
4							
5							
6							
7							
8							
9							
10							
自己							

【活動二】我喜歡的人

　　請同學想一下自己喜歡什麼樣的人？自己最不喜歡什麼樣的人？
（同性朋友）

我喜歡的人：形容一下他／她的外表＿＿＿＿＿＿＿＿＿＿＿＿＿＿＿＿＿

形容一下他／她的個性＿＿＿＿＿＿＿＿＿＿＿＿＿＿＿＿＿＿＿＿＿＿＿

形容一下他／她都會做什麼＿＿＿＿＿＿＿＿＿＿＿＿＿＿＿＿＿＿＿＿＿

我最不喜歡的人：形容一下他／她的外表＿＿＿＿＿＿＿＿＿＿＿＿＿＿＿

形容一下他／她的個性＿＿＿＿＿＿＿＿＿＿＿＿＿＿＿＿＿＿＿＿＿＿＿

形容一下他／她都會做什麼＿＿＿＿＿＿＿＿＿＿＿＿＿＿＿＿＿＿＿＿＿

【活動三】抽特質卡

1. 請教師準備 A4 紙每位同學乙張，並請同學將紙張折成十等份，並予以撕開，成為十張小卡片，並寫下最令自己「欣賞」（正向）與「不欣賞」（負向）的異性內外在特質各五張。

2. 將由老師把同學分組每組五位同學來做抽牌遊戲，首先選定一位同學開始，依順時鐘方向兩兩互抽，若抽到對方正向的特質，即與自己所有的正向特質卡片配對後，將配對的二張卡片「蓋牌」，隨即再向對方抽取一張牌，若抽到的是負向特質卡，即與自己所有的負向特質卡片配對後「蓋牌」，並順時鐘轉換抽牌的對象。

3. 抽玩牌後，老師請同學檢視手上的特質卡是正向配對較多呢？或是負向配對較多呢？

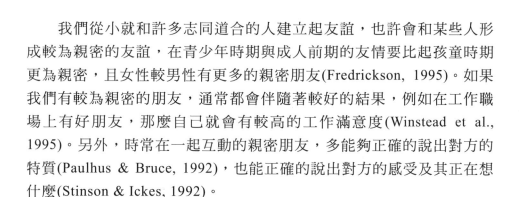

CHAPTER 05

兩性關係的開始

　　我們從小就和許多志同道合的人建立起友誼，也許會和某些人形成較為親密的友誼，在青少年時期與成人前期的友情要比起孩童時期更為親密，且女性較男性有更多的親密朋友(Fredrickson, 1995)。如果我們有較為親密的朋友，通常都會伴隨著較好的結果，例如在工作職場上有好朋友，那麼自己就會有較高的工作滿意度(Winstead et al., 1995)。另外，時常在一起互動的親密朋友，多能夠正確的說出對方的特質(Paulhus & Bruce, 1992)，也能正確的說出對方的感受及其正在想什麼(Stinson & Ickes, 1992)。

第一節　友情與孤獨

壹　友情

　　友情與愛情有何差異呢？基本上，二者均是人際關係；但是愛情具有排他性，也包含了性，友情則不具備這二種特性(Davis & Todd, 1982)。因此在瞭解親密關係之前，我們必須先探討友情的概念。

一、依附型態

　　提到愛情關係就很難讓我們不追溯到初為人時的嬰兒時期，當我們仍是嬰兒時，就已經開始與他人建立關係，也就是與一生中影響我們最大的父母互動。那時所建立的關係，在我們長大後也會以這種互動方式與他人建立關係，而這種互動方式即為「依附型態」。有學者(Griffin & Bartholomew, 1994a, 1994b)依據二個基本的向度，分別是對自我的正向

與負向評價、對他人的正向與負向評價，提出四種類型的依附型態(attachment styles)，這二種評價向度組成了一個人的自我價值感以及一個人對他人的概念是可信賴的或是不可信賴的，如圖 5-1 所示。

對他人的正向評價

焦慮的依附型態
高焦慮
不會逃避他人
不與他人建立關係

安全的依附型態
低焦慮
不會逃避他人
會與他人建立關係

對自我的負向評價 —————————————— 對自我的正向評價

害怕的依附型態
高焦慮
會逃避別人
與他人建立關係會感
到猶豫

抗拒的依附型態
低焦慮
會逃避別人
與他人建立關係會感
到猶豫

對他人的負向評價

▶ 圖 5-1　依附型態圖

資料來源：Griffin & Bartholomew (1994a, 1994b)。

　　一個有正向自我意象的人，會認為別人也會以正向的反應來看待自己，而期待被他人良好對待、喜愛，因此在親密關係當中感到適應。相反地，一個存在負向自我意象的人則認為別人多會拒絕自己，因此在親密關係中會產生焦慮感、無價值感及依賴感。另一方面，一個對別人有正向意象的人會認為別人具有支持性、溫暖的，但是對別人有負向意象的人會認為別人不具支持性、不溫暖的，因此在親密關係中會傾向避免與他人接觸。

　　依附理論最重要的假定是，我們在嬰兒期或兒童期所學習到的依附型態會類化到我們與其他人的關係上，也就是說「安全依附型」的人能發展成熟、持續性的關係，「害怕依附型」的人會在親密關係中，以逃避的方式加以因應(Brennan & Morris, 1997; Tidwell, Reis & Shaver,

1996)。「焦慮依附型」的人認為其他人是令人滿意的，但是對自己則存在負面的看法，在親密關係中，當自己的情緒需求未被滿足時會感到壓力。「抗拒依附型」的人會避免真誠的親密關係，這是因為對自己有正面的看法，但卻對他人的看法負面，所以這樣型態的人是以自我為中心的觀點來看待他人，也較強調自己應該要更為獨立。

二、性、性別與友情

男女性在如何與朋友溝通上存在著差異，男性的溝通模式通常缺乏技巧、較女性的互動模式要差，也就是男性溝通技巧較女性要差，女性較能提供對方口語的安慰。但是 Wood & Inman (1993)的研究發現女性較傾向情緒性的表達方式，例如自我揭露、談論個人的事情，而男性則傾向從事工具性的表達方式，例如互惠互利、協力完成事情。顯示男女性的溝通仍有各自的特色，且均有其效用存在的。

女性的友情是一種具有發展性的對話。女性朋友間的談話傾向具有私人的、自我揭露、蘊含豐富情緒的(Aries & Johnson, 1983; Johnson, 1996; Riessman, 1990; Rubin, 1985)，Gouldner & Strong (1987)將女性朋友稱為「可供談話的伙伴」，因為中產階級以及中上階級的女性多認為談話對她們的朋友是很重要的。同樣地，研究發現勞工階級、中產階級的女性朋友藉由談話可以相互支持、分享感受與連繫感情。雖然女性朋友間的談話很重要，但是她們談話的內容並非膚淺的，所分享的內容不但具有深度且具廣度，女性朋友會覺得她們能深入地、全面性的相互瞭解(Johnson, 1996; Rubin, 1985)。而女性一般來說較喜歡談論感受及個人議題，因為這是女性發展親密感的基本方式，她們較常談論到每日生活、活動的細節瑣事，包括用餐場所、食物(Becker, 1987)。此外，女性也較能使溝通持續(Beck, 1988; Fishman, 1978)，她們會邀請其他人談話、向他人請教有關正在討論的問題、討論細節、對別人所說的有所反應，而且女性也較會使用非口語行為，以顯示自己對話題的興趣與投入程度(Noller, 1986)。

　　Swain(1989)的研究發現，有超過三分之二男性認為與朋友一起進行活動是最有意義的，而其他研究亦顯示，從事運動、觀看運動比賽、共同做事是男性朋友最常被認為是親密的基礎(Monsour, 1992; Sherrod, 1989; Williams, 1985)。男性較喜歡談論的話題是政治、運動、生意事務、非個人的相關主題，若男性想要談話可能表示關係存在著問題。此外男性較不常維持談話、可能打斷他人的談話、對他人所做的評論不做反應、改變正在談話中的話題、在談話過程中強加自己的話題(DeFrancisco, 1991)。

　　在男女之間友誼的發展上，每一種性別均有不同的優點，男性會較重視與女性的友誼，因為女性能提供較多明顯的支持、較多的情緒親近性，許多男性也會覺得自己更能與女性聊聊自己的感覺(Rubin, 1985; West, Anderson & Duck, 1996)，而女性也認為男性會提供自己較多的樂趣，而不是像與女性朋友一樣要有情感的投入。但是男性與女性之間的溝通也可能因為談論的議題、方式不同而產生差異，例如女性可能因為男性不喜歡談論個人親密的話題，而認為男性在拒絕自己，男性則可能不知道談論感受是易於與女性建立起友誼的，卻較偏好活動的參與，企圖建立起友誼關係。

　　由以上可知，男性較重視工具性的友誼關係，視朋友間的對談是要達成某種目標的，亦即在有目的性的行為當中建立起友情，而女性則較重視談話過程中相互的支持、情感交流與理解。男女性均喜歡與異性建立友誼，因為與異性朋友所建立的友誼是同性朋友無法提供的。

貳 孤獨

　　許多人均瞭解人際關係的重要性，但是卻無法達成這個目標，主要原因是孤獨的個性使然。孤獨的感覺與沮喪、焦慮、不快樂、不滿意以及害羞等負面的情緒有關(Neto, 1992)。

那麼為何會有人會產生孤獨的感受呢？首先有學者認為是因為依附型態的關係。Duggan & Brennan (1994)發現在 Griffin & Bartholomew 所提出依附型態中，抗拒依附型態、害怕依附型態，對於關係建立會感到猶豫，因此不利於建立人際關係，而使自己有較多的孤獨感。其次，學者認為是因為缺乏適當的社交技巧而產生的，因為孤獨的感受起源於兒童期，孩童不知道要如何與其他人進行互動，因而被他人拒絕，其中又以較為退縮型、攻擊型的兒童最為常見(Johnson, Poteat & Ironsmith, 1991)。除非這種被拒絕的兒童能夠學習新的社交技能，否則這種被拒絕的情況會持續到青少年及成人期(Asendorpf, 1992)。另外，這些缺乏適當社交技巧的人也多半對社交情境有不同的認知、解釋。Langston & Cantor (1989)的研究顯示，不具有良好社交技巧的大學生，將社交情境做負面的解釋、傾向產生社會焦慮、在人群中退縮並且使自己感到安全，如此一來便會給別人負面的印象，而具有良好社交技巧的大學生多會將新的社交情境視為一有趣的挑戰、視為一個能交新朋友的機會，如此一來便會給別人正面的印象。

研究顯示，13~18 歲的青少年於清醒活動期間有 44%與朋友在一起，29%是獨處的狀態，20%與家人相處，至於與陌生人與其他人在一起的時間則佔 7%。當青少年獨處時，最常做的活動是自由思考(free-floating thought)，所謂的自由思考是指包括幻想、做白日夢、自我對話、思考過去及未來等活動。其次除了看電視之外，青少年在獨處時所從事的休閒活動均是較為消極的，如聽唱片與廣播、閱讀報紙、雜誌或書籍。就青少年獨處的地點而言，臥室是他們獨處最常見的地點，其次依序為家中的某處、朋友的家、學校。就個體獨處的時間而言，下午五點到六點以及晚間九點到十一點為青少年最常獨處的時間(Larson & Csikszentmihalyi, 1978)。

另外國內胡秀媛、邱紹一、洪福源(2004)的研究也顯示國中學生獨處情況：

1. 時間，以週一至週五的就學期間而言，多以 1~2 小時為主，而週末時間，獨處多以 1~4 小時為主。

2. 獨處所從事活動則以看電視、到處閒逛、聽廣播、玩電動（包括電腦遊戲）、吃東西等為主，可見電視、電腦為目前國中學生獨處時最常接觸到的休閒活動工具。

3. 國中學生獨處的地點為自己的臥房。

4. 獨處的原因為沒人陪我、打發時間、沒人約我，均較為被動，而希望藉此完成某件事之比例則為少數。

5. 獨處的優點，自主性的放鬆心情係主要的優點。

6. 獨處缺點，則是積極與消極因素均各半，一半的人可能覺得獨處時具有負面的情緒，如：覺得人生沒有目標、孤單、心情低落；而另一半則覺得很有滿足感、愉快。

⊞ 表 5-1　孤獨偏好量表

這裡的孤獨偏好量表得分愈高，代表其孤獨偏好知覺愈高，得分愈低，代表孤獨偏好知覺較低。非常不符合為1分；不符合為2分；符合為3分；非常符合為4分。	非常不符合	不符合	符合	非常符合
1.　我喜歡自己一個人	1	2	3	4
2.　我會試著規劃一天的時間，因為我喜歡獨自運用屬於自己的時間	1	2	3	4
3.　我期待未來職業能有時間獨自一個人處理工作	1	2	3	4
4.　我總是想逃離有許多人在場的情境	1	2	3	4
5.　我很能利用一個人獨處的時間	1	2	3	4
6.　我總是很想逃離有人群的現場	1	2	3	4
7.　我喜歡選擇較少人、安靜的地方度假	1	2	3	4
8.　當我花時間獨處時，總是感到非常愉快	1	2	3	4
9.　如果必須長途旅行，我希望有時間安靜休息	1	2	3	4
10.　花時間與他人相處是無趣、無聊的事	1	2	3	4

資料來源：胡秀媛、邱紹一、洪福源（2004）。

第二節 同儕關係

壹 青少年的友誼

一、友誼的功能

青少年的友誼有六種功能(Gottman & Parker, 1987)：

1. **提供伴侶**：友誼提供了青少年一個熟悉的伙伴，這位伙伴願意與其合作從事某些活動。

2. **提供刺激感**：朋友提供有趣的訊息、刺激感以及趣味感。

3. **提供物質支持**：朋友提供資源與協助。

4. **提供精神支持**：朋友能提供精神上的支持、鼓勵以及回饋，用以協助個人建立自我概念，藉由這種精神的支持與回饋，個人會感到自己具有能力感、具吸引力、有價值感。

5. **社會比較**：朋友提供自己在這些朋友群中比較的標準。

6. **提供親密感／情感**：友情能提供個人一種溫暖、緊密、值得信任的關係，這種關係必須要藉由自我揭露(self-disclosure)才能達成，換言之，在友誼中的親密感可以利用自我揭露、與朋友分享自己的想法。

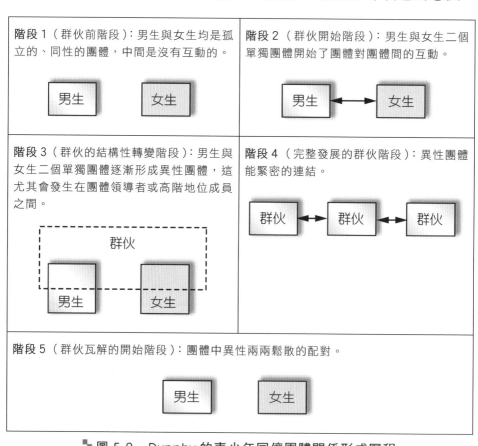

階段1（群伙前階段）：男生與女生均是孤立的、同性的團體，中間是沒有互動的。

男生　女生

階段2（群伙開始階段）：男生與女生二個單獨團體開始了團體對團體間的互動。

男生 ◀▶ 女生

階段3（群伙的結構性轉變階段）：男生與女生二個單獨團體逐漸形成異性團體，這尤其會發生在團體領導者或高階地位成員之間。

群伙

男生　女生

階段4（完整發展的群伙階段）：異性團體能緊密的連結。

群伙 ◀▶ 群伙 ◀▶ 群伙

階段5（群伙瓦解的開始階段）：團體中異性兩兩鬆散的配對。

男生　　女生

▶ 圖 5-2　Dunphy 的青少年同儕團體關係形成歷程

資料來源：Dunphy（1963）。

二、青少年的團體

青少年的團體與小孩的團體是有所不同的，包括以下幾點：

1. **異性的同儕關係增加**：在青少年時期，團體的成員包含廣泛，可能是異性的同學或是朋友，但是在小孩階段，朋友、熟識的鄰居等均是小孩團體的成員。這種異性同儕關係的增加，可以從 Dunphy(1963) 的青少年同儕團體關係形成歷程圖瞭解。在兒童期晚期，男孩與女孩均各自參與在小的、同性的小團體中；當他們成長至青少年早期時，同性的小團體成員間會開始互動；逐漸地，領導者、高階地位的成員會出現在小團體中，而這個小團體則包括了異性成員在內；到了後期，異性小團體取代了同性的小團體，異性小團體也開始在大的群伙(crowd)活動中出現，包括跳舞、運動、休閒等；到了青少年的晚期，群伙成員開始轉變為兩兩配對的關係，如圖 5-2 所示。

2. **團體規則更明顯**：青少年團體的規則，比小孩團體的規則更加明確，例如團體的領導者會經由推舉、或是團體約定領導者方式產生。

貳 小團體與群伙

一、小團體

小團體(cliques)是指由 2~12 人、平均大概 5~6 人所組成的，小團體的成員通常是相同性別且相同年齡的青少年，之所以能形成這種小團體的原因有二個：

1. 小團體的青少年均有相類似的活動，例如喜歡打電玩、運動、逛街等。

2. 由於友情的關係，小團體的青少年時常花時間相處在一起，且彼此熟悉對方的陪伴，如果原本不是朋友，最後通常會發展出友誼。

在這種小團體內，青少年都從事什麼活動呢？他們通常能夠彼此分享想法、一起出去、能發展出團體內的認同感、相信自己的小團體較其他人的小團體要好。

二、群伙

青少年通常會因為聲望而組成群伙(crowds)，這種群伙可能花許多時間聚在一起，許多的青少年是因為有相同的活動而被歸類為某一個群伙的，例如漫畫群、電玩群。

青少年也會因為自尊而變成同一個群伙的成員，在一個研究中，將青少年歸類為運動群（運動取向的青少年）、受歡迎群（在許多社會活動中受歡迎的青少年）、循規蹈矩群（循規蹈矩，是青少年團體中的普通成員）、無法無天群（吸食非法藥物、從事偏差或犯罪行為的青少年）、無名氏群（社會技能或智能較低者）等五個群伙，結果發現運動群、受歡迎群的自尊較高，無名氏群的自尊最低，而那些沒有被歸類的青少年、運動群、受歡迎群的青少年自尊得分均相同(Brown & Lohr, 1987)。

參 影響友誼的因素

影響友誼的因素眾多且複雜，友誼會隨著人口特徵因素（如性別、年齡、種族、社會地位以及所居住位置）、以及個人因素（身體吸引力、態度相似性以及人格特質與興趣等）而有所差異。例如：

1. 場所人數以及場地人口密度增加時，親密關係以及投注在團體的時間可能改變或減少。
2. 較少有經濟、個人資源的人，較可能會與鄰居接觸，然而有許多資源的人，則有許多非鄰里的朋友(Palisi & ransford, 1987)。

肆 增進友誼的方法

增進友誼的方法包括(Argyle & Henderson, 1984; La Gaipa, 1977)：

1. 支持朋友。
2. 與朋友分享好消息。
3. 在朋友悲傷時，提供情緒的支持，例如關心、照顧、自我揭露。

4. 朋友間能彼此信任、真誠交往。

5. 當朋友需要時，能提供幫助。

6. 當你與朋友在一起時，試著使朋友高興。

另外在交朋友的過程中亦應當注意以下幾件事(Wiseman, 1986)：

1. 友誼是很自然的，所以朋友相處是沒有強迫感的。

2. 朋友的人格與行為特質很重要，正向的特質有助於增加相識初期的吸引力，但是負向的特質則會減損友誼。

3. 朋友間能相互幫忙，是沒有利益關係的。

第三節 約會

一份針對全省公私立高中職、五專學生所做的調查研究指出，將近三分之二到四分之三的學生認為「如何與異性交往、約會」是他們最需要的知識（林惠生、林淑慧，1996）。的確，這樣的情況多會發生，男生會花很多時間擔心是否要打電話約女孩子出門，「她會拒絕我嗎」？「我該如何約她出來呢」？「我想要親吻她，如果她將我推開那會怎樣呢」？「在與她獨處時我該說什麼呢」？另一方面，女生也會花很多時間擔心「如果沒人來追求我該怎麼辦呢」？「如果來約我的男生要親吻我，那我該怎麼辦呢」？「如果我不想與某一位男生約會，我該怎麼拒絕他呢」？以下將針對青少年的約會功能、注意事項、約會緊張等加以探討，做為青少年朋友在發展兩性關係、異性朋友交往之參考。

壹 約會的功能

如果我們問青少年學生你們為什麼想要約會？答案應該不只是尋找能陪伴自己終生的理想伴侶而已，那麼青少年為什麼會想要約會呢？這個問題可以從約會的功能中獲得解答。

1. **具有娛樂的功能**：因為約會是一個相當有趣的活動，能提供樂趣。基本上，約會本身即是一種消遣、娛樂。

2. **不需有婚姻的責任，就有人陪伴**：有人可以陪伴自己是使青少年想要約會的強烈動機，想要擁有友情、有人接納、以及擁有他人的愛等，都是在成長的過程中正常的現象。

3. **社會化**：約會可以學習瞭解他人、並且與各種不同的人相處，藉由約會，青少年可以學習合作、負起責任、學習各種社會技巧、體貼對方、也學會了與他人互動的方法。

4. **性經驗與性的滿足**：當青少年有了性經驗，他們的約會多會伴隨著性的活動，然而約會活動中是否有性的活動，則又與性別的態度有關，一般而言，男性在約會時會比女性更想要有性的親密感。

5. **對象的選擇**：愈年長的青少年之所以想要約會是因為他們可以藉由約會選擇對象，這種約會的動機會隨著年齡而逐漸增加。當雙方約會的時間愈長，他們愈不會將對方過度理想化，也正因為約會時間較長，他們瞭解彼此的機會就愈多，如果雙方有相似的人格特質，較可能發展出良好的友誼關係，相反地，若兩人的身體吸引力、心理與社會特質均不相似，那麼他們的關係可能較不適配。當然並不是每個人都能選到自己心目中最理想的約會對象，特別是當我們選擇的是膚淺的特質時，例如美貌。

6. **親密感的發展**：青少年選擇約會的另一項重要心理社會任務就是要發展出對人的親密感，並學習與異性建立有意義、獨特的親密關係。

7. **約會是地位與成就的來源**：青少年多會進行社會比較的歷程，這種社會比較也會發生在約會活動中，例如約會對象是否夠帥、夠美？約會對象是否是個萬人迷？

8. **約會有助於自我認同與發展**：約會能協助青少年使其自我認同更為清楚，以有別於從自己原生家庭所建立起的自我認同感。

貳 約會的形式

　　以往的教育體制，多採行男女分班，因而青少年缺乏與異性相處的機會，所以不知如何與異性互動，然而現在的青少年在學校已能藉由與異性同學互動，習得與異性建立關係的方法，也較習慣生活在混合性別的團體中。隨著電腦科技的發展，另外一種約會方式亦逐漸形成，即為「網路約會」(cyberdating)。從傳統的約會形式，至現在的網路約會，約會大約可區分為以下幾種形式：

1. **團體約會**：團體約會是指約會時，男生與女生人數至少三人以上，逐漸由朋友相約共同參與戶外活動、看電影、逛街等活動，最後演變成為單獨約會。

2. **單獨約會**：單獨約會是指男生與女生單獨赴約，一起看電影、逛街、吃飯，這樣的約會形式，對於初次約會的男女雙方而言，壓力較大。

3. **相親約會**：相親約會是指約會時，主角為相親的男、女，經由介紹人介紹，目的以認識異性為主，進而交往，最後結婚。因此初期雙方可能先電話聯絡認識或看過照片，最後相約至餐廳共進午餐或晚餐，若約會時，男女生均對對方有所好感，便會進行單獨的邀約或約會。

4. **網路約會**：網路約會是指在網路上所進行的約會活動，這種約會形式特別受到中學生與大學生的歡迎，參與約會活動的對象，可能是已認識的男女生，也可能是陌生人。由於網路的隱匿性高，較可能為有心人所利用，因此青少年在進行網路約會時較容易受騙，有必要小心僅慎。

參 約會的劇本

　　在許多的社會情境中，人們會對於事件的結果有所期待，這是一種心理的預期或是自己建構的劇本，所謂的約會劇本(dating scripts)是，指能指引個人約會互動的認知模式。在一個研究當中，男女生首次約會即會出現的約會劇本，可用以解釋男女生對於約會的預期心理(Rose & Frieze, 1993)。男孩會遵循「主動的」(proactive)約會劇本，所扮演的

是領導者的角色，例如男生會主動邀約，並且計畫約會活動、決定約會地點、主動付錢、主動開門、主動進行的互動（包括身體的接觸、接吻等）；女生的約會劇本則是「被動的」(reactive)，重視的是外表的裝扮、享受約會、等待被接送、男生會主動開門、對男生的性互動做出反應，如表 5-2 所示。由於性別的差異，會使得未來的約會依照這樣的劇本運作。

■ 表 5-2　男女生首次約會劇本摘要表

女生的角色	男生的角色
告訴朋友與家人	邀約女生[*]
	決定約會地點[*]
打扮、著衣	打扮、著衣
緊張、焦慮	緊張、焦慮
擔心外表或改變外表	擔心外表或改變外表
等待約會	準備交通工具、檢查錢帶夠沒[*]
接待約會對象到家裡	到約會對象家裡
介紹父母或室友	面見對方父母或室友
離開	離開
確認計畫	確認計畫
瞭解約會計畫	瞭解約會計畫
約會	約會
談話、聊天、笑話	談話、聊天、笑話
試著給對方留下好印象	試著給對方留下好印象
看電影、看秀、參加派對	看電影、看秀、參加派對
吃東西	吃東西
	付錢[*]
	主動地接觸身體[*]
	送對方回家[*]
	告訴對方，自己會與其保持連絡[*]
吻別	吻別
	回家

[*]代表男生比女生還要多的劇本內容，說明約會過程中，男生多扮演領導者的角色。
資料來源：Rose & Frieze（1989）。

　　男生與女生對於約會的動機也有所不同，例如 15 歲的女生會以人際關係的品質來描述約會關係，男生則會以身體的吸引力來描述約會關係(Feiring, 1996)。同時，較年輕的青少年更可能會以外表的觀點（包括可愛、美麗、或是帥氣等）來描述身體吸引力，而不是以與性相關的字眼（例如對方是一個接吻高手）來形容身體吸引力。

肆　約會的理想與不理想對象

一、約會的理想對象

　　Fletcher & Simpson (2000)以進化的觀點認為，理想的約會對象有三種類型，分別為溫暖／忠誠型、元氣／吸引力型、以及地位／資源型。

1. **溫暖／忠誠型**：是指對方具有溫暖、忠誠不二的特質，而這些特質與其未來是否能成為一個好父母是相同的特質，因此有些人會將對方是否具有溫暖、忠誠的特質視為理想的約會對象。

2. **元氣／吸引力型**：是指約會對象應該要年輕、健康、且要具生育能力（這是指男性挑選女性）。

3. **地位／資源型**：是指理想約會對象的社會地位、教育背景要高，因為社經地位愈高，代表對方所能提供的資源愈多。

　　雖然每一個人均想要選擇自己的理想對象，但是現實與理想畢竟是存在差距的，當現實的約會對象與理想約會對象差異不大時，我們通常不會感到很失望，約會的滿意度也會提高。但是如果現實的約會對象與自己的理想差距相當大時，例如對方的社會經濟地位不高，亦或是對方的特質並不是自己所能接受的，那麼雙方的關係將不會有進一步的發展，所以在親密交往的初期應確立自己所追求的理想約會對象是屬於那一種類型。

就約會對象選擇的具體標準而言，例如女性選擇約會對象是否能提供較多資源或金錢的特質，包括男性的抱負、勤奮、教育背景、有利的社會地位、智慧、權力、權勢、支配力、甚至是該男性是否完成大學教育等。男性選擇約會對象的特質則包括女性的外貌、烹飪能力以及料理家務能力等。

二、約會的不理想對象

約會的不理想對象，多是因為個人人格特質的關係，是日後導致離婚、或是分手的可能性(Gattis et al., 2004; Wilson & Cousins, 2005)：

1. **低一致性／少正向表達**：如果在約會過程中，發現兩人的意見少有一致性，且常會出現爭吵便需注意，由於意見的不一致也使得雙方少有正向的表達。

2. **衝動控制能力較差**：衝突控制能力較差者，較可能會有攻擊行為以及暴力行為產生，個體若缺少衝動控制的能力，在婚姻關係或是約會關係中可能會出現許多的問題，因為自己不懂得考慮行為的後果。

3. **過敏症**：過敏症(hypersensitivity)是指自己知覺到批評，即容易受傷害的特質，任何負面的言語或批評可能會對自己造成傷害，對方可能會因為自己的過敏而不給任何的回饋，因為對方會害怕回饋可能對自己造成傷害，最後導致他人不敢指出自己錯誤的地方，最後也不會對自己的行為有任何的改變。

4. **誇大的自我**：誇大的自我是指自己總是要對方依照自己的意思行事，一個人若是有誇大的自我感，就較不可能考慮別人的觀點，也不可能協商、讓步，這種不尊重對方的人格特質終究會傷害到兩人的關係。

5. **神經質**：神經質或是完美主義者多會要求他們自己或是對方要能達到完美的地步，這種態度也會使關係產生問題。

6. **焦慮**：男性若有較高的焦慮感，其婚姻的適應就較差，但是對於女性而言，則沒有這種情況。

7. **不安全感**：具有不安全感的人，在關係中可能會產生適應困難的情況。

8. **被控制**：若有人受到父母、祖父母、前任男女朋友、小孩或是他人的控制，也可能會危害到關係，因為兩人的關係可能受制於外在因素的影響，除非個人能夠打破這種被控制的情況，能夠獨立做出決定，否則將會影響兩人間的關係。

　　以下綜整具有問題的人格類型，供約會關係發展時之參考，如表5-3 所示。

⊞ 表 5-3　有問題的人格類型摘要表

人格類型	人格特質	對自己的影響
偏執狂	疑心的、不信任的、自我防衛的	自己可能會動則得咎
精神分裂症	冷漠、孤獨、孤寂	可能會覺得對方對自己的愛是沒有回應的
曖昧不明	喜怒無常、不穩定、不可信賴的、反覆無常	從不知道具有善惡雙重人格的人喜歡什麼
反社會傾向	欺騙的、不可信賴的、沒良心、無惻隱心	對方會欺騙你，或是偷取你的東西，而不會感到有罪惡感
自戀的	自私、具支配性、貪婪、自我本位	對方僅以自己對他的價值來衡量自己，不用期望對方會從你的觀點來看事情
依賴的	無助、不安全感、很黏人	對方會要求你要隨時、全心全意地陪他／她，若有其他的事物引起你的注意，會引起對方的妒嫉
妄想－衝動	苛刻、無彈性	對方對於自己應如何思考有很嚴苛的想法、標準，可能會將這些標準或是想法強加在你／妳身上

資料來源：Knox & Schacht（2008）。

伍 約會問題

在約會時,每個人都會面臨到許多的問題,例如萬一我邀對方,但是他／她不肯出來怎麼辦?明天要約會了,我不知道自己是不是能給對方好的印象?曾經有一份對大學生所做的調查,瞭解大學生在約會時最常遇到的問題有那些?結果發現「溝通」是男、女大學生所面臨到的共同問題。當雙方要開啟話閘子時,許多人會有緊張、焦慮的感覺,所說的話會愈來愈少,到最後無話可談,情況也會變得很糟糕,而在約會時之所以會緊張是因為,自己想要將最好的一面表現出來,這是所謂的「形象整飭」。另外大學生在約會時都很期待約會對象是很開放、且很坦率的。

如果要將男生、女生在約會時所面臨到的問題予以區分,仍然會有一些差異存在。如表 5-4 所示,男生最常遇到的約會問題是在約會時如何溝通,其次則為選擇約會地點、會感到害羞、金錢問題、對方是否開放且很坦率。在溝通問題上,男生多認為自己不知道應該要說多少有關於自己或對方的事才是適當的,且也不知道如何可以使對方對話題感到興趣。通常女生多會抱怨男生約會只想要儘快有性行為,其次是約會的地點、溝通問題、性的誤解、金錢問題。

表 5-4 大學男女生約會問題摘要表

男生		女生	
約會問題	百分比	約會問題	百分比
1. 在約會時如何溝通	35%	1. 男生只想要有性關係	23%
2. 選擇約會地點	23%	2. 約會的地點	22%
3. 會感到害羞	20%	3. 溝通問題	20%
4. 金錢問題	17%	4. 性的誤解	13%
5. 對方是否開放且很坦率	8%	5. 金錢問題	9%

資料來源:Knox & Wilson (1983)。

　　其次，男女生在認識之後，雙方的互動是如何的呢？青少年多認為他們會單獨見面或是每天通電話，雖然時間短暫，但互動卻很頻繁。那麼他們在約會時多從事什麼樣的活動呢？最時常從事的約會活動是看電影、晚餐、相約逛街或在學校約會、參與派對、以及拜訪對方的家等。

陸　約會注意事項

　　常有人會問要如何才能找到自己理想的對象？這可能與約會成功與否有關，然而約會卻沒有任何原則可循，但是有些基本事項可供參考：

一、約會前

1. 在答應進行第一次約會時，應該與對方電話聯繫，儘可能確定自己已瞭解所有心中的疑問。

2. 約會前記得將自己要約會的時間、地點、對象告訴較為熟識的親人或朋友，讓他們瞭解自己的去向，亦或有其他人陪同前往約會，如果約會時沒有其他人陪同，應儘可能利用時間與熟識的親人或朋友保持聯絡以確保安全。

3. 約會最好是以共進午餐為宜，因為方便、且約會時可能有時間限制，以利自己有「後路」可退。約會時以不提供家庭住址給對方為原則。

4. 約會前應先有替代方案，例如餐廳可能會因整修而暫停營業，約會可能遇到下雨天，因此可以事先擬好替代方案。

5. 約會應該要準時，如果交通工具無法準時到達，應該要提早出發。

6. 儘可能地裝扮自己，因為這代表你能尊重對方，也在讓對方能藉由外表裝扮認識自己。因此可以上街挑選新的衣服，約會時儘量不穿著破舊的衣褲，鞋子也儘量保持乾淨，使自己的穿著保持最佳狀態。另外穿著應能順應場合，若約會的場合其他人均穿著 T 恤、牛仔褲，自己卻穿洋裝、西裝，可能就不適合。

7. 要思考自己約會的目的為何？自己理想的約會對象是什麼？希望藉由約會達成什麼目的？自己約會到結婚的時間大約多久？

8. 讓自己的外表、身材保持最佳狀態，包括參加健身房、運動、注重飲食健康、換個新髮型、讓自己保持清爽、維護個人衛生，尤其是男性更應該在約會前整理或刮除鬍子、沐浴梳洗，這均會使自己更為自信。

9. 約會可能會使自己感到疲勞，因此約會前適時地讓自己獲得休息、保持自信與樂觀是約會成功的重要因素。另外應抱持著結交朋友的態度，認為大部分人都可以是自己的新朋友，那麼我們會發現約會將有相當不錯的對象會出現。

二、約會中

1. 談話：

(1) 首先在約會的過程中，應避免無聊的談話內容，首次約會也不需要透露過多自己過去或現在私密的事物，因此可以儘量尋找包括電影、工作、書籍、寵物、興趣等話題，千萬不要在約會時保持沈默。

(2) 其次，約會時保持眼神的接觸，眼神不可於交談時飄移至他處，且應保持禮貌、適時的讚美對方。這時個人的觀點就不受歡迎，但是讚美亦不能太過分，否則將適得其反，最好能適時地扮演說話者、傾聽者二種角色。

(3) 另外從頭到尾表達自己的觀點、將話題完全聚焦在自己身上會讓對方覺得無聊，所以可以適時傾聽，以展現出自己對對方的興趣。

(4) 約會過程中也不可談及前任的約會對象，亦或談及自己的前任男／女朋友，如果在第一次約會過程中，男性一直強調、吹噓自己的成就，姑且聽之不要太快相信，可以交由現實生活中的實際成就說話，而不應只聽其片面之言。

(5) 值得注意的是，約會時不可向對方說謊，或有欺騙的行為產生，
　　因為這透露出自己並不尊重對方。

2. **態度**：約會應儘可能使氣氛變得有趣、輕鬆，如果你不喜歡約會的
　　對象，請不要讓對方感到難受，應該要尊重對方直到約會結束。其
　　次不管男性或是女性於約會時，均應表現出關懷、溫和的、瞭解對
　　方的態度。

3. **行為**：在餐廳用餐時不應過度奢華浪費，儘量以可以食用完畢的份
　　量為主，約會時抽煙、飲酒過量均不適當。在餐廳用餐時與服務生
　　爭吵是不被接受的，約會中不可有口出惡言、粗魯的行為，如果想
　　要找到一個理想的對象就應該要尊重對方。約會中若手機鈴響，應
　　儘速回電亦或拒接電話，以示尊重約會對象，約會之後應該要確保
　　對方能安全返家，尤其是約會對象是女性時。

三、約會後

　　約會後可區分為二種結果，其一是自己想與對方繼續約會，另一
種則是自己不想有下一次的約會關係。若是前者便需在約會結束後傳
送簡訊或電子郵件，告訴對方自己感激之意，然而這樣的訊息不宜太
冗長，儘可能簡短、真誠，若是要電話告訴對方也不要超過一小時的
對話，簡單、明瞭為上。而女性則可在約會後等待對方來電，抑或主
動傳訊、打電話告知約會感受，若是對第一次約會對象的表現感到不
滿意，可在對方再次邀約時，禮貌地表達拒絕之意。

　　在約會後不可太過執著於第一印象，開始約會的初期應該要儘可
能放鬆、自在，因為還有許多事物等待自己處理，所以不要在意對方
是否有回自己電話，抑或自己要再一次約會後盡速締約第二次約會，
只要秉持平常心對待即可。

青蘋果的經驗

　　青少年的約會經驗多伴隨著害羞、臉紅、心跳、緊張等感受，也會感覺到幸福，而約會時也會有牽手、親吻等行為出現，而牽手、親吻等行為也多半是男生主動。以下為青少年第一次約會的感覺、第一次與異性牽手、第一次與異性親吻的經驗談：

【第一次約會的感覺】

　　「感到很緊張、很幸福」（17歲的女生）。

　　「第一次約會時，不知道要跟對方說什麼，很安靜」（17歲的女生）。

「第一次約會時，心怦怦跳，既緊張又興奮」（17 歲的男生）。

【第一次與異性牽手】

「第一次與男友牽手是因為在逛夜市時，人太多而牽起來的」（18 歲的女生）。

「第一次與異性牽手是在大學校園裡，那種感覺很怪，因為都是大學生＝＝"」（16 歲的女生）。

「因為站在一起，手碰到手，就牽起來了，感覺心跳加速」（16 歲的男生）。

「第一次與異性牽手是被逼的，是發生在 14 歲時，兩個人正在散步」（17 歲的女生）。

「16 歲時牽手是在逛街時，他突然就牽我的手」（16 歲的女生）。

【第一次與異性親吻】

「15 歲時第一次接吻，當時是被男友強迫的」（18 歲的女生）。

「15 歲時發生初吻，很緊張，不像別人說的那麼好，且不敢呼吸」（17 歲的女生）。

「13 歲時發生初吻，害羞、臉紅、很緊張，因為在拍大頭貼的地方」（17 歲的女生）。

「第一次親吻是發生在 15 歲時，自己被嚇到，因為被對方教要如何親吻」（17 歲的男生）。

柒 約會感受

一、約會的情緒

　　青少年在約會時所經驗到的情緒是相當強烈的,這種感受比起學校、家庭等情境可能感受到的情緒更為強烈,在青少年約會時,大部分所經驗到的情緒會是正向的,包括快樂、幸福,但是也有少部分所經驗到的是負面情緒,例如焦慮、憤怒、妒嫉、沮喪。

　　有男女朋友的青少年每天的情緒多是起伏不定的,因為與對方在一起時是很快樂的,但是也可能因為發生爭吵、或對方不貼心而變得心煩意亂,甚至會產生較為激烈的行為,例如傷害對方或是自殺。在一份 8000 名青少年的調查研究中,戀愛的青少年會比那些沒戀愛的青少年有更高的機率出現沮喪,尤其是戀愛中的年輕女生特別是沮喪的高危險群(Joyner & Udry, 2000),因此教師與朋友間更應對戀愛中的青年付出更多的關注。

二、約會緊張

　　由於約會對於青少年而言,是相當重要的活動,因此青少年對於初次約會的感受多半是緊張、焦慮的。在美國亞利桑那州立大學的大學生認為有三分之一的大學生面臨約會時的「焦慮」,同樣地,在印第安納州則有一半的大學生認為約會時是很難熬的(Timnick, 1982)。

　　約會對青少年的地位、同儕團體的隸屬感、分享、協商、自我揭露以及親密等人際技巧等的建立是有所幫助的(Furman & Shaffer, 2003)。但是從同儕團體中的好朋友要轉換成為約會的親密關係對於青少年來說可能是一個相當大的壓力,青少年過早約會可能會有許多不適應情況產生,包括沮喪、學業成績較差、問題行為等(Glickman & Greca, 2004)。然而這並不是說約會緊張代表不適應,年紀較長的青少年(大約 15~18 歲)約會時,或在性別混合的團體中互動,會感到焦慮、有

壓力是很正常的現象，如果團體中有自己心儀的對象存在時，可能就會阻礙到青少年發展、維持親密關係的能力。

一般的青少年約會多從 14~15 歲開始，且從同儕的異性團體當中逐漸步向一對一的異性約會，青少年可能與自己朋友圈中的異性朋友約會，也可能經由自己朋友圈中的朋友介紹其他異性朋友而進一步約會，而在約會關係當中出現緊張與焦慮是很正常的，因為青少年會擔心、不知道如何在親密關係當中應對(Grover & Nangle, 2003; Neider & Steiffge-Krenke, 2001)。隨著約會經驗的增加，他／她們緊張與焦慮的情況便會減少，若在經過多次的約會後，青少年仍無法克服約會的焦慮，那麼將會阻礙未來的約會關係、親密關係。

有學者認為之所以友誼關係與約會關係不同，而使青少年產生焦慮是因為(Glickman & Greca, 2004)：

1. **關係品質的不同**：因為青少年認為只有激情、親密與承諾會出現在親密關係當中，而不會出現在友誼關係當中，也可能因為青少年對激情與性的親密會有所期待。

2. **青少年關心的主題不同**：在約會關係中身體意象、身體吸引力對於約會是特別重要的。

3. **青少年缺乏約會關係互動適當行為的知識**：由於缺乏如何與約會對象互動的知識，因此會產生焦慮。

小學堂　第一次約會的感覺

測量一下自己與心儀對象約會時會有多焦慮？

是　否

- □　□　1. 我會害怕和我約會的對象發現自己的某些缺點。
- □　□　2. 在約會時，我會擔心自己可能給對方留下不好的印象。
- □　□　3. 我會擔心心儀的對象不會對自己有深刻的印象。
- □　□　4. 我認為自己太過重視異性看待自己的眼光。
- □　□　5. 我擔心自己對異性可能不具有吸引力。
- □　□　6. 在約會的時侯，我會害怕自己看起來很傻或很好笑。
- □　□　7. 在第一次約會時，我通常會感到不安。
- □　□　8. 當我與某位不太熟的異性約會時，我會覺得自己很難放鬆。
- □　□　9. 在約會的時侯，我會覺得很緊張。
- □　□　10. 當我與某位異性朋友在一起時，我會感到很害羞。
- □　□　11. 與具有吸引力的異性談話，我會感到很不安。
- □　□　12. 當我與某位不太熟的異性約會時，我會覺得很不安。

　　第 1 題至第 6 題是在測量約會的負面評價，第 7 題至第 12 題是在測量約會的社會壓力，勾選「是」的選項愈多，則代表自己與心儀對象約會時的焦慮感、不安的感受較多，反之則否。一般來說，女生的約會焦慮較男生要來得少，愈年輕的青少年約會焦慮會比年長的青少年要來得高。

資料來源：Glickman & Greca（2004）。

【活動一】一邊是友情！一邊是愛情！

　　男女之間是不是沒有純粹的友情？你與情人相處時，有那些行為、話語是與朋友相處時不同的呢？想想友情與愛情的差別為何？可以說說你的理想並與同學討論。

1. 男女之間是不是沒有純粹的友情？

_____

_____

2. 你會與情人相處時有哪些行為、話語是與朋友相處時不同的？

_____

_____

3. 想想友情與愛情的差別為何？

_____

_____

【活動二】大拍賣

　　假設每個人都有一萬元，都可以購買清單中的任何一項條件，每次最低的開價金額為一百元，競拍時加價最少亦為一百元。當一萬元用光時，即無法參加拍賣活動，因此請事先將一萬元妥善分配，將自己最為重視的條件，依重要性依序排出，再按照順序填上金額。

　　拍賣會的主持人請依照清單上的順序拍賣，依序進行到最後一項，最後請將得標的同學姓名及其得標金額填寫在大拍賣清單中。

討論：

1. 班上最多人競標的是哪一個條件？

   _____

   _____

2. 班上最少人競標的是哪一個條件？

   _____

   _____

3. 你自己最想標的是哪三項條件？

   _____

   _____

4. 承上題，這樣的結果與你的家庭生活經驗（父母親）或是價值觀有什麼樣的關連性？

   _____

   _____

5. 你自己最不想標的是哪三項條件？

   _____

   _____

6. 承上題，這樣的結果與你的家庭生活經驗（父母親）或是自己的價值觀有什麼樣的關連性？

   _____

   _____

【活動三】大拍賣清單

拍賣清單	優先順序	預定金額	得標者
1. 社會地位			
2. 個性			
3. 價值觀			
4. 財富			
5. 權力			
6. 外貌			
7. 學歷			
8. 職業			
9. 薪水			
10. 口才			
11. 態度			
12. 生育能力			
13. 生活方式			
14. 料理家庭事務的能力			
15. 孝順父母			

【活動四】約會時，我不能忍受…

與異性約會時，我最不能忍受對方有什麼行為出現？（例如有些人討厭對方約會時沒話題、遲到、對方一直在接手機、衣著太差、挖鼻孔等）。

_____

_____

為什麼？

_____

_____

【活動五】什麼叫浪漫？

兩性約會時，對方要做什麼才叫做浪漫呢？

_____

_____

_____

_____

【活動六】我與夢中情人

請教師準備 A4 紙每人一張，並且請同學將紙張折成八等份，並將其撕開，成為八張小紙片，於各張小紙片中依序寫出自己與夢中情人：

1. 認識的方式。

2. 約會的地點。

3. 從事的活動。

4. 當天是甚麼節日。

5. 希望收到甚麼禮物。

6. 當下的心情感受。

7. 最想對他／她說的話。

　　第 8 張小紙片則不需運用，並分項將有填寫資料之紙片對折數折後，繳交至講台前，依序擺放，老師在收齊後將每一項紙團混合，每一位同學則至講台前依序抽取紙團，每項各抽一張，由同學組合起來大聲唸出來。

　　【範例】我以 1._____認識他（她），2.兩個人相約在_____見面。3.他（她）說要一起_____，那天是 4._____，所以他（她）送了我 5._____，他（她）讓我感到 6._____，他（她）還對我說 7._____，這讓我相信我的選擇是對的。

MEMO

CHAPTER 06

愛 情

一直以來，人們對於愛情、親密關係等均著迷不已。歌曲、小說、電影等作品亦傳達了男女之間愛與親密關係的渴望，電視節目更充斥著有關愛情為主題的連續劇，每每獲得觀眾熱烈的迴響。而這種渴望也隨著科技的日新月異而影響了人們的互動方式，例如網路交友、網路的男女配對服務，但不變的是我們都是在尋找一種對家人、愛人、朋友親近的需求。有 73%的美國大學生認為寧願犧牲自己的生活目標而不願意放棄令人感到滿意的關係(Hammersla & Frease-McMahan, 1990)。由此可見人際關係的重要性，然而何謂親密關係？愛與喜歡的差別為何？愛的成分包括哪些？我們要如何維持關係？本章將逐一探討這些問題。

第一節　親密關係

壹　親密關係的意義

想像一下你最親密的家人、好朋友如果有好的表現，或者是發生不幸時，你的心情會是如何？如果你很喜歡這些人，那麼你也會和發生在他們身上的事情一樣有著高低心情的起伏，就像「愛」一樣。親密也是難以定義的一個詞，親密(intimacy)是指能與他人分享自己最深層的事物(McAdams, 1988)，而這個字是源自於拉丁字「intimus」，意指內心的、內心深處的意思。許多人不管他們的朋友是同性或異性對於「親密」一詞的概念均認為是自己能與他人分享內在想法與感受，且能被朋友接納的心理感受(Mackey, Diemer & O'Brien, 2000)。其中自我

揭露是親密的一個重要元素，所傳達的是個人的訊息，且當我們能感到被對方所瞭解、關懷，這就是一種親密關係(Reis & Patrick, 1996; Reis & Shaver, 1988)。更具體地說，親密關係是指二個人在自我揭露、表達情緒時能信任對方、有較多的身體接觸、會感到輕鬆、自在、能支持並且接納對方的情緒宣洩(Planalp & Benson, 1992)。

親密關係的特徵包括了希望對方的陪伴、彼此間能相互信任、尊重、幫忙、支持、瞭解、吐露心事及感受、並且在關係中能感到自然。在情人與夫妻關係中除了具有以上親密關係的特徵外，還包括了高度的熱情、能自我犧牲、能享受在一起的感覺(Davis, 1985)。

因此當我們自我揭露時，我們必須能夠感到被朋友接納、瞭解自己的感受及觀點。相對地，當朋友也能對我們自我揭露時，這樣的友誼親密性就會增加，而有了親密的互動也能促進雙方的信任感，以發展更良好的人際關係。所以我們知道親密關係是藉由與其他人互動的過程所產生的，而這個互動過程可以藉由以下的三個步驟（圖 6-1）加以說明(Taylor, Peplau & Sears, 2003)：

1. **第一步**：當個人能向對方透露個人的感受以及訊息，就已經開始建立親密關係，訊息的分享可以藉由口語的自我揭露或非口語的身體語言來表達。當我們對於某一個問題感到困擾時，我們會向自己的朋友分享心裡的感受，而動力就來自於自己的需求、動機、目標等。例如晚上自己與同學聚餐完畢再請男朋友來「接送」，但是男友認為搭交通工具回家就可以了，不需要他多跑一趟而吵架，心情很差想要找個能與自己分享傾聽故事的人（需求、動機）。

2. **第二步**：當朋友在聽了故事後，會同情地、溫暖地對自己所揭露的內容加以回應。所以這時侯我們找到一位朋友，他／她願意聽自己說話，為了使自己與對方的距離更接近，主動將椅子拉到我們的身邊，並且尋問相關的問題。而這個朋友顯示出了她的動機（希望能當個支持我們的好朋友）、且以朋友的觀點來解釋吵架的事件，並在知道原因與過程之後，朋友認為男友太不應該了，並且開始數落自己男友的不是，而出現了朋友本身的情緒與行為反應。

3. **第三步**：到了第三步驟，自己認為朋友的觀點、所提出的問題對自己很有幫助，能有效地解除心中的疑惑。所以認為朋友對自己很瞭解，也很同意她的觀點。

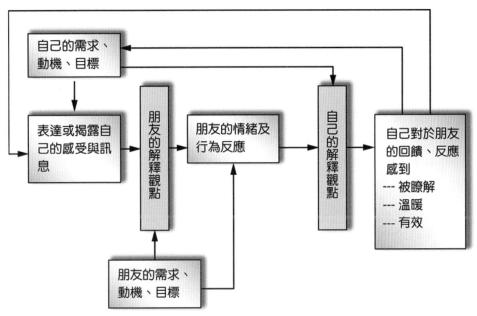

图 6-1　親密的人際互動歷程圖

資料來源：Reis & Shaver（1988）。

貳 親密關係的發展階段

瞭解關係的發展階段有助於我們維持一段良好的關係，但我們應注意的是這只是一種分類方法，關係的發展是具有流動性的、動力性的，而且時常是不可預測的。因此關係的發展階段僅為一參考架構，而不能完全受限於這些發展階段，以下提供 Crooks & Baur (1996)及 Levinger (1980)的關係發展階段，以供參考。

一、Crooks & Baur 的關係發展七個階段

Crooks & Baur (1996)關係發展總共包括了七個階段，分別為吸引階段(inclusion)、反應階段(response)、照顧階段(care)、信任階段(trust)、情感階段(affection)、玩興階段(playfulness)、親密接觸階段(genitality)。前面六個階段可以運用於各種關係上，包括朋友關係、親子關係、手足關係或師生關係，但親密接觸階段必須要有深層親密以及情緒性親近感的累積才可以。

1. **吸引階段**：吸引階段是指兩個人相遇的第一次。這是關係的首次邀請，會有眼神接觸、向對方微笑、友善地向對方打招呼、誠懇的問侯對方「今天過得如何」，均是吸引階段關係的建立方式。

2. **反應階段**：我們會因為對方的行為而決定彼此關係的開始與否。像是快速的將眼神從對方的身上移開、忽視對方的微笑或忘了向對方打招呼，可能會阻斷了友善關係的建立。若我們能對對方的吸引行為加以回應，例如微笑、問侯對方，就會鼓勵對方做進一步的接觸，這也就是所謂的互惠原則(reciprocity)，反應階段的行為包括傾聽他人、瞭解他人的觀點、堅持完成協議或計畫、看到對方時展現熱情。而吸引階段與反應階段的正向、一致性反應均有助於關係進入到下一個階段。

3. **照顧階段**：照顧是指由衷的關懷對方。這是因為我們在意對方的存在，會想要取悅對方、使對方感到幸福。

4. **信任階段**：信任是關係持續發展以及滿意度持續與否的重要因素。所謂的信任是指關係中的雙方均相信對方在行為上能表現一致，以促進關係的成長、穩定。

5. **情感階段**：這個階段會有溫暖以及依附的感受，並且產生了相互間身體上的親密感受，且在動作表達上多以碰觸、牽手、坐在一起、擁抱、親吻等方式表達情感。

6. **玩興階段**：在這個階段每個人均會向對方展現出愉快的感受，愉快的心情、放任、坦率的笑也多會在玩興階段出現。在這個階段亦會出現包括父母與小孩玩躲貓貓、情侶間的枕頭大戰等行為。

7. **親密接觸階段**：親密接觸階段包括了生殖器的接觸，在其他階段可能會有不同程度的性感受與表達，但是在這個階段人們會選擇藉由性愛來表達感受。

二、Levinger 的關係發展五個階段

　　任何的關係均有開始、延續以及結束，而異性戀的發展程序大致上可區分為五個階段(Levinger, 1980, 1983)，如表 6-1 所示：

1. **吸引階段(initial attraction)**：與某人相識，這個階段可能無限期延續。

2. **關係建立階段(building a relationship)**：持續性關係的建立，這個階段在瞭解對方可接受與無法接受的事物、能與對方分享自己的喜悲與問題，而不需要刻意的營造。

3. **關係維持階段(continuation)**：此階段是對於關係的相互承諾。

4. **關係惡化階段(deterioration)**：又稱為相互連結的衰退，就像第二階段一樣，這個階段也可能會有細微的發展。

5. **關係結束階段(ending)**：關係的結束可能是對方死亡，也可以是其他形式的分離或是分居。

　　這五個階段是一個很有用的關係發展流程，但很少有異性戀的關係會遵循這五個階段。許多伴侶可能會跳過第一階段，而這些伴侶不可能會在第二階段就終止關係，而是對關係加以承諾，且會致力於關係的維繫，但是也並不是所有人在惡化期會有高度的關係依賴。由此可知，許多的婚姻會隨著時間的增加而提昇彼此之間的相互連結，且會因為配偶的死亡而中止關係；另一方面，在第二階段也可能會產生關係的惡化現象；最後，關係的結束可以有許多種方式，而這些方式包含了配偶死亡或是自願性的分居。

 表 6-1　關係五階段摘要表

關係的階段	正向因素	負向因素
吸引階段	1. 接近性及重覆的曝光 2. 正面的情緒 3. 高親密需求及高交友動機	1. 缺乏接近性及重覆的曝光 2. 負面的情緒 3. 低親密需求及低交友動機
關係建立階段	1. 相等的身體吸引力 2. 態度與其他特質的相似性 3. 相互間正向評價	1. 不等的身體吸引力 2. 態度與其他特質不具相似性 3. 相互間負面評價
關係維持階段	1. 尋求維持興趣的方法 2. 能正向評價對方的方法 3. 不妒嫉 4. 平等對待 5. 雙方均感到高度滿意	1. 相處方式一成不變、無聊 2. 多提出對方負向評估的方法 3. 會妒嫉 4. 不平相等對待 5. 決定中止關係
關係惡化階段	1. 花時間與精力於關係經營上 2. 努力改善關係 3. 等待改善成果的出現	1. 不花時間與精力在關係的經營上 2. 決定中止關係 3. 等待關係惡化的結果出現
關係結束階段	1. 兩人相處時能提供某些獎賞 2. 沒有其他的選擇伴侶 3. 期望關係能繼續 4. 承諾關係能繼續	1. 過新生活是唯一可以接受的結果 2. 有其他可供選擇的伴侶 3. 期望關係失敗 4. 缺乏溝通

資料來源：Levinger（1980）。

第二節　愛情

　　長久以來詩人及詞曲創作者均以愛為主題歌頌著，許多人均相信成功的婚姻的基本要素是愛。Kephart (1967)向 1,000 個大學生提出「如果你們不愛這個人，會和他／她結婚嗎？」的問題請他們回答，結果有 64.6%的男生說不會，但只有 24.3%的女生說不會，大部分的女生，占 71.7%說還沒決定。到了 1976 年男生說不會的比例為 86.2%，女生

說不會的比例提昇為 80.0%，到了 1984 年男生說不會的比例為 85.6%，女生說不會的比例提昇為 84.9% (Simpson, Campbell & Berscheid, 1986)，顯見愛是婚姻的必要條件。雖然如此，但仍有些文化、社會並不將愛視為婚姻的前提，然而什麼是愛？愛有那些成分？要如何表現自己的愛？愛的經驗為何？以下將慢慢分述。

壹　喜歡與愛

　　喜歡與愛的概念有其相似性，但是二者卻是有所不同的。Rubin (1970, 1974)是首先探討這二個概念之間的相似性與差異性之學者，Rubin 將愛視為個人對於特定他人所抱持的態度，這種態度包含了自己對於特定他人的想法、感受、表現等傾向，並且編製出喜歡量表與愛情量表。喜歡量表在測量自己對於特定他人的尊重概念，且並未與性愛的概念有高的相關性，愛情量表則在測量需求、關懷、信任以及容忍等四個概念，此外，愛情與性愛有很高的相關性 (Dermer & Pyszczynski, 1978; Kelley, 1983)。根據 Rubin，喜歡與情感、尊重有密切的關連性，愛則由三種成分所構成：

1. **依附**：所愛的人要時常出現在自己的面前，且能支持所愛的人，對於這些欲望會有很強的需求要加以達成。

2. **關懷**：對於所愛的人會想要幫助、支持他／她。

3. **親密**：對於所愛的人在信任的基礎上，會想要與其接觸、尋求一種親密的感覺。

貳　歷史上的愛

　　只要有人類存在就會有愛，因此愛情可以在歷史的發展過程中尋求得到，目前我們所能想到的愛多會追溯到佛教、古希臘以及希伯來的著作。

一、佛教對愛的概念

佛教的愛有兩種型態，分別是憐憫的愛與博愛。就憐憫的愛來說，由於所有生命均是平等的，所以要尊重生命，一同承擔喜悅與痛苦。就博愛來說，是指不管他人的外貌如何，均能加以接納，並不會因為外在因素的不同，而有所差異。對一個佛教徒而言，最好的愛就是不以他人先喜歡自己為前提，就能夠接納、喜歡別人。

二、古希臘與希伯來對愛的概念

古希臘時代有三種愛的概念對現在影響仍相當深遠，分別是友誼愛、奉獻愛與浪漫愛。友誼愛是一種基於友誼的愛情，它可以存在於家人之間與朋友之間，也可以存在情人之間。費城(Philadelphia)即是以友誼愛的概念加以命名的，「Philadelphia」是希臘語「philos」（友愛）與「adelphos」（兄弟）的結合，因此費城即有兄弟友愛的意思。

奉獻愛是指一種關心他人幸福的愛，它是精神上的，且並未存在性的成分，這類型的愛是屬於利他的，是不要求回報的，「不管自己要做什麼，只要能使對方生活快樂就好」便是這種奉獻愛的想法。

浪漫愛是指與性有關的愛情，這種類型的愛情是要尋求自我滿足、性的表達，柏拉圖將浪漫愛描述成存在於兩個男人之間的性愛，認為同性的愛是最高層次的愛情，因為它的存在是不需要受到新生兒的生產及婚姻的束縛的。另一方面，因為那時女性社會地位較低，且未受教育，因此不被認為是理想的愛情類型，總之愛情與婚姻的概念是區分開來的。

參　愛情的種類

你是否曾有過一見鍾情的經驗？或這種愛情是你夢寐以求的呢？當大學生被問到自己最強烈的愛情經驗是否符合一見鍾情時，有 40% 的學生回答的確有相似的經驗，另外 40%則認為他們自己從來沒有過這樣的經驗(Averill & Boothroyd, 1977)。或許有些人的愛情類型是自己

一生中所無法體驗到的，一般來說日常生活中我們時常體驗到許多種類的愛，例如父母親與子女的愛、同事之間的愛。然而情人所體驗到的愛情是不同於這些類型的，以下茲介紹學者所描述的愛情類型。

一、熱情愛

熱情愛是眾所周知的浪漫愛情，或稱為「熱戀」。也就是處於一種很想要得到對方、與對方在一起的狀態，熱情愛是由親切、歡喜、焦慮、對性的渴望、狂喜、刺激等強烈的感覺所組成，當我們處於熱情愛時會有心跳加速、流汗、臉紅、胃攪動等特徵。量表中的敘述是「我的情緒已經飛到九霄雲外去了」、「有時侯我覺得無法控制自己的想法，由於我會因…而深深著迷」、「我渴望能與對方在一起，也渴望對方與我在一起」、「當我的愛情關係無法如意時，我會感到很沮喪」、「沒有一個人能像我一樣的愛他／她」(Hatfield & Rapson, 1987)。

強烈的熱情愛多發生在愛情的初期，在這個時期人們多會寬恕對方的錯誤避免衝突，這時侯不會有理性的思考。有了熱情愛好像自我實現一樣，然而這種熱情愛一般來說多是很短暫的，很多人在這時所做出的某種承諾，例如住在一起、訂婚、結婚等會隨著雙方熟識度的增加而逐漸消失，衝突、煩惱會逐漸出現，彼此之間便會有些爭吵與懷疑。

有些人會發現彼此能共同經歷熱情轉趨於平淡的時期，最後建立起穩定的愛情，但有些卻會發現他們之間只有熱情而已。很不幸的是，那些經歷了熱情減少的人，都會認為這已是愛情的盡頭了，是無法由熱情愛轉變成其他愛情形式的。

二、友伴愛

友伴愛比熱情愛少了更多強烈的情緒(Walster & Walster, 1978)。友伴愛可能是兩個人均熟識的狀態下發展而成，如熟人、朋友以及同事等，友伴愛的特徵是具有友誼般的情感與對方建立了強烈的依附關係、能相互的讚賞，且在困難衝突時，通常能容忍對方的缺點，友伴愛通

常會持續得較久，而熱情愛通常是短暫的。友伴愛的愛情成分包括了友情、忠誠、思想的契合(intellectual compatibility)，可見友伴愛所擁有的愛情成分均多於熱情愛(Rubenstein, 1983)。另外，友伴愛發展過程中仍會有性愛的發生，因為這是反應彼此的熟識度，即使友伴愛的性較不如熱情愛的刺激，但是友伴愛是較具有意義、有深度滿足感的。

三、愛情三元素理論

　　Sternberg (1986, 1988, 1997)認為愛情是由親密、激情與承諾等三個成分所組成，正如圖 6-2 三角形圖所示，親密是愛的情緒成分，激情是愛的動機成分，承諾是愛的認知成分。

1. **激情**：激情是指關係當中令人激動、浪漫、會產性吸引力的部分。包括會想要有性的互動，Sternberg 認為激情包含了，個人需要及慾望的表達、性的滿足、自尊、隸屬感、支配或順從等成分，量表中的敘述是「我發現自己在認識對方之後，時常會想到他／她」，這個因素則是老年人較缺乏的。

2. **親密**：親密是指想與對方親近想要彼此在一起，彼此會經驗到溫暖與分享感受，也包括了想要增進對方幸福的慾望、與對方共同體驗到快樂、相當關心對方、需要的時侯能夠依靠對方、相互瞭解、能與對方分享自己的所有大小事、能獲得對方的情緒支持、能親密地與對方進行溝通、能重視對方等十個成分，量表中的敘述是「我們之間能相互瞭解」。

3. **承諾**：承諾包括二個部分，短期的是自己愛對方的承諾，長期的是要能承諾長久維持與對方的愛。量表中的敘述是「我期待我們的愛情能天長地久」，這個因素也是青少年朋友交往過程中最缺乏的。

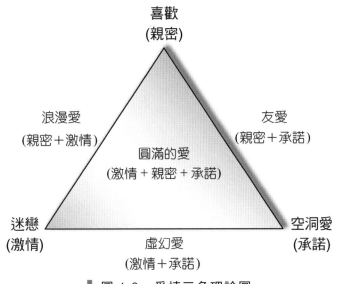

▶ 圖 6-2　愛情三角理論圖

資料來源：Sternberg（1988）。

　　Sternberg 認為感情開始發展的初期，激情會迅速地使感情升溫；當感情正在發展時，激情便又逐漸消退。相反地，親密感與承諾會隨著時間逐漸的建立，但其速度是不同的，如圖 6-3 所示。

　　Sternberg 所提出的三種愛情的成分均為愛情關係發展的重要因素，會隨著時間的增減，三種愛情成分會有不同的組合方式，而存在不同的愛情類型與程度，經由這三種主要成分的結合，共可形成八種不同的愛情類型：

1. **喜歡**：這純粹是親密的經驗，是不包含激情與承諾的，例如友情。

2. **迷戀(infatuated love)**：純粹是激情的經驗，是不包含親密與承諾的，例如暗戀、一見鍾情等。

3. **空洞愛**：純粹是承諾的經驗，是不包含親密與激情的，例如停滯的婚姻。

4. **浪漫愛**：包括激情與親密，但不包含承諾，例如婚外情。

5. **同伴愛**：混合親密及承諾，但不包括激情，例如許多長期、快樂的婚姻。

6. **虛幻愛**：混合激情與承諾，但不包括親密，例如閃電結婚。

7. **圓滿的愛**：包括了激情、親密與承諾等三個成分的愛情。

8. **無愛**：激情、親密與承諾等三個成分均缺乏。

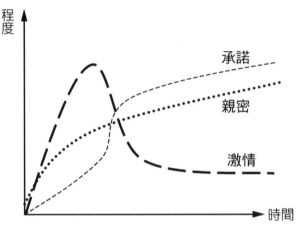

🔹圖 6-3　愛情三元素與時間變化圖

資料來源：Crooks & Baur（1996），頁 173。

四、Lee 的六種愛情類型

與 Sternberg 相似的愛情理論，Lee (1977)認為沒有一種類型的愛可以代表全部，因此區分出了三種基本愛情類型，分別是浪漫愛、遊戲愛、友誼愛，並分別以紅色、黃色、藍色當代表。Lee 相信這三種基本的愛情類型可以結合成三種子愛情型態，分別是現實愛、占有愛、奉獻愛，現實愛是由友誼愛與遊戲愛所組成，占有愛則是由浪漫愛與遊戲愛所組成，奉獻愛則是由浪漫愛與友誼愛所組成。Hendrick & Hendrick (1986, 1992)則依據 Lee 的概念發展出量表以評估每一個類型。

依據 Lee 的概念，可區分為六種(Clyde & Hendrick, 1986; Hendrick & Hendrick, 1992; Lee, 1977)：

1. **浪漫愛(eros)**：這種愛屬於一種全然消費性質(all-consuming)的情緒性體驗，第一次見到就覺得有愛的感受，且具有外表吸引力是必要的條件。浪漫愛的人會同意「我的情人與我在相遇時，就好像產生化學變化一樣」，若以氣侯來比喻，浪漫愛的愛情就像是被閃電擊中一樣。

2. **占有愛(mania)**：占有愛的愛人有很強烈的愛、會妒嫉、會為愛而著迷，占有愛的人很強烈渴望被愛但害怕被人拒絕，占有愛的人會同意「當我的愛人不注意我的時侯，我就會渾身不舒服」。若以氣侯來比喻，在下雨的時侯占有愛的愛人是不會介意自己被淋溼的。

3. **友誼愛(storge)**：愛是一種很舒服的親密感，且是從友誼相互分享與自我揭露中滋長出來的，這類的人都較為體貼、溫暖、友愛，友誼愛的人會認為「我最滿意的愛情關係是從良好的友誼發展出來的」。若以氣侯來比喻，在打雷與閃電時，自己會想要留在室內，等到雨勢較和緩了才會外出。

4. **現實愛(pragma)**：這種愛是要尋求到一個相當合適的伴侶，較強調二個人能相互適配且能滿足彼此的需求，使愛情關係發展良好，比較喜歡尋求滿足感而不是刺激感。現實愛的人會同意「選擇伴侶的重要條件是要知道對方如何看待自己的職業」。若以氣侯來比喻，現實愛的愛人總是會在身邊準備一把傘以防止下雨。

5. **奉獻愛(agape)**：這個類型的愛情是無條件的體諒、給予，對他們來說並不是要緊緊的綁住對方，而是要讓對方感到沒有羈絆，奉獻愛的人會覺得「我不會感到快樂，除非我先讓對方快樂」。若以氣侯來比喻，奉獻愛的愛人會在下雨時將自己的傘給對方。

6. **遊戲愛(ludus)**：這類型的人經營愛情就好像打球與下棋一樣，是要享受愛情遊戲並且要贏得這場遊戲。這種愛情關係通常持續不久，當對方變得無聊或太過正經時，遊戲愛的人通常會同意「我喜歡與不同的人玩愛情遊戲」。若以氣侯來比喻，遊戲愛的愛人就像是在暴風雨中但是卻不想被淋溼了。

🜨 小學堂 ✎　愛情態度量表

		完全不符合	大多不符合	有點不符合	有點符合	大多符合	完全符合
1.	他／她與我在第一次相遇時，彼此都能感受到對方的吸引力	1	2	3	4	5	6
2.	他／她與我之間的感情，有很強的化學作用存在；例如心跳跟呼吸加快、臉紅	1	2	3	4	5	6
3.	他／她與我之間的親密關係是很強烈的，且很令人滿意的	1	2	3	4	5	6
4.	他／她與我之間很能瞭解彼此	1	2	3	4	5	6
5.	他／她的外在能符合我的理想標準	1	2	3	4	5	6
6.	我試著不給對方明確的承諾	1	2	3	4	5	6
7.	我相信即使對方不曉得我的某些事，也不會受到傷害	1	2	3	4	5	6
8.	我喜歡在談戀愛時，與對方玩愛情遊戲	1	2	3	4	5	6
9.	當對方太依賴我的時侯，我會想與他／她疏遠一些	1	2	3	4	5	6
10.	我有時還必須防範他／她發現我還有其他的情人	1	2	3	4	5	6
11.	我很難明確的說我們是從什麼時侯由友情轉變成為愛情的	1	2	3	4	5	6
12.	我期待與自己的情人是永遠的朋友	1	2	3	4	5	6
13.	我們的愛情是很好的一種類型，因為它是從長久的友誼發展而成的	1	2	3	4	5	6
14.	我們之間的愛情是逐漸地由友情轉變而成的	1	2	3	4	5	6
15.	我們的愛情是由一種很深厚的友誼所奠定的，而不是一種很神秘的情感	1	2	3	4	5	6
16.	在我對對方做出承諾之前，我會考慮他／她將來可能變成的樣子	1	2	3	4	5	6

		完全不符合	大多不符合	有點不符合	有點符合	大多符合	完全符合
17.	在我選擇自己的伴侶前，我會先試著規劃我的生活	1	2	3	4	5	6
18.	我選擇伴侶的重要條件就是要考慮對方如何看待我的家人	1	2	3	4	5	6
19.	選擇我未來的伴侶，有一個很重要的因素，就是對方是不是能成為一個好的父母親	1	2	3	4	5	6
20.	我選擇伴侶的一個重要條件就是要考慮對方是如何看待我的職業	1	2	3	4	5	6
21.	當我們之間的關係變得不太對勁時，我就會感到胃不舒服	1	2	3	4	5	6
22.	如果我與他／她分手的話，我會難過到想要自殺	1	2	3	4	5	6
23.	有時我會想到自己正在談戀愛而興奮的睡不著覺	1	2	3	4	5	6
24.	當他／她不太注意我的時侯，我會覺得渾身不舒服	1	2	3	4	5	6
25.	當我懷疑他／她與其他人在一起時，我就無法放鬆	1	2	3	4	5	6
26.	我會試著幫他／她度過難關	1	2	3	4	5	6
27.	我寧願自己受苦也不願意讓他／她痛苦	1	2	3	4	5	6
28.	除非他／她快樂，否則我不會快樂	1	2	3	4	5	6
29.	當他／她對我生氣的時侯，我仍然無條件、全心全意地愛他／她	1	2	3	4	5	6
30.	我會為了對方而忍受所有的事情	1	2	3	4	5	6

資料來源：Hendrick & Hendrick(1986)。

計分：

完全不符合=1 分，大多不符合=2 分，有點不符合=3 分，有點符合=4 分，大多符合=5 分，完全符合=6 分。

1~5 題代表浪漫愛，6~10 題代表遊戲愛，11~15 題代表友誼愛，16~20 題代表現實愛，21~25 題代表占有愛，26~30 題代表奉獻愛。算出每種類型的分數，並將它寫在下面的空白處：

浪漫愛_____　　遊戲愛_____　　友誼愛_____

現實愛_____　　占有愛_____　　奉獻愛_____

將上述分數，從最高到最低，依序排好，填在下面的空白處：

第一高分_____　　第二高分_____　　第三高分_____

第四高分_____　　第五高分_____　　第六高分_____

☿♂ 小學堂　我欣賞與討厭的愛情類型(Lee 的六種愛情類型)

1. 我最欣賞哪一種愛情類型？_____
   原因為何？_____。

2. 我最厭惡哪一種愛情類型？_____
   原因為何？_____。

雖然愛情的種類相當多，且所有人都有可能被歸屬於某一種愛情，那麼愛情類型到底有沒有好壞之分呢？這個答案可能因人而異，但是我們或許可以藉由人們普遍對於愛情類型的看法，以及愛情對於我們生活品質可能產生的影響進一步探討這個問題。最具有魅力的愛情類型是奉獻愛、友誼愛，而最不具魅力的愛情類型是遊戲愛(Hahn & Blass, 1997)。另外，由於浪漫愛、友誼愛、奉獻愛必須要能做出承諾、投注相當大的心力，因此雙方均會有較高的滿意度，但是占有愛、遊戲愛則會使人對關係感到不滿意(Contreras et al., 1996; Hendrick et al., 1988; Meeks et al., 1998; Montgomery & Sorell, 1997; Morrow et al., 1995)。

親密和愛也會受到文化的不同而有所差異，Baron, Byrne & Johnson (1998)綜整個人主義社會（加拿大與美國）及集體主義社會（中國、印度及日本）的資料發現：

1. 浪漫愛在個人主義社會較可能將愛視為婚姻的重要基礎。

2. 於個人主義社會的婚姻中，心理的親密較婚姻滿意度以及個人幸福感更為基本、重要。

3. 雖然個人主義社會較強調浪漫愛，但在某些層面上卻是很難以維持與發展親密感。

此外浪漫愛、友誼愛似乎是不會隨著年紀的增長，而影響該類型在人們愛情世界的地位，我們或許會有一種刻板印象認為浪漫愛會在關係開始時發生，而隨著時間逐漸變成為友誼愛，但是浪漫愛與友誼愛並不是連續發生的，而是同時發生的(Hendrick & Hendrick, 1993)，因此這二種愛情類型均在關係的開始、發展與維持均扮演了相當重要的角色。Montgomery & Sorell (1997)的研究發現未婚年輕人的愛情類型多為遊戲愛，奉獻愛較少，然而不管是未婚年輕人與已婚的老年人對於浪漫愛與友誼愛的態度均沒有差異。此外，父母與成年子女對於浪漫愛與友誼愛的愛情態度也沒有差異存在(Inman-Amos, Hendrick & Hendrick, 1994)，這主要是因為人們對於婚姻的看法均能支持浪漫愛、友誼愛以及奉獻愛的緣故(Montgomery & Sorell, 1997)。

肆　愛的經驗

即使愛的類型有許多種，但是我們是如何傳達我們對對方的愛呢？我們對愛的想法與感受為何？雖然以下的資料大多是來自於美國年輕人或成人的資料，但是對於愛的想法、感受與行為在各種不同文化、時代均是不同的，所以在將這些資料加以類推應用時，應多一份謹慎。

一、愛的想法

Rubin (1970, 1973)將愛區分成三種主要的主題,第一個主題是依附(attachment),這是指自己需要對方及依賴對方的感受;第二個主題是關懷(caring for),是要促進對方幸福、對對方的需求給予反應;第三個主題是信任與自我揭露(trust and self-disclosure),Rubin 利用這三種成分測量自己對對方愛情的力量。

二、愛的感受

在我們陷入愛情時,我們的共同經驗可能是失眠、精神不集中、心總是撲通撲通的跳,有一份研究要求大學生指出他/她們最近或過去最強烈的愛情經驗是什麼,結果最常被大學生所提到的愛情感覺是「感到幸福的感覺」(79%),其次是「很難以集中精神」(37%),其他的反應包括「飄浮在雲端」(29%)、「想要跑、跳以及大叫」(22%)、「在約會前會感到很緊張」(22%)、「令我感到很愉快、暈眩」(20%) (Kanin, Davidson & Scheck, 1970)。而其他較為強烈的身體感覺包括手很冰冷、緊張到胃抽筋、脊椎刺痛等感受(20%)、失眠(12%)。此外,這種愛的感受也會因為男女生而有所不同,因為女生較可能有強烈的情緒反應(Dion & Dion, 1973)。

三、愛的行為

為了評估對方是否愛自己,我們不但要求對方要常將愛意掛在嘴邊,更要對方付諸行動,如果對方一直說他/她愛自己,但卻忘了自己的生日與其他人約會、時常批評自己,那我們可能會懷疑對方的忠誠度。Swensen (1972)要求不同年齡層的人說出對愛人如何表達自己愛意的方法,結果可歸納出以下幾類,包括:

1. 說出「我愛你」以及其他情感性的口語文字。

2. 愛的肢體語言表達,諸如擁抱、親吻。

3. 非口語性的溝通、傳遞幸福感。

4. 以物品表達愛意，如送禮物或協助對方完成任務。

5. 以非物品表達愛意，如對對方的活動感到興趣、尊重對方的選擇、多說鼓勵的話。

6. 展現容忍對方的意願、能為維持關係而犧牲。

　　Marson 等人(1987)探討了愛的主觀經驗發現，溝通是表達、傳遞個人浪漫愛主觀經驗的基本行為，而自己向對方表達愛情的方式，最常見的包括：

1. 告訴對方「我愛你」。

2. 為對方做某件事。

3. 能瞭解與支持對方。

4. 能感動對方(touching)。

5. 能夠在一起。

　　另外對方向自己表達愛情的方式，最為常見的包括：

1. 聽到對方說「我愛你」。

2. 能感動自己。

3. 能支持自己。

4. 對方能為自己做某件事。

5. 能夠在一起。

　　此外，King & Christensen (1983)發現大學生會經歷以下的事件，以得到更多的承諾。例如在關係發展的早期會花一整天時間在一起、以親切與溫暖的名字稱呼對方，到了關係發展的晚期，雙方開始稱呼對方為「男朋友」、「女朋友」，並且會像一對佳偶般地從事某事，更進一步則會說出「我愛你」等，最後則會討論要住在一起、結婚、一起渡假等。

第三節　關係的維持與滿意

即便親密關係相當重要，民國 109 年國內共有 42.87%的夫妻最後會以離婚收場（內政部，2021），為何在親密關係的初期是積極努力的追求，到了最後卻是分手、分居、離婚呢？婚姻會不會隨著時間而逐漸成熟呢？以下將一一探討。

壹　關係維持的定義及其滿意度

所謂的關係維持(relational maintenance)是指在個人的認知、情緒與行為均在維繫一段長期、穩定、且令人滿意的關係(Dindia & Canary, 1993)。所有的關係均需要採取行動加以維持，否則就會惡化(Canary & Stafford, 1994)，因此必須採取某些方法以維繫關係存在。

一、青少年約會關係穩定的利與弊

青少年在婚前可以有許多的約會伴侶，但是約會對象的多寡會不會對關係造成影響呢？一般來說約會的對象愈多，表示異性朋友較多，就愈可能有機會與他們建立穩定的朋友關係。因為婚姻的成功與婚前同性、異性的朋友數目有相當緊密的關係，也就是說在婚前同性與異性的朋友愈多，婚姻成功的機率就愈大。其實約會關係的穩定，對於青少年來說，既有利也有弊，茲綜整青少年約會關係穩定的優點如下(Rice, 1996)：

1. **可以有人陪伴**：因為在約會時，青少年所想到的並不是以結婚為前提的交往，而只是純粹想要有個人能陪伴自己，固定約會伴侶對於某些人而言，可以提供安全感，在社會、情緒的發展上也能獲得所需。

2. **提升自己的自尊**：研究即顯示有固定約會伴侶者，他們的自尊較高(Samet & Kelly, 1987)。

　　約會關係穩定也會有許多的不利因素，值得青少年注意：

1. **關係可能破裂**：在約會關係穩定後，許多女生會抱怨自己的男朋友不夠成熟、沒空閒時間陪伴自己等，而許多男生則會抱怨女朋友太黏、太愛花錢等，最後而導致分手。

2. **妒嫉**：在關係穩定後，男生會對交往的相關問題相當在意，例如女朋友不可以與其他男生約會、不可以單獨與其他男生外出等，女生則會抱怨男朋友缺乏時間、對自己缺乏關注。

3. **增加性行為的期待與發展**：在關係穩定後，交往的雙方可能會發生性行為，最後可能產生未婚懷孕、早婚的情況。顯然青少年提前接觸性行為是一個相當嚴重的問題。

二、婚姻滿意度的影響因素

(一) 結婚時間的長短

　　婚姻滿意度會隨著時間的增加而減少，而且先生與太太的感受均相同，但是只有在第 1 年及第 8 年時下降最快速。許多夫妻多是結婚第一年便發現事實與理想不符合，肇因於新婚夫婦會相互將對方理想化，期待享受婚姻開始愉悅的氣氛(Murray et al., 1996)。其次主要原因可能與生育小孩有關，剛結婚的 1~2 年內為了生育小孩，許多新手父母無法適應，導致婚姻滿意度下降。第二個滿意度下降的趨勢是在結婚第 8 年的時侯，這種結果與眾所周知的「7 年之癢」相同(Kovacs, 1983)。綜合以上資料可知，維持婚姻係屬不易，更說明了結婚時間愈長，愈可能會使雙方滿意度下降而導致婚姻的結束。

(二) 社會經濟地位

　　Karney & Bradbury (1995)的研究顯示，夫妻有較好的教育程度、較好的職業、有較多的建設性行為以及有相似的價值可以稍微使得婚姻的滿意度提高，但是可以確定的是，結婚 1~2 年內的婚姻滿意度若下降得很大，那麼最後很有可能會以離婚收場。

(三) 尋找共同的活動

Aron 等人(2000)的研究顯示，愈在一起習得新經驗的夫妻，他／她們的婚姻滿意度就愈高。Aron 將參與實驗的夫婦區分成三組，第一組是請這些夫婦在健身房內舖墊子，並將自己與對方的手腕及腳裸綁在一起，他們會因手腕及腳裸綁在一起而移動較為緩慢，任務是要以身體夾帶枕頭從房間當中的起點通過阻礙到達房間中的另一終點；第二組則是將球滾動傳送給對方；第三組則不分派任務。結果顯示有較多努力、歡笑、能引人參與活動的夫妻，有較好的關係滿意度。

貳 關係維持策略

既然親密關係是一種人際互動的歷程，要如何才能增進人與人之間的親密感呢？許多研究顯示，有愈多意義性的談話，就愈會覺得自己能被瞭解、賞識，而且對於交談的夥伴也會感到更加的親密(Reis, Sheldon, Gable, Roscoe & Ryan, 2000)。而這種親密感的增進存在著性別間差異，男性與男性之間的互動較不如女性與女性之間的互動那樣親密，然而在男性與女性對於異性朋友的親密感受是沒有差別的(Reis, 1998)。此外，增進了親密感之後並不代表這段關係會維持下去，而是必須要採取某些方法，否則關係將會惡化甚至結束，以下茲提供關係維持的策略，以為參考：

Braiker & Kelley (1979)認為可以減少關係衝突、增進兩性關係的方法包括：

1. 感覺與關係間各別需求的自我揭露。

2. 針對關係中所存在的問題進行溝通。

3. 嘗試改變行為以有助於關係中問題的解決。

Ayres (1983)則分析出三種可以維持關係穩定性的策略類型，且男女性在使用這些關係穩定性的策略上是沒有差異存在的：

1. **避免策略**：例如避免關係的改變。

2. **平衡策略**：例如使善意行為與情緒性支持的次數能得以持續或平衡。

3. **坦白策略**：告訴對方自己較希望關係維持不變。

　　Dindia & Baxter (1987)將關係維持的定義區分為維持與修補二種，分析出十一種類型的關係維持策略：

1. 改變外在環境。

2. 溝通。

3. 後設溝通(metacommunication)：又稱為「非語言溝通」，人們通常會用人際的空間距離、肢體動作、音調等來傳達潛藏在語言文字背後的意義。

4. 避免僅用後設溝通。

5. 反社會策略，例如使對方付出代價。

6. 利社會策略，例如獎勵對方。

7. 舉行慶祝典禮，例如舉辦慶祝活動、依慣例舉辦的活動。

8. 舉辦非慣例的／自然發生的慶祝活動。

9. 患難與共。

10. 尋求／允許關係中的每個人均擁有自主性。

11. 尋求外在協助。

　　Stafford & Canary (1991)產生五種關係維持策略，而這五種關係維持策略最常被伴侶所使用的為保證，其餘依序為任務分享、社會網絡、積極性、開放性(Canary & Stafford, 1992)：

1. **積極性**：保持積極、愉快的態度。

2. **開放性**：在關係中使用自我揭露、開放式的討論。

3. **保證**：強調承諾、表露愛意、顯示忠誠。

4. **社會網絡**：花時間與朋友聯繫。

5. **任務分享**：家庭雜務的分享。

　　Dainton & Stafford (1993)發現任務分享是最常為學者所提及的關係維持策略，但是任務的分享可以說是較為文獻資料所忽略的策略，而開放性則是文獻資料較常提及但是卻較不為伴侶常用的策略。另外有研究顯示在親密關係中，比朋友關係更常使用積極性、開放性以及保證的關係維持策略，且保證、任務分享以及寫卡片、寫信、打電話等關係維持策略較常發生在親屬關係間，而不常發生在朋友關係當中(Canary, Stafford, Hause & Wallace, 1993)。

　　如果將兩性關係發展區分為約會、固定約會對象、訂婚、已婚等四個階段，結果發現固定約會對象、訂婚者比約會、已婚對象更常使用積極性與開放性的策略，固定約會對象、訂婚、已婚者也比剛開始約會者使用較多保證，其次為積極性、任務的分享。由此可知關係建立的初期應多採用微笑、保持心情愉快、積極的態度來營造關係，等到關係穩定則應強調承諾的重要性、時常向對方表示愛意，雙方更應分享家庭雜務，如此便能營造幸福快樂的家庭、婚姻生活。

　　除此之外，關係維持的策略、方法並不限定在維持關係而已，也可能會在關係開始時便會出現，有些負面的方法也可能會使關係終結。Dindia (1991, 1992)將關係區分為開始、升溫、維持、修補、終結等五個階段，結果發現溝通、聯絡、獎賞、積極態度的呈現、情感的表達多在關係的開始、升溫、維持階段使用，後設溝通、間接性表達、社會網絡則在升溫、維持、終結等階段使用，讓對方付出代價、負面態度的呈現以及冷漠則會在關係的終結出現。可見關係維持的策略具有多階段性適用的特質，但是我們在關係建立、維持時不必要因為要達成某些目的，而強迫或改變自己使用某些方法或策略，反而應強調在關係開始、升溫、維持、修補時不應採用讓對方付出代價、負面態度的呈現以及冷漠等負面的策略。

參　關係維持的方法

要維繫一段令人滿意的關係，大多必須由自己的想法、行為的改變做起，因此提供以下幾種方法供做參考：

(一) 瞭解對方的優缺點，並且放大對方的優點，縮小對方的缺點

能瞭解另一半的優缺點，較能延續兩性關係中的滿意度(Brickman, 1987; Swannet al., 1994)，且能夠看到對方優點的人們有較快樂的兩性關係(Murray & Holmes, 1999)，所以要能以正向觀點知覺對方，就必須要能先瞭解對方的優缺點，待瞭解對方的優缺點後，應時時刻刻記著對方的優點，至於缺點則是儘可能加以接納或忽視。

(二) 覺察自己的兩性關係或婚姻關係中較他人要好的地方

要找出自己的兩性或婚姻關係較他人要好的地方，而這就有賴於自己先從關係的檢視開始，例如自己的關係或婚姻較少發生衝突。

(三) 將對方的行為做出適當的歸因

因為人們在評估自己時，通常會將自己的成功歸因於內在因素（例如能力）所造成的結果，而把自己的失敗歸因於外在因素（運氣不好）所造成的結果，這就是所謂的「自利性偏差」(self-serving bias) (Campbell & Sedikides, 1999)。在解釋他人的行為時，多會認為這是因為他人的特質所造成的，而不是情境因素所產生的，即為「基本歸因偏見」(Fundamental Attribution Error) (Ross, 1977)。所以我們要將對方的正向行為（我的男朋友帶我去高級餐廳用餐），歸因為是他性格關係（他總是那麼貼心、設想週到的一個人，他是很愛我的）所產生的，而負向的行為（我男朋友忘了我的生日）則是因為情境因素（之所以男朋友忘了我的生日，是因為某件不可預料的事發生了，這不像是他會做的事）所致。

(四) 儘量讓雙方所付出的與獲得的比例相差不大

在親密關係中常被用來分析付出與獲得的比例是否公平的理論為「平等理論」(equity theory) (Adams, 1965)。平等理論認為，在親密關係中人們並不會減少付出、增加自己所獲得的，然而當雙方付出與獲

得的比例均相似時，人們便會感受到關係的滿意度。若一方所得到的較多，便會對這種不平等的情況感到罪惡感，相反地，若所得到的較少，便會感到憤怒、沮喪。由此可知不論是在兩性交往或是婚姻關係中，單方面的付出往往卻得到不成比例的回饋，久之便會對這段關係感到不滿意，這樣的關係必定無法長久，所以儘可能使雙方在交往、婚姻經營過程中保持彼此付出與獲得的比例能夠相當。

（五）要能彼此相互支持

在西方社會當中，有長期親密關係的人們認為另一半是自己最好的朋友，而且也是在他／她最需要的時侯，自己最想要給予支持的人(Pasch et al., 1997)，而這樣的支持能使對方壓力減輕、對關係的滿意度及承諾會提高(Sprecher et al., 1995)。因此在必要時應該要能提供對方所需要的訊息、情緒性的支持、協助對方、分享雙方的觀點及個人的回饋，然而這樣的支持性並不是男女雙方均一致，通常是女性較男性能提供支持，所以男性於兩性與婚姻關係中更應該適時協助、傾聽、提供對方所需要的情緒性支持。

（六）拋棄其他吸引人的對象

對交往與婚姻關係中的可能潛在威脅，還有介入關係的其他對象(Rusbult et al., 1999)。要能拋棄其他吸引人的對象，首先可以利用結婚儀式與戴婚戒的方式，告訴他人自己已心有所屬，其他方式則必須依靠自己的努力才能抗拒誘惑，方法包括(Rusbult et al., 2000)：

1. 自己於內心減低那些具吸引力對象的價值。

2. 積極的說服自己目前的約會對象或結婚對象較其他人更好。

3. 不注意那些具有吸引力的對象。

（七）能夠做出犧牲

在交往關係或婚姻關係中所遇到的情況可能無法在兼顧雙方的利益下做出決定，因此必須犧牲某一方的利益才能圓滿解決，例如太太可能必須與先生的家人共度週末假期，可是她原本是打算與先生一起

共度週末時光的。而承諾較多的伴侶，較能拋棄自我的利益而犧牲，以提昇關係。

(八) 能夠試著與對方和解與寬恕

和解(accommodation)是指當對方有破壞行為產生時，能抑制做出同樣破壞行為的衝動，並且要能以建設性的行為加以回應(Rusbult et al., 1999)。一般來說，對關係做出較多承諾、安全依附型的人較不可能會有報復行為產生，因此我們必須多站在對方的立場思考、試著瞭解對方的感受、盡可能克制自己負面行為的衝突。

試想，太太忘記先生的生日時，先生可能會感到氣餒、憤怒而在其婚姻關係中產生距離感，也可能會想要採用具傷害性的行動加以表達自己的情緒，但最重要的是先生對於太太行為的解釋，先生能不能朝著具有建設性的方向思考呢？是不是太太的工作太重、太繁忙了，以至於忘了自己的生日呢？Fincham (2000)則認為這種情況可以採用三種方式加以解決，首先新的訊息可能產生對情境的重新解釋，這是指

如果先生能發現太太之所以在早餐時沒有提到生日的事，可能是要計畫在晚上幫自己慶生，這樣傷害可能會消除；其次，先生可以採用轉移注意力的方式將這種傷害的感覺加轉移，隨著時間這種感受會消散；最後，先生可能要寬恕太太的粗心，這種寬恕對太太來說較易於向先生道歉、承認自己的粗心大意。然而，什麼樣的人會容易寬恕他人呢？其實較快樂、對關係有承諾、具有同理心的人，均較能寬恕他人(McCullough et al., 1997, 1998)。

第四節　關係的結束

一、分手的方式

要結束一段戀情可能是一個人一生中最痛苦的經驗，人們多半是採用什麼方式結束的呢？Cody (1982)要求研究的參與者回答自己是如何結束戀情的，結果共可分析出五種基本的類型：

1. **積極的語調**：告訴對方自己還很在意他／她，但是…。
2. **言語的降溫**：告訴對方自己已不再有戀愛的感覺了。
3. **行為的降溫**：避免與對方接觸。
4. **負面的身分管理(negative identity management)**：告訴對方自己應該要與其他人開始交往了。
5. **正當理由的說明**：告訴對方這段關係已經不再符合自己的需要了。

二、分手的原因

在親密關係的發展過程，關係的建立、經營已屬不易，但卻可能會因為許多種不同的原因而導致日後的分手，那麼到底是那些原因可能產生分手的結果呢？Shaver 等人(1986)認為包括不適當的溝通方式、有其他具吸引力的選擇對象出現、期望雙方的交往期限較短、其他未可預料的阻礙等。

🔆 小學堂 　戀愛可能導致分手的因素

　　兩性交往的過程中會有許多的衝突、甜蜜的回憶，但是仍有些伴侶最後可能會因為某些因素而導致分手，請同學將以下的因素，以自己的觀點依嚴重程度加以排名。

第一名_____　　　第二名_____　　　第三名_____

第四名_____　　　第五名_____　　　第六名_____

第七名_____　　　第八名_____　　　第九名_____

第十名_____　　　第十一名_____　　第十二名_____

第十三名_____

　　1.工作不穩定、2.不在乎自己、3.出軌、4.有暴力行為、5.吵架失去理性、6.沒責任感、7.相隔兩地的戀情、8.個性不合、9.家人反對、10.情感變淡、11.欺騙、12.嫉妒、13.愛賭博、14.價值觀差異大。

三、分手的階段

　　關係的結束並不是單一事件，它是一種歷程。Duck (1982)認為關係的結束會歷經四個階段：

1. **思考期(intrapersonal)**：在這個時期會開始去思考對關係的不滿意為何。

2. **行動期(dyadic)**：和對方討論與關係相關事務的處理方式，包括金錢、物品。

3. **宣告期(social)**：親朋好友都知道自己前段關係已經宣告結束。

4. **恢復期(back to intrapersonal)**：自己已從分手漸漸復原，並且對這次的分手做出解釋，會思考分手的原因為何？分手是如何產生的？

四、提分手與不提分手的結果

　　然而分手多半是由男性還是女性提出來的呢？男性與女性提分手的機率多半是一樣的，且關係的結束並不會因為性別而有所差異(Akert, 1992)。然而分手時，首先提出者多被認為應該要負多半的責任，而分手時所扮演的角色也是最能預測分手後會產生什麼樣的經驗(Akert, 1992)。若認為自己應該多負責任的被標示為「破壞者」(breakers)，認為自己應該負較少責任的被標示為「被破壞者」(breakees)，而認為自己應與對方共負責任的則被標示為「共享者」(mutuals)。即使破壞者在分手後會感到罪惡感與不快樂，但他／她們普遍不會感到心煩意亂、痛苦、也較沒有壓力且較少有頭痛、胃痛以及飲食與睡眠等的不規律(39%)；被破壞者在分手後會感到孤獨、沮喪、不快樂、憤怒，而且也會有身體不適的情況產生；至於共享者會讓自己避開某些較為負面的情緒、身體反應，不像被破壞者感到心煩意亂或感到受傷害，也不像破壞者那樣無情(Akert, 1992)。由此可知，分手責任的共享能夠有效避

免失戀的痛苦，而主動提出分手者較不會有負面的情緒產生，但是被提分手者則會有較多的負面情緒。

五、分手還能當朋友嗎？

分手之後還能當朋友嗎？這個問題或許因人而異，但在經過研究後發現，該問題必須視分手時自己所扮演的角色而定。Akert (1992)研究發現如果男性在分手時扮演破壞者或是被破壞者，那麼他們多不會想與前任女朋友維持朋友關係，如果女性自己在分手時是一位被破壞者，那麼她們更傾向於與前任男朋友維持朋友關係，最有趣的是，男性與女性在同為共享者認為，自己會與對方維持朋友關係的比例相似。由此可知，擔任破壞者或是被破壞者的男性，在分手後會想「停止損失」(cut their losses)，因此多不願維持朋友關係，但擔任被破壞者角色的女性，則希望將親密關係重新改造成為一種理想化的友情。

藉由以上的分析，我們瞭解分手是一種學問，也是一種藝術，關係已到了不得不結束的時侯，最好是能使雙方均不受到最大的傷害。因此在分手時要試著共同解決，將分手的責任共享，由自己破壞者的角色轉變成為共享者的角色，這是一種仁慈的行為，也考驗著自己的成熟度，不但雙方都不會受到最大的創傷，更能使自己獲得成長。

六、分手後的自我調適

在分手後不管傷害是否形成，重要的是應該自我調適，回復正常生活，然而並不是每個人均在分手後能適當調適而重新出發的，大部分人會花相當多的時間說服自己關係結束是值得的。例如我們會對自己說「很幸運能不再與這種人相處」、「我學到寶貴的一課」，也有人會以運動或改善外表以分散自己注意力，但是女性較男性更可能以哭來發洩情緒，也會找朋友討論、閱讀自我成長的書、尋求心理諮商專家的協助(Orimoto et al., 1993)。這樣的結果顯示，女性較希望藉由這次分手經驗找出有效方式，使得下次關係的滿意度得以提升。

　　事實上，處理分手情況較為得宜的是那些擁有較多人際網絡者，這也就是說在分手後，有豐富人際網絡者會得到家庭、朋友等情緒的支持與鼓勵(Holahan et al., 1997; Milardo & Allan, 1997)。而這些人際網絡的目的是在提供情緒的或金錢上的支持，一方面能給予兩性關係或婚姻關係分手者的緩衝，另一方面也能給予其回復正常生活的機會，不致使恢復期過久而影響生活作息。

　　不管分手後如何的自我調適均只是在使情緒、想法獲得適當的宣洩，但更要緊的是要從分手經驗中加以學習，不管是自己先提出分手或是被告知分手，皆須將以往負向的行為型態加以改變，並且建立正向的行為。若分手前多採取命令、支配式的語言進行溝通，也多以自己的行為是不能改變的來自我設限，這可能導致分手，因此要建立與對方進行妥協、理性的溝通方式，建立改變別人不如改變自己的理性想法。

課後習作

【活動一】分手的處理方式

　　兩性交往若必須要以分手結束時，如何能使兩個人均能夠在傷害最小的範圍內分手，就有賴於自己的智慧與因應能力了，請同學依以下的方式區分出較佳的、較差的處理方式，並說明原因。

☐ 向對方當面說要分手，並說明原因。

☐ 以打電話、傳簡訊或寫信的方式向對方說分手。

☐ 故意冷落、疏遠對方。

☐ 自己另結新歡。

☐ 請其他朋友、同學傳達自己要與對方分手。

☐ 避不見面、不聯絡。

☐ ＿＿＿＿＿＿＿＿＿＿＿＿＿＿＿＿＿＿＿＿＿＿＿＿

☐ ＿＿＿＿＿＿＿＿＿＿＿＿＿＿＿＿＿＿＿＿＿＿＿＿

【活動二】我理想中的他／她！現實中的他／她？

　　我們時常聽到女生要找對象要符合三高：學歷高、薪水高、身高也要高，那麼男生找對象是不是也有條件呢？但是這些條件就是自己選擇對象的絕對標準，若找不到符合的對象是否一生永遠孤獨呢？

1. 我欣賞的內外在特質。

　　請同學想一下自己欣賞的約會對象，其內在、外在特質有哪些？

＊ 形容一下他／她的外表（例如身高、體重、臉部輪廓、頭髮等）

＿＿＿＿＿＿＿＿＿＿＿＿＿＿＿＿＿＿＿＿＿＿＿＿＿＿＿＿＿＿

＿＿＿＿＿＿＿＿＿＿＿＿＿＿＿＿＿＿＿＿＿＿＿＿＿＿＿＿＿＿

＊ 形容一下他／她的個性（例如幽默、孝順、體貼、成熟、乖巧、溫柔等）

_____

_____

＊ 形容一下他／她的外在條件（例如學經歷、收入、房子、車子、存款等）

_____

_____

＊ 形容一下他／她的其他條件

_____

_____

2. 我現實中可以接受的內外在特質。
   請同學想一下自己在現實生活中可能的約會對象，具有哪些內在、外在特質便可以接受呢？

＊ 形容一下他／她的外表（例如身高、體重、臉部輪廓、頭髮等）

_____

_____

＊ 形容一下他／她的個性（例如幽默、孝順、體貼、成熟、乖巧、溫柔等）

_____

_____

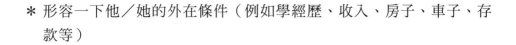

＊形容一下他／她的外在條件（例如學經歷、收入、房子、車子、存款等）

_____

_____

＊形容一下他／她的其他條件

_____

_____

【活動三】情歌歡唱比賽

　　請教師將班上學生五人分成一組，首先進行歌詞中有「喜歡」二字的歌詞歡唱比賽，各組搶答，搶答者必須將該首歌曲中有「喜歡」二字的歌詞唱出，成功可獲點數卡乙枚，若已出現歌曲不得再次出現，俟同學無法再提出歌曲時即可結束。其次再進行歌詞中有「愛」字的歌詞歡唱比賽，各組搶答，最後計算各組獲得點數卡最多枚者勝利，並予以獎勵，老師藉以說明喜歡與愛的差異性。

【活動四】情書編撰

1. 請同學自行準備報紙數張、剪刀、膠水。
2. 由各組同學訂定題目。
3. 且將班上同學分組，每組 5~6 人。
4. 請同學發揮想像力在 20 分鐘內完成一篇 200~300 字的情書。

　　玩法規則說明：

1. 先打開報紙尋找有關的字、詞、字彙，並剪下。
2. 將想要的字、詞、字彙剪下後，貼於空白的信紙上，排列出一封有趣的情書內容。
3. 請同學注意不要寫出有色情、人身攻擊等情節。

【活動五】全班的愛情故事

1. 同學自行準備作文紙或 A4 紙，以寫作的方式傳遞。

2. 每人寫一句為限，其文句不涉及人身攻擊（例如姓名、暱稱、對方家人、朋友，更不能影射）。

3. 發揮同學想像力，但不能出現性字眼與暴力情節。

4. 不能寫涉及他人隱私的內容。

5. 再由限定時間內完成。

6. 由老師抽籤找同學出來唸。

CHAPTER 07

兩性關係的相關議題

婚前性行為

　　儘管道德、宗教與法律均禁止婚前性行為的發生，但隨著性態度、性觀念急遽改變，兩性的交往互動關係中，「性」已普遍成為人們可以接受的一部分，而不再視其為禁忌，在美國、西歐、澳洲、加拿大等均是如此。在第二次世界大戰前後所做的調查(Michael et al., 1994)顯示，性的表達已逐漸改變中，1960 年代，這些改變被認為是性革命的開端，例如口交在二十世紀前半均被認為是一種墮落，1990 年許多美國成人均表示他們喜歡口交。同樣的情況亦發生在中國，在 1998 年時禁止所有的出版品、媒體描述性行為，對於製造、販售者均要加以逮捕、判刑(Pan, 1993)。

壹　婚前性行為的比例

　　研究顯示，現在的青少年很有可能會與自己愛的人或是與自己有情感依附的人有性的親密行為(Laumann et al., 1994; Sprecher & McKinney, 1993)，而青少年的婚前性行為比例也呈現逐年增加的趨勢。Kinsey 等人(1948, 1953)所得男女性青少年有婚前性行為的比例分別為 45%、20%，到了 Sorenson(1973)男女比例分別為 59%、45%，Zelnick & Kantner (1980)男女比例分別為 77%、69%，而 Mott & Haurin (1988)男女的比例亦為 78%、68%。

貳 婚前性行為的影響因素

一、文化因素

　　文化力量對於人們性的態度亦有相當大的影響力，美藉華裔學生對於婚前性行為及其實際的行為均較中國的學生表達更能接受的立場，且這種接受性、婚前性行為的立場將與時俱進(Huang & Uba, 1992)。針對數千個美國人的調查研究發現，1900 年出生的女性有 73%在結婚後才有性行為(Kinsey, Pomeroy, Martin & Gephard, 1953)，到了 1990 年在美國年輕的成人當中，僅有 5%的女性、2%的男性表示自己在結婚當天晚上才進行第一次性行為(Laumann et al., 1994; Michael et al., 1994)。

二、性別差異

　　到底男女性在認識對方多久才會有婚前性行為呢？大學男生與女生對於他們在瞭解一個人之前，多久可以進行性行為的調查研究顯示，男性較女性更能接受與陌生人進行性行為，然而女性認為自己必須要經過一段時間的瞭解後，才能接受性行為(Buss & Schmitt, 1993)。大學生被提問：「你認為在你認識一個人多久後可以與他／她發生性行為？」共有一小時、一天、一個月、六個月、二年、五年等六個時間必須要由大學生分別做出反應，且以七點量表回答，七點代表肯定，一點代表不肯定。隨著時間增加，男生與女生均表示可以與對方有性行為的發生，其中在交往二年以前，男性較女性更容易與對方進行性行為，而女性則必須要在二年的交往以上，才可能與對方發生性行為，如圖 7-1 所示。且男性青少年較女性青少年更想要或於實際上擁有更多的性伴侶(Buss & Schmitt, 1993; Traeen, Lewin & Sundet, 1992)，在一段持續維持的關係中，女性想要向她們的另外一半表達更多的愛與親密感，然而男性想要與另一半有較多的激情與性行為(Hatfield et al., 1989)，而這些研究也正可以說明男性與女性在性行為與態度上是存在相當大的差異的。

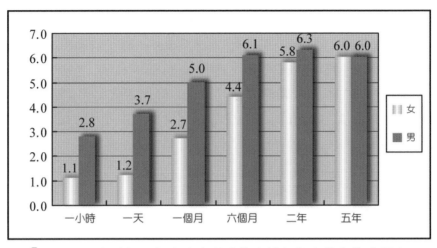

圖 7-1　在瞭解一個人多久前才能有性行為大學生態度調查

資料來源：Buss & Schmitt (1993)。

　　即便是青少年的婚前性行為比例相當高，但是女生在兩性交往過程中所面臨到的婚前性行為，會有所謂雙重標準的兩難問題產生，一方面女生學習著要表現出性感以吸引男性的注意，但是又不能有性行為產生，而發生兩難。如果女生認為自己應有所堅持，不可以有性行為的發生，可能會擔心男朋友會對自己失去新鮮感、興趣，若對性行為無所堅持，她也會害怕自己被貼上「容易到手」的標籤。婚前性行為的比例這麼高，意味著大部份的女生最後還是會選擇對婚前性行為採取開放的態度嗎？這可能就與性行為發生的時間與兩性關係的發展有關了。

三、關係的穩定性

　　一般來說，當兩性關係的交往是相當認真且投入時，人們較能接受性行為的發生。相反地，若交往關係是沒有情感或僅只是在交往初期，那麼人們就很少能夠接受性行為的發生(Sprecher, 1989)。那些認為在兩性關係的發展還沒有到獲得承諾之前是不能有性行為的人，通常被認為是關係取向的人(DeLamater, 1989)；另外那些認為在兩性關係的發展初期即可以有性行為的人，通常被認為是娛樂取向的人，且男性

較女性更能接受這種娛樂取向的觀點(Oliver & Hyde, 1993; Sprecher, 1989)。這亦可以用來說明男性較可能於約會時發生性行為、同一時間有多名性伴侶、較可能有一夜情發生(Laumann et al., 1994; Oliver & Hyde, 1993)，然而，「較晚發生性行為」的伴侶對彼此的愛較深(Peplau, et al., 1977)。由此可知在兩性交往的過程當中，性行為的延緩能有效提升關係的健康與品質，值得我們深思。

參 同居

在我們進入青少年期時，我們會想自己是否還要維持單身呢？即使有許多人已進入婚姻，仍有越來越多年輕人直到 30 歲還寧願選擇單身。單身的主要好處是自由、不受他人拘束，但是卻有一些人會選擇單身，也選擇要住在一起，其中有超過 360 萬未結婚的伴侶同居(Saluter, 1996)，到了 30 歲仍有近一半的成人會選擇與另一半同居(Nock, 1995)。

一、同居的定義

同居是指未婚的伴侶住在一起，然而在這些未婚伴侶結婚或分手前，住在一起的時間相當短，平均大約不到二年的同居時間(Papalia et al., 1998)。對某些同居者而言，同居被當成是一種試驗性的婚姻，對其他同居者而言，同居則提供婚姻以外的短暫性選擇，但是對於現在的年輕人來說，同居已經成為現代交往穩定關係的象徵。

二、同居的優缺點

同居的結果可能會使得未來結婚的機率減少，雖然在婚前同居可能並不會確保婚後一定有快樂、穩定的婚姻，但是同居可能會有某些優點與缺點存在(Knox & Schacht, 2008)：

(一) 同居的優點

1. **幸福的感覺**：同居較可能會有幸福感的產生，因為兩人相愛，且這段關係是新的，但是幸福感的覺醒多半發生在長期的關係中。

2. **能延遲婚姻**：另一個優點是住在一起仍維持在沒有結婚的狀態。一個人愈成熟才結婚，愈可能會有較好的婚姻幸福感及穩定性，愈年輕結婚愈可能產生不幸福感以及離婚。

3. **學習與對方相處的方式**：與對方同居提供了雙方學習如何與對方相處的方式，例如與對方住在一起可能發現對方的角色期望較傳統。另一方面，同居也可能更瞭解對方，包括其價值觀、習慣、關係的期望。

4. **省錢**：婚前的男女雙方可能各自居住，然而為了省去租屋的費用，同居便成了最佳選擇，不但可以就近相互照顧，也可以節省金錢花費。

(二) 同居的缺點

1. **可能感到被利用或是被欺騙**：由於女生較常會將同居視為關係穩定或承諾的反應，當她們發現兩人的同居期望不同、且已投注相當多的時間、精力與金錢時，便會感覺自己被利用或是被欺騙。

2. **父母的問題**：部分同居者可能要處理其父母親不同意同居，或是不能接受同居者的生活所產生之問題。

3. **經濟的不利因素**：由於同居者的社會經濟地位均較低，因此可能會有經濟不利的因素存在，所以分手是很常見的現象，可能面臨到的問題包括是否要共同或是單獨購買物品、保險、財產等。

4. **小孩的問題**：在同居者的家庭中，將近會有 40% 的小孩會待在家中，除了父母親收入與教育程度的不利因素之外，這些小孩可能會受到家庭結構不利因素的影響。

5. **其他問題**：在美國超過一百萬人的同居者年齡多在 50 歲以上，當他們與已婚者比較時，自己會有較多的沮喪感，這可能是因為中年人較喜歡已婚的緣故。

三、同居的類型

　　探究那些不想結婚但是同居在一起的伴侶可以分析出以下幾種類型(Knox & Schacht, 2008; McCammon, Knox & Schacht, 1998)：

1. **冒險型**：彼此均有感情，並且想要住在一起，只是重視此時此地，卻不重視未來的關係，這類型的伴侶為數較少。

2. **試驗型**：兩個人在一起只是要評估彼此是否適合住在一起、是否可以步入婚姻，與冒險型相同，這類型的伴侶為數較少。

3. **保證型(engaged)**：雙方均有感情並且已計畫結婚。

4. **避免選擇型**：雙方均不喜歡獨自居住，與許多人約會或結婚均是可能的選項，而同居是他們最好的選擇。

5. **職業尋求型**：目前彼此均喜愛對方，但是有個別的職業選擇，而這些職業可能最後會使他們分開。

6. **存錢型**：情侶之所以會住在一起是因為經濟的考量，他們對於彼此未來的發展抱持著開放的態度，但是對於這樣的可能性卻認為不太可能發生。

7. **退休養老型**：這種類型是存錢型的一種，同居的雙方均是年紀較大者，之前可能已結了婚，可從先前的婚姻關係獲得養老金，而與新的夥伴住在一起，再婚可能意謂著要放棄自己從先前的婚姻關係所獲得的養老金。

8. **安全型**：兩人之所以要同居是因為住在一起較能獲得安全感，而不是因為相互吸引而住在一起的。

9. **青少年型**：某些青少年認為他們並不足以能夠符合社會期望步入婚姻，只在等到自己成熟後以步入婚姻，且是相當樂意住在一起的。

10. **永遠同居型**：情侶們視同居為婚姻的一種形式，計畫彼此永遠在一起卻不要結婚，視婚姻為兩人所定義的關係，而不是社會文化所定義的制度。

　　同居對於未來的婚姻有沒有益處呢？那些在婚姻前同居者，並不會比沒有同居者有更好的婚姻情況。事實上，婚前同居者的婚姻品質較低，且對於婚姻制度的承諾較少，未來離婚的可能性也較未同居者要高(Papalia et al., 1998)。

　　為什麼會有人決定同居而不結婚呢？目前尚無清晰的答案，但是同居與性行為發生的關連性相當高，同居的男女性中，僅只有 1%的女性報告自己在同居時沒有性行為的發生，而男性則均有性行為的發生(Michael et al., 1994)。因此決定同居的雙方均有友誼、性關係，但卻無長期婚姻的承諾，然而同居或許可使年輕的成人學習如何與異性相處、瞭解如何處理親密關係、協助釐清同居者在約會關係中或婚姻中所想要的是什麼？

　　然而同居關係目前已被最高法院認定為「事實上夫妻」，在終止同居關係後，對於生活困難的一方，應給付贍養費。可見同居關係的雙方已被認為應該要負起如同夫妻般的權利與義務，或許未來法院可能推定同居後若面臨分手，兩人的財產將會如同夫妻關係離婚時的處理方式。

肆 婚前性行為觀念澄清

為了減少我們對婚前性行為的疑惑、不愉快，有幾個問題是我們必須要加以探討的(Crooks & Baur, 1996)：

1. 我希望親密關係與性在我的生活中扮演什麼角色？

2. 我對現在社會的性觀點及親密關係是否感到自在？

3. 哪一種傳統的規範是我所重視的？

4. 我自己對性關係的價值為何？它們來自於哪裡？（家庭、朋友、宗教、媒體）。

5. 為了保護我自己免於性的傳染病、懷孕的困擾，我會做什麼？

6. 決定進行性行為對我們之間的關係有正向的幫助嗎？

若你還無法決定自己是否要從事婚前性行為，或是從事婚前性行為與自己的價值系統相違背，那麼你應該要和對方澄清自己的價值，並且進行溝通、協調。但是針對大學生的調查顯示，僅有 21%的大學生會直接尋問另一半對自己的感受，其他人則不會強加自己的價值在對方身上，而是採用間接的方法試著發現對方對於關係的感受為何，有些則是尋問第三者的意見。其他間接的探求方法還包括「持續的測試」，例如要求對方取消週末的活動、讓對方感到妒嫉、採用幽默方式表達對於關係的看法、及以自我貶損的方式測試對方的反應(Baxter & Wilmot, 1984)。因此我們建議還是以直接的溝通較好，直接告訴對方「我知道性的吸引力很迷人，但是我還沒準備好」，如此一來可以讓對方知道自己的價值與感受，更能解決某些不確定性與模糊性。

為了使青少年有一個更安全的性以及避孕方法的實行，以下有四點對青少年發展「健康的性」之建議(Brooks-Gunn & Paikoff, 1997)：

1. 兩人之間實施禁止性行為的活動，但是仍需對對方的身體有正向的感覺。

2. 與對方沒有性行為的發生，但是可以有性的探索。

3. 在有固定承諾的情況下（例如結婚），與對方有性行為，且雙方均是成年人的情況下，性行為仍需要使用保險套或避孕措施。

4. 在青春期早期，有探索雙方身體的行為出現。

伍 未婚懷孕的問題

在美國有將近一千萬名未婚少女曾有性行為，每一年大約有 100 萬人會因此懷孕(Alan Guttmacher Institute, 1994; Hovell et al., 1994)，其中約 40%會墮胎，10%強制墮胎或胎兒死亡，50%順利出生，而這些未婚媽媽所生出的嬰兒占美國每年新生兒的五分之一(Braverman & Strasburger, 1993; Glasser et al., 1989; McGrew & Shore, 1991)。由此可知，青少年的未婚懷孕人數相當多，問題的嚴重性值得我們加以重視，以下茲分述青少年未婚懷孕可能衍生的一些問題。

老師怎麼辦？

　　有時學生問我：「老師，我的月經都沒來，怎麼辦？」或有時學生會向我借錢：「老師，能不能借我七千元！」當我一聽到這二個問題，頭一個想法就是，「糟糕，未婚懷孕了！」每每面臨到這個問題，擔心的不只是學生、家長、教師所要面對的問題，更是前所未有的大震撼，因此在這裡提供處理問題的步驟。

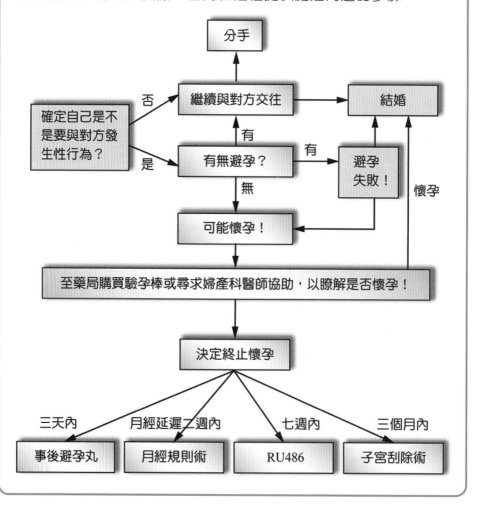

一、生育的不確定性

　　未婚青少女懷孕多半會有較負面的結果發生，首先必須面臨生育的不確定性，也就是少女本身生產安全性與胎兒安全性的問題，這可能會產生包括毒血症、出血、流產、母親死亡等情況(McGrew & Shore, 1991; Stevens-Simon & White, 1991)。就胎兒安全性的問題而言，未婚少女懷孕也可能會有胎兒產前死亡、嬰兒死亡率高的情況產生，其機率較成年懷孕婦女要高出二倍(Bright, 1987)。而這些負面的懷孕結果是由於懷孕少女不適當的產前照顧所引起的，而不是因為青少年不成熟的生理所產生的，若懷孕少女能得到妥善的照顧，那麼會與成年懷孕婦女之情況一樣，甚至更好(Trussell, 1988)。

二、未婚少女本身的教育問題

　　另外一個未婚少女懷孕必須面臨到的問題就是自己本身的教育問題。多半未婚少女懷孕會選擇將孩子生下來，但這對於青少年本身的教育及其經濟來源有相當大的影響(Braverman & Strasburger, 1993a; McGrew & Shore, 1991)，且將近有 95%的未婚媽媽選擇將孩子生下來(Stevens-Simon & White, 1991)。目前未婚懷孕少女的受教權已獲得保障，民國 107 年所公布的「性別平等教育法」第 14-1 條規定：「學校應積極維護懷孕學生之受教權，並提供必要之協助。」但是仍有 80% 的未婚媽媽會選擇輟學(White & DeBlassie, 1992)。而這種較低的教育背景、無法習得一技之長的情況，也限制了年輕媽媽未來獲得經濟獨立以養育嬰幼兒的可能性。

三、生育嬰幼兒的教養問題

除了面臨到生育的不確定性、未婚媽媽本身可能面臨到的問題之外，未來這些年輕媽媽所生育的嬰幼兒亦有教養問題存在。因為青少年媽媽的教養品質較成年媽媽的品質要差、也較可能會虐待、忽視小孩(Felsman et al., 1987; Lamb et al., 1987; Stier et al., 1993)。

陸 婚前性行為的避孕

即然青少年懷孕有如此多的負面結果，我們更應該讓青少年認識婚前性行為可能會產生未婚懷孕的嚴重後果，有必要在事前進行防範，那就是避孕。研究顯示，會採用避孕措施的青少年通常是偶爾為之，而不是在每一次的性行為當中均採取避孕措施(Cates, 1991; Poppen, 1994)，且採取避孕措施的青少年通常是那些已建立起關係的情侶(Baker et al., 1988)，而這些情侶檔所採用的避孕措施通常是無效的，或是其所採用的避孕措施多半不一致(O' Hara & Kahn, 1985)。

大部分的青少年不曉得正確的避孕措施，事實上是他們還存有很多的迷思，例如女性不會在第一次進行性行為就懷孕、較少的性行為是不會導致懷孕(Levinson, 1995; Trussell, 1988)等均屬於迷思。另外若要求青少女在未有性行為之前即採取避孕措施亦屬不太可能，因為女性在性行為之前即要求男方採取避孕措施，例如準備好保險套，那即代表了女性自己本身想要有性行為的發生，所以多半女性在避孕態度上不太會採取主動。另外青少年本身的態度也是很重要的，青少年一般多認為避孕是對方的責任(Braverman & Strasburger, 1993b)，因此除了於學校教育進行性教育之外，仍應灌輸青少年、青少女避孕是雙方的責任。

第二節　約會強暴

一、強暴的發生特質

(一) 強暴的類型

　　刑法對於準強姦罪(statutory rape)與強制性交(forcible rape)的區分在於，強制性交包括了陰道侵入、強迫或以力量的威脅違反被害人意願，而準強姦則是對 14 歲以上未滿 16 歲之男女進行性交者。男性與女性對強暴的定義亦有所不同，某些女性認為自己經歷了某些可被稱為強暴的事情，她們也不會說自己的確經歷了強暴，所謂的強暴是指使人無法抗拒之行為手段。同樣地，某些男性也會做出所謂的強制性的行為，但他們也不會認為自己曾犯過強暴罪。若將這種強制性的行為範圍擴大，可以包括強暴、性虐待、性騷擾等，根據研究調查，1,399個青少年當中（年齡介於 19~22 歲），有 39% 的女性以及 16% 的男性曾經受到強制的性行為(Zweig, Barber & Eccles, 1997)，可見強暴不是只有女性才會經歷，男性亦可能成為強暴的受害者。但是在我們的日常生活中，誰最有可能成為強暴自己的對象呢？其中包括陌生人、熟人（諸如約會對象、愛人或同事）、同夥(gangs)以及自己的丈夫。

　　雖然很多的強暴案件被認為最可能是陌生人所犯的罪行，但是僅大約 15% 的強暴案件是由陌生人所犯(Koss, Dinero, Siebel & Cox, 1988)，陌生人所犯的案件多是典型的強暴案件，有時可能也會利用武器犯行。在許多可能成為強暴犯的對象當中，有相當高的比例是熟人，熟識的強暴犯可能是男朋友或愛人(35%)、朋友、同事或鄰居(29%)、或是不定期的約會對象(25%) (Koss et al., 1988)。美國普度大學女學生聯誼會的學生報告，有 63% 的人認為當進大學時，她們會經驗到男性強制地對自己性交，95%的女性還認識這些人(Copenhaver & Grauerholz, 1991)。而同夥強暴(gang rape)是指犯行者不只一個人，他們可能是陌生人或是熟人，O'Sullivan (1991)針對校園熟人的研究顯示，不會單獨進

行強暴行為的男性可能與其他人成為施暴者，而這些團體當中，通常會有一個團體（運動團隊、社團以及室友）的領導者。另外，婚姻的強暴可能是先生所進行的口語、情緒上的虐待，在波士頓已婚婦女的調查顯示，有 10% 的婦女曾被先生強暴(Finkelhor & Yllo, 1988)，其他研究的數據大概介於 7~14%左右(Monson, Byrd & Langhinrichsen-Rohling, 1996)。

約會強暴是熟人強暴當中最為常見的類型，這是指在約會過程中，雙方進行未經同意的性行為。828 個大學生中，有三分之一的女生陳述自己曾被約會對象或是熟人所強暴(Dunn, Vail-Smith & Knight, 1997)，而最常發生約會強暴的地點分別是男方的公寓(25%)、派對(20%)、女方的公寓(12%)，90%的受害者年齡多是 19 歲或更年輕，且其中有 82%的受害女性並未通報警察。

(二) 受強暴後未通報的原因

雖然有相當大的比例是因為熟人對受害者進行強暴，但是卻很少有受害者願意出面通報，主要原因可能是(Harlow, 1991; Parrot, 1991)：

1. 不願承認自己被強暴了，這包括了許多的自我責備的成分在內，例如我不應該喝那麼多酒。

2. 關心施暴者的受害者效應。

3. 試著想要將這種創傷經驗從記憶中抹去。

4. 不信任警察或法律系統。

5. 害怕被施暴者或他的家人報復。

6. 令人生厭的媒體宣傳。

(三) 約會強暴可能伴隨的其他情況

約會強暴除了在男女均熟悉的地點外，也可能會伴隨著酒精與藥物的出現。Kanin (1985)將男大學生區分為「會強迫女性與自己發生性行為」與「不會強迫發生性行為」等二組結果發現，80%強迫組的男大

學生認為他們會讓女性喝酒以求得自己與對方發生性行為，而 23% 非強迫組的男大學生認為他們會讓女性喝酒以求得自己與對方發生性行為，另外有將近 86% 強迫組的男大學生認為他們會向對方說出「我愛你」而求得性行為，25%的非強迫組的男大學生認為他們也會為了性行為而向對方說出「我愛你」。這個結果顯示，約會時出現酒精可讓發生約會強暴的機率增加，但值得注意的是有近四分之一的男大學生也會使用酒精或利用甜言蜜語等方式以求得性行為。

另外，有 31% 的高中女生會說自己在約會時因酒精以及其他藥物的影響，再加上約會的對象要求而產生性行為(Patton & Mannison, 1995)。Tyson (1997)研究 141 個大學生發現，約會強暴多發生在男生喝醉、女生清醒時。此外，目前最常見的約會強暴藥物包括了迷姦藥丸(Rohypnol)、迷姦藥水 GHB (Gamma hydroxybutyrate)，迷姦藥丸於使用過後會有鎮靜、短暫失憶的效果，GHB 則具有潛在致命的危機。

(四) 施暴者的特徵

有一份針對 2,000 名大學男生所做的研究顯示，對於女性施暴行為可以區分為四種類型(Koss et al., 1985)：

1. **性攻擊型的男性**：這個類型大概有 4.3%，認為自己會以威脅要傷害或使用身體暴力來強迫伴侶與自己發生性行為。

2. **性虐待型的男性**：這個類型大概有 4.9%，認為自己會使用暴力對伴侶進行性攻擊，但不會與對方進行性行為。

3. **性強制型的男性**：這個類型大概有 22.4%，認為自己會使用口語性的威脅使對方與自己進行性的接觸，如情感不投入 (emotional withdrawal)的威脅。

4. **性非攻擊型的男性**：大約占 59% 的男性，認為自己並不會暴力攻擊伴侶，性行為是在兩情相悅的情況下進行的。

　　另外大概有 9.4%的男性是無法進行歸類的，總之有將近三分之一的男性會使用某種形式的暴力或極端的壓力使對方與自己進行性行為，而這些男性多會認為採用暴力迫使對方進行性行為是適當的。

　　研究顯示，施暴者有許多特徵值得我們加以注意(Crooks & Baur, 1993; Harney & Muehlenhard, 1991; Malamuth, 1998; Malamuth, et al., 1991; McKibben et al., 1994)：

1. 有較低的自尊、社會不適應。

2. 持有傳統的性別角色，特別是男性支配的角色。

3. 施暴者多來自有敵意、暴力的家庭環境。

4. 施暴者多會有少年犯罪的記錄。

5. 施暴者具有性亂交的特徵。

6. 施暴者會有喝酒的行為，尤其是在強暴被害人以前會喝酒。

7. 施暴者擁有敵意、陽剛的人格特質。

8. 曾有過長期暴力以及幻想強暴的經驗。

9. 對於許多性的議題，諸如手淫，會採取相當保守的態度。

10. 藉由偏差的性幻想、手淫以宣洩憤怒、孤獨、羞愧等不愉快的情緒。

二、強暴迷思

　　社會上之所以有如此高的強暴率，其中一個相當重要的因素是對這個犯罪的誤解，而這個因素包括了對施暴者、受暴者以及對強暴現象的誤解(Fonow et al., 1992; Lonsway & Fitzgerald, 1994, 1995)。Crooks & Baur (1996)總共歸納出五種迷思，而這些迷思均是錯誤的想法，期待我們共同將其去除：

1. 如果這個受害者能認真抵抗就不會被強暴

　　一般多認為男性較女性要強壯，且力氣要來得大，而傳統刻板印象要求女性較為柔弱，女性的服飾與鞋子難以讓其抵抗外來的暴力，

因此順從、謙讓的特質就成為女性的代表特質，這些認知塑造了女性不可能成功抵抗強暴的假象。此外預防強暴課程中，女性多被教導應該要消極的應對，因為我們會假設抵抗會增加自己受害的機會，然而在統計數值看來，強暴進而謀殺的機率是很少的，反而是嚴重的身體傷害會出現在一些案例中，且有研究顯示受暴者的抗抵策略與隨後的傷害並無關連(Cohen, 1984; Quinsey & Upfold, 1985)。如果女性能加以抵抗，在受到攻擊後較不會經驗到沮喪的症狀(Amick & Calhoun, 1987; Bart & O'Brien, 1984, 1985)。

2. 當女性想要「性」的時侯通常會說「不」

某些施暴者會扭曲對於受暴女性的印象，施暴者相信女性進行性行為是需要強迫的(Abel, 1981; Beal & Muehlenhard, 1987)。這種扭曲性的想法會使得其行為合理化，並且認為自己的行為並不是強暴而是一種正常化的「性」遊戲。在 114 個監禁強暴犯中，有 80%的強暴犯會認為受暴女性是想要性的，只是她們都會說不而已(Scully & Marolla, 1984)。

3. 許多女性會因為自己受暴而通報

一般來說，偽造的強暴指控是相當罕見的，因為指控強暴具有其困難度，所以很少女性或男性能成功地舉證一件沒有事實根據的強暴案。由於女性多不會為自己受暴而通報有關單位，因此更可能成為強暴的受害者(Lonsway & Fitzgerald, 1994)。

4. 強暴案件的發生是受暴女性的錯，因為穿得太暴露的關係

我們要知道情色幻想以及實際情況是不同的，在現實的強暴會造成可怕的後果，如許多女性會對自己表現「性」時有著矛盾的訊息，也就是說自己若表現「性」即成為壞女孩，不輕易表現「性」即為好女孩。於是當女性表現出性感時，卻遭受強暴，可能會認為之所以受到強暴是自己的錯，這也容易使受暴者產生罪惡感，而如果受暴的女性持續自責，那麼施暴者仍會間接地控制受暴者的生活。

5. 強暴案件絕對不會發生在我身上

　　許多女性都認為自己已經結婚、沒吸引力、太年老、不是那種會吸引強暴者的女性,因此會認為強暴不可能發生在自己身上,事實上所有的女性均可能是潛在的受暴者。

三、預防約會強暴的方法

　　約會強暴是一種廣泛的社會問題,以下茲介紹幾種減少約會強暴的方法,但這些建議並不能保證永遠避免強暴案件的發生,因此仍應多一份小心及注意。

1. 第一次與對方約會應慎選場所,最好是在人多的團體或選在公共的場所約會。

2. 注意約會對象是否是一個具有控制慾或具支配慾的人,這種約會對象會試著計畫所有的活動、做所有的決定,也可能會在私下出現支配行為。

3. 如果在約會過程中,由對方開車,甚至於支付所有的費用,那麼他可能會想要利用其他方式取回他所應得的。如果由自己支付一部分約會費用,對方可能較不會以性強制的方式取回其應得的「報酬」(Muehlenhard & Schrag, 1991; Muehlenhard et al., 1991)。

4. 當自己不想與約會對象有性親密行為發生時,避免喝酒或嗑藥,因為不管是受暴者與施暴者,使用酒精或藥物均與熟人強暴者有所相關連(Boeringer et al., 1991; Kalof, 1993; Muehlenhard & Schrag, 1991),導致在藥物的作用下無法使自己逃離攻擊或強暴的情境。另外不要喝來路不明的飲料,如果約會過程中必須離開現場,例如上洗手間,也應該將飲料喝完,即便要回到座位後,也不再飲用。

5. 在約會過程中應避免嘲笑對方,應該要清楚地說明你在做什麼以及不希望對方做什麼,尤其是當對方有性行為意圖時,例如可以說「我只希望能與你到我的住處聽音樂、聊天而已,沒有其他的意圖,請

不要誤解我的意思」。如果你有興趣進行初步身體的接觸，你可能可以說「我只是想要抱你、親吻你，但是對於其他行為我會感到不舒服」。

6. 如果直接的溝通，對方還是有性的強制行為發生，你可以使用有力的逃離策略，包括直接拒絕、強烈的口語拒絕、身體力量的抗拒(Muehlenhard & Linton, 1987)。當女性強烈地說「這是強暴，我會報警」時，對方極有可能會停止這些試探性的行為(Beal & Muehlenhar, 1987)。如果口語拒絕無效，可以採用身體力量的拒絕，例如推、掌摑、打、踢對方等，此時對方會知覺到自己的行為是不適當的(Beal & Muehlenhar, 1987; Muehlenhar & Linton, 1987)。

第三節 性騷擾

壹 性騷擾

一、性騷擾的定義

性騷擾一詞是我們時常用以描述講黃色笑話、性侵害等行為。而我們也會使用性騷擾定義那些故意的、重覆性的性話語與行為，以影響個人在工作職場、學校的表現。在我國的「性別平等教育法」中規定，性騷擾是指符合下列情形之一，且未達性侵害之程度者，包括：

1. 以明示或暗示之方式，從事不受歡迎且具有性意味或性別歧視之言詞或行為，致影響他人之人格尊嚴、學習、或工作之機會或表現者。

2. 以性或性別有關之行為，作為自己或他人獲得、喪失減損其學習或工作有關權益之條件者。

而性騷擾可依其發生情況區分為以下二種，首先是在工作職場或學校發生的性騷擾行為，其次是性騷擾的行為被當成影響個人工作或學業成就的重要決定。

具體來說，以下的行為通常被認為是性騷擾(McCammon, Knox & Schacht, 1998)：

1. 對女性身材或打扮做出性的評論。
2. 在某人背後散播有關性的謠言。
3. 將有關性的塗鴉或資料放在某人的桌上。
4. 提出有關性的問題。
5. 做出性的姿勢。
6. 性的肢體碰觸。
7. 壓迫對方約會、建立關係。
8. 性賄賂。

性騷擾可能發生於一位女性員工必須要容忍男督導經常性的碰觸，包括手臂、腰部、頸部或屁股，以獲得最佳的評分，也可能是女性行政助理被強迫與男性的副總理有性的關係以保住其工作，或是發生在男性大學教授喜歡碰觸年輕女學生，並且稱她們為窈窕美眉。

此外，性騷擾涉及了權力以及強制性的元素，有時性騷擾也涉及了要答應受害者獎勵或威脅的懲罰，而產生的性相關活動。其他則是以過度的或不適當的方式涉及個人事務，不但分享親密生活，也窺探受害者的個人生活。就對象而言，雖然性騷擾的受害者多為女性，但也有可能是男性，此外性騷擾的對象也可能是男同性戀或女同性戀。

二、性騷擾的種類

談論性、性別歧視的評論、令人討厭的關照、侵犯個人空間、重覆令人生厭的約會請求、不適當及輕蔑的話、拋媚眼與吹口哨、粗魯的語言、展示性相關的物體與圖片，這些多可能屬於較輕微性騷擾的灰色地帶，但只要被要求應該要停止時，仍持續這些言論或行為，那麼就會被視為性騷擾(Mitchell, 1992)。

較為嚴重的性騷擾則可能是對某一個人的身體或性能力做出不適當的言論、性挑逗、性的口語虐待、不愉快的身體接觸；最為常見的嚴重性騷擾包括了老板或上司要求性服務，以當做保有工作或升遷的條件。另外，還包括不舒服的身體接觸、性的舉動。

三、性騷擾的影響

性騷擾對於心理的負面影響，包括害怕被報復、害怕沒有人相信、害怕丟臉與蒙羞、認為沒有什麼可以加以補救了、不願意為騷擾者增添問題。受到性騷擾的女性多半被視為麻煩製造者，或是「弊端揭發者」(whistle blower)(Koss et al., 1994; Stout & McPhail, 1998)，儘管大多數的女性會選擇忽視性騷擾與不會提出訴訟，但還是有大約 6% 的受騷擾者會提出訴訟(U.S. Merit Systems Protection Board, 1981)。性騷擾較常發生在工作場所或學校，因此以下茲區分工作場所以及學校等二部分，來說明該場所可能發生的性騷擾現象以及因應策略。

貳 工作場所的性騷擾

一、何謂工作場所的性騷擾

民國 105 年所公布的「兩性工作平等法」，其第三章第 12 條第一項規定：「執行職務時，任何人以性要求、具有性意味或性別歧視之言詞或行為，對其造成敵意性、脅迫性或冒犯性之工作環境，致侵犯或干擾其人格尊嚴、人身自由或影響其工作表現」。這也就是說，在工作職場上可能發生違反個人意願、不受歡迎的性方面相關言語、肢體、或明示與暗示性的行為都屬於性騷擾。另外，除了這些個人行為之外，還包括可能出現性騷擾的工作環境以及可能被當成交換的條件等手段，而影響個人人格尊嚴或人身自由、正常工作表現等即可以說是性騷擾。

　　由以上可知，在工作場所當中可能產生性騷擾的情況有二種(Crooks & Baur, 1996)：

1. 第一種是較為清楚、明確的性騷擾。在「條件交換」的環境下進行，亦即握有職權、權力的上司或公司員工，以升遷或考核做為交換條件進行性騷擾，這種較明確的性騷擾形式可以予以拒絕(Charney & Russell, 1994)。

2. 第二種形式則是在一種不友善、令人不舒服的環境下所產生的。在同一空間中，騷擾者的行為會令人感到不友善、令人生畏，這種性騷擾較不清楚，也不會涉及權力以及職權，但是較條件交換的形式更為普遍，可能會有上司、同事參與這種形式的性騷擾。這種形式可能會是(1)要求受害者從自己褲子口袋拿零錢；(2)嘲笑女性屁股的大小；(3)當眾人的面說某一位女性是笨女人(dumb-ass women)；(4)暗諷某一位女性之所以能有好的績效是以性所換來的(Epstein, 1993; Kilpatrick, 1993)。

二、工作職場性騷擾的比率

　　工作職場上的性騷擾是相當普遍的，在美國與加拿大工作的女性有一半會受到工作職場性騷擾的影響(Gruber, 1997)，大約有 3%的美國女性、6%的加拿大女性曾經驗過許多嚴重的騷擾形式，包括性侵害以及性賄賂，而最普遍的性騷擾形式是性的評論、做出性的姿勢。雖然男性也會受到性騷擾，但是仍屬少數，主要的性騷擾受害者還是以年輕未婚女性為主。在美國公家機關工作的 20,000 名員工中，有 42%的女性、15%的男性認為自己曾受到性騷擾(U.S. Merit Systems Protection Board, 1981)。由此可知，性騷擾的比例相當高，大約 88%(Safran 1976)、66% (MacKinnon, 1979)、50% (Gutek, 1985; Loy & Stewart, 1984)。此外，性騷擾的發生並不限於低薪工作的職場，它也可能在某些特定單位發生，例如醫療院所中，有 73% 的女醫師及 22%的男醫師在實習期間受到性騷擾(Komaromy et al., 1993)，以及，女醫

師在看診時，有 77% 曾受到男病人的性騷擾(Phillips & Schneider, 1993)。同樣的事情也發生在護理人員身上，護理人員當中，有 82%受到性騷擾(Grieco, 1987)。

三、工作職場性騷擾因應策略

在工作場所遇到性騷擾應當要如何處理？最常見的性騷擾反應是忽視。但是忽視並不會使性騷擾從此消失，許多性騷擾的受害者可能會調職、亂調工作，但是這些性騷擾的受害者為什麼不願意將自己的受害情況說出來呢？主要是因為他們害怕受到報復。將近有 57% 的人認為如果自己舉報受到騷擾，會擔心自己升遷、加薪的機會受到損害(Dansky & Kilpatrick, 1997)。因此以下提供幾種方法，供做預防、處理工作職場性騷擾之參考(Lindsey, 1977)：

1. 如果對方的性騷擾出現時，你可以直接、清楚地告訴對方這是一種性騷擾，你無法忍受也感到不舒服。如果性騷擾持續，你就必須提出控訴，要提出前應先以書面的方式記錄對方曾說過什麼、做過什麼？時間與地點為何？當時有哪些人在場？你的處理方式為何？

2. 如果經過你當面的警告，性騷擾仍然持續時，你就必須向自己的上司或對方的上司報告。

3. 如果騷擾者與上司均對性騷擾不加以處置，你可以尋求同事間的支持，將性騷擾事件跟同事討論，以尋求同事的協助，但是這必須要注意自己對於性騷擾事件的想法與具體事實是否確實，否則可能會被騷擾者指控為自己在誹謗他／她，必須要注意。

4. 如果自己因為指控性騷擾而導致被公司解雇、降級、減薪，可以將自己的書面記錄資料交給中央的勞動部、或縣、市政府。

5. 如果性騷擾是屬於實際可察的事實，那麼建議你應該要提出訴訟，以法律行動解決性騷擾的問題，並依對方行為的嚴重程度提出強制性交罪、強制猥褻罪、強制觸摸罪等訴訟，以維護自己權益。

參 學校的性騷擾

一、學校性騷擾

性騷擾除了發生在工作職場上外,還可能發生在學校。學生通常會在學校體驗到許多不愉快、令人討厭的「關懷」,這種關懷可能來自於教師或同學,且學生可能會受到分數、評語、教師的推薦、參與做研究的機會而受到性騷擾(Riger, 1991)。未經世事、天真的學生,也可能因為老師的權力與威望而加以隱瞞。有愈來愈多的大學已禁止教職員與班上的學生約會,這種約束可以禁止校園師生戀的產生。儘管如此,教師所掌握的分數決定權以及考核權的確會對學生造成壓力,致使學生為了自己在班上的成績、以及未來的前途而默默順從對方的要求(Begley, 1993)。而在台灣的校園性侵害或性騷擾事件,於「性別平等教育法」中,是指性侵害或性騷擾事件之一方為學校校長、教師、職員、工友或學生,他方為學生者。

大學當中有 20~30%的大學生及 30~50%的女研究生認為曾經在學校受到一次或多次的性騷擾(McCormack et al., 1985; Roscoe et al., 1987; Rubin & Borgers, 1990; Sundt, 1994),而男學生受騷擾比例則較女學生為少,比例大概介於 9~20%之間(Mazer & Percival, 1989; Roscoe et al., 1987; Sundt, 1994)。另外值得注意的是,學校中的教師也常會受到性騷擾,其中有 24%的教授、20%的副教授、13%的助理教授、9%的講師會受到性騷擾(Dey et al., 1994),可見校園性騷擾事件經常會發生,有必要立即、有效地抑止。

二、學校性騷擾因應策略

當我們發現學校發生性騷擾時,許多同學可能會告訴老師或趕緊離開現場,抑或當做沒看見,但是如果我們沒有採取任何行動去阻止這類行為的發生,有可能會使受到性騷擾的同學繼續受害,也有可能會發生在其他同學或自己的身上,因此必須要能採取以下做法幫助受到騷擾的同學:

1. 儘可能記錄對方曾說過什麼、做過什麼？時間與地點為何？當時有哪些人在場？

2. 報告其他老師、主任或校長，任何一位你覺得可以幫你解決的師長，千萬不可以隱瞞或沉默。在各級學校受理性騷擾事件的窗口為學務處，也就是說同學可以在發生校園性騷擾事件後向任何一位師長、教官申報外，最直接的方式即是向各級學校的學務處申報。

3. 如果你向師長報告但卻沒有加以處理，那麼你可以再向其他師長報告，不需要擔心可能會因此被扣分、記過。

第四節　同性戀

「性取向」是指個人對於同性 (homosexuality)、異性 (heterosexuality)、雙性(bisexuality)之性伴侶偏好(Brehm, Kassin & Fein, 2005; Wood, 2000)，性取向並不是固定不變的，而是會有所變動的，就如同 Huston & Schwartz (1996)認為，每一個將自己視為男同性戀或女同性戀者，在過去可能曾經是異性戀者，在未來也可能再成為異性戀者。超過四分之一的女性在開始的時侯視自己為女同性戀者或雙性戀者，但過了五年後則又改變了自己的性取向(Diamond, 2003)。由此可知，女性比男性於性取向上更具彈性、可塑性。

壹　同性戀的定義

同性戀(homosexual)這個字是起源於希臘文「homo」，意指相同的意思，這個字直到 18 世紀末才被加以使用(Karlen, 1971)。然而男同性戀與女同性戀的英文並不是採用「homosexual」這個字，男同性戀為「gay」，女同性戀為「lesbian」，因此有必要加以區分。

同性戀最簡單的定義是指，個體會受到同性別對象的吸引，以滿足性、情感需求(Shernoff, 1995)，亦即男同性戀者會選擇男性形成親密

關係以滿足自己的性與情感需求，女同性戀者則會受到女性的吸引，建立親密關係，以滿足自己的性與情感需求。更進一步來說，同性戀是一種認同形式的發生歷程，同性戀認同的歷程包括三個階段(Berger, 1983; Berger & Kelly, 1995)：

1. **性的偶遇階段(sexual encounter)**：在這個階段，個體與同性別的人會有身體的接觸。

2. **社會互動階段**：社會互動是指其他人如何將這個人歸類為同性戀。

3. **認同階段**：認同階段會遭遇到一連串的問題，包括個人會經驗到不舒服、迷惑，其他同性的行為與感受可能會與自己的認同相衝突，但是隨著時間過去，個體會開始將自己視為是一個同性戀。

1970 年代對於青少年性行為調查指出，大約有 6%女性及 11%男性已經歷過同性接觸(Sorenson, 1973)。但是在美國很多青少年對於同性戀沒有正確的認識，有些青少年甚至拒絕接受男同性戀或女同性戀的正確、客觀的定義(Bidwell & Deisher, 1991; Dempsey, 1994)，更有甚者，同性戀的青少年也通常會被家庭所摒棄或被同儕所嘲笑(Dempsye, 1994; Hersch, 1991)。一般人多不會重視同性戀者的人格特質，而僅將同性戀者的「性」擺第一位，因此便會產生「同性戀恐懼」(homophobia)，這是一種非理性的憎恨、害怕、不喜歡同性戀者或是雙性戀者(Morales, 1995)。

現在社會中仍存在許多同性戀恐懼的徵兆，有 71% 的人們認為同性成人間的性關係是錯誤的，40%的成人認為男同性戀不應該在大專院校教書(Davis & Smith, 1991)。羅馬天主教教會認為同性戀行為是有罪的，許多新教教會中，男、女同性戀不能擔任神職人員(Sheler, 1999)。由於男、女同性戀性取向的關係在工作、人際關係上受較易到拒絕，進而會有嚴重的負面效應發在同性戀者身上，認為「如果同性戀是不好的，那我是同性戀，所以我是不好的」。因此要瞭解同性戀，必須要先知道自己對於同性戀的偏見以及恐懼，才能正確的處理同性戀議題。

貳　雙性戀的定義

　　雙性戀者是指個體同時受到同性、異性者的吸引，上述的同性戀定義已將同性戀的名詞加以區分，而雙性戀的概念則又更難以定義。Kinsey, Pomeroy & Martin (1948)發現許多自認為異性戀者，其實在一生中的某些時侯會有同性戀的經驗，年齡介於 20~35 的女性，至少有8~20%有同性戀接觸經驗(Kinseyet al., 1953)。正因為如此，所以很難將人們歸類為同性戀或者是雙性戀，其中 Storm (1980)的雙向度概念化法或許可以供做參考。Storm 將人們對於同性戀以及異性戀的興趣分別區分為高、低二種，便可區分為四種不同的性取向，對同性戀、異性戀的興趣均高的「雙性戀」，對同性戀的興趣高、對異性戀興趣低的「同性戀」，對同性戀的興趣低、對異性戀興趣高的「異性戀」，對同性戀及異性戀的興趣均低的「無性」，如圖 7-2 所示。

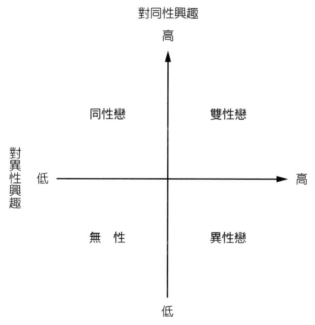

圖 7-2　性取向雙面向概念化圖

資料來源：Storm (1980)。

參 男女同性戀的人數

根據 Kinsey 等人的研究，男同性戀的比例大約為 10% (Berger & Kelly, 1995)。雖然 Kinsey 等人的研究顯示，美國有三分之一的男性，在青春期或成人期有同性戀的經驗，但是年齡在 16~55 歲且時間長達 3 年的同性戀者僅 10%，另外也只有 4%的男性終其一生是同性戀者。同樣地，雖然美國的女性有 19%到了 40 歲有同性戀的經驗，但是僅只有 2~3%的女性終其一生被認為是女同性戀。有 3.3%的美國男性認為自己時常、偶爾會有同性的性愛(Fay et al., 1989)。普遍而言，全球男同性戀占 3~4%，而女同性戀則占 1.5~2%(Diamond, 1993)，由此可知，真正為同性戀者的人數均不達總人口數的 5%。最近的調查研究則顯示，大約 1~2%的總人口數為男同性戀或女同性戀(Barringer, 1993; Berger & Kelly, 1995; Billy et al., 1993; Painton, 1993)，可見同性戀的人口數，在社會中仍是屬於少數團體。雖然人類與其他動物中，單獨的同性戀取向很少，但是同性戀的行為卻是相當普遍的。Bagemihl (1999)發現雄性與雄性、雌性與雌性的配對組合就有超過 450 個屬種，包括長頸鹿、山羊、鳥、黑猩猩、蜥蜴等，然而要瞭解性取向並不能以對或錯等的概念去看待。

肆 同性戀形成的原因

有許多理論可以用來解釋同性戀的成因，但是沒有一個可以被證實與異性戀的情況相同，沒有一個理論可以解釋為何有些人是異性戀有些人是同性戀。而這些解釋同性戀的理論，大致上可以將之區分為「生物學理論」以及「心理社會理論」。

一、生物學理論

生物學理論對於同性戀的解釋又可區分為基因因素、大腦結構因素、荷爾蒙因素等三個支派。

1. 基因因素

持基因因素觀點的學者認為，同性戀是因為基因所產生的。Bailey & Pillard(1991)研究同卵與異卵雙胞胎發現，兄弟當中有一個是男同性戀，那麼就有 52% 的同卵雙胞胎是同性戀，在異卵雙胞胎中僅有 22% 為同性戀，在領養的兄弟關係中亦僅有 11% 為同性戀。由此可知，這可能是基因因素所造成的，而且在女同性戀的研究中也有相似的結果(Bailey, 1993)。

此外，同卵雙胞胎出現同性戀的機率較高的原因，主要在於雙胞胎母親的 X 染色體，若母親的 X 染色體具有同性戀傾向的基因，那麼下一代成為同性戀的機率就會提高，但是仍有環境因素在影響著個體的性取向(Bower, 1993)。

2. 大腦結構因素

LeVay (1991)研究了 41 具屍體的大腦，其中 19 具為男同性戀者；16 具為男異性戀者；6 具為女異性戀者結果發現，男同性戀者下視丘前端(anterior hypothalamus)的大小僅為男異性戀者的一半。但是這個結果還是值得懷疑的，因為男同性戀者之所以產生大腦大小的差異，可能是因為愛滋病所引起的，而且也沒有直接的證據能說明同性戀是因為腦的大小所引起的。

3. 荷爾蒙因素

同性戀者是否與荷爾蒙分泌的多寡有關，這個解釋和大腦結構因素的解釋相同，無法有力地說明同性戀是因為荷爾蒙分泌的多寡所造成的。

二、心理社會理論

心理或社會行為理論均強調同性戀的行為是學習而來的，我們在早年生活的同性戀行為可能會受到愉快經驗的正增強而強化，相反地，同性戀行為也會因為負向經驗、懲罰而被減少。例如一個孩童可能與

同性的朋友有許多正向的性接觸經驗，而受到了正向的增強，且會尋求更多性接觸，另外若一個孩童與同性朋友的性接觸經驗多為負向的，那麼可能會抑制未來有更多的性接觸。

伍　同性戀的生活型態

一、同性戀與異性戀的差異

　　同性戀與異性戀者的生活型態同樣充滿個別差異，美國同性戀與台灣同性戀的生活會有所差異，例如女同性戀者也會獨居、也有可能與伴侶同居、或與小孩、朋友、異性戀的丈夫或各種不同關係型態者共同生活(Tully, 1995)。在日常生活中的相關議題也與異性戀者相似，例如所有類型的伴侶均與金錢、權力有關(Laird, 1995)。對於同性戀最廣泛性的研究是 Bell 等人所進行的訪談，共計有 1500 個同性與異性的成人受訪，結果發現過去家庭背景、缺少父親或母親與否、與父母親的關係、性虐待、青春期開始的年齡、高中約會型態等，兩組間並無差別(Bell et al., 1981)。

　　在一夫一妻的觀念上，女同性戀者與女異性戀者一樣與另一半一起生活，就好像夫妻一樣(Laird, 1995)，不過男同性戀者的伴侶數量則較男異性戀者的數量要來得多，男同性戀者比起男異性戀者更容易接受非一夫一妻制的觀念(Berger & Kelly, 1995; Moses & Hawkins, 1982)。但是自從愛滋病大量在同性戀者間出現後，許多男同性戀者已減少性伴侶的人數，並轉趨向遵守一夫一妻制。

　　傳統的兩性關係反映出了男性較具支配性的特徵，也造成了兩性較不平等的問題，然而同性戀的關係則較為平等，也較具有性別角色彈性，而女同性戀則又比男同性戀對性別角色更具彈性與平等(Green, Bettinger & Zacks, 1996)。

在性活動上，同性戀者與異性戀者一樣也會有性的活動、性的反應。同性戀者與異性戀者的性活動類型相同，包括擁抱、親吻、碰觸、愛撫生殖器、口交等，另外同性戀者與異性戀者性的反應相同，也會有刺激期、高原期、高潮期、解除期等四個時期。但是唯一不同的是同性戀者對於他們的性活動會採取更多的新技巧、花更多時間從事性活動、更注意自己的性活動(Allgeier & Allgeier, 2000; Masters et al., 1988)。

二、男、女同性戀的差異

男同性戀並不會詳細地談論自己的感受以及對關係的情感(Wood, 1993)，女同性戀則較喜歡談論他們關係的親密感(Kirpatrick, 1989; Wood, 1993)。就如同 Huston & Schwartz(1996)所說的女同性戀較傾向於使用溝通創造親密感、提供支持。

三、出櫃

出櫃(come out)是指同性戀者在公眾場合承認自己是男同性戀或女同性戀，這通常是一種長期、複雜的歷程(Swigonski, 1995)。同性戀者在 20 歲前很難從別人那裡得知自己是同性戀，而出櫃的歷程通常要花個 1 年至 2 年的時間。出櫃大約可以區分為四個歷程(Boston Women's Health Book Collective, 1984)：

1. 瞭解自己具有同性戀的身分（這有助於協助同性戀者建立自我認同）。

2. 在同性戀社群中瞭解還有其他人的存在。

3. 向家人、朋友介紹自己同性戀的朋友。

4. 在公共場合承認自己是同性戀。

陸 同性戀可以改變嗎？

　　同性戀可以改變嗎？這樣的問題不但困擾著同性戀者，對於一般人或是教育工作者而言，同性戀是相當直得探討的問題，這個問題大致上有二派學者持有不同的看法。其中一派是「補償治療」(reparative therapy)，他們與宗教組織均認為同性戀可以藉由其他方法加以改變，補償治療（或是改變治療）以各種形式的治療方式使同性戀者轉變性取向，而宗教組織則認為同性戀者可以藉由禱告的方式改變自己的生活方式。

　　其次，美國心理學會、美國諮商學會、美國社會工作者協會、美國學校心理學協會均認為同性戀並不是一種心理疾病，是不需要治療的，若企圖要改變同性戀者的性取向不但不會成功，更可能是有害的(Potok, 2005)。證據顯示，改變治療不僅沒有療效，且是有極大傷害力的，可能會使同性戀者產生沮喪、與家庭及朋友疏離、低自尊、產生同性戀恐懼、想要自殺等(Cianciotto & Cahill, 2006)。

　　由此可知，同性戀並非是一種心理疾病，若我們有朋友的性取向是同性戀，那麼我們不應該以異樣眼光去看待他們，也不需試著改變其性取向，而是應該提供更多的支持與關懷，協助其瞭解自己的性取向。

課後習作

【活動一】 何謂性騷擾？有哪些形式，你認為是性騷擾？

【活動二】 你遇到性騷擾時會怎麼處理？

【活動三】 完成故事

　　1992 年春，那年小華剛進高中，小英是小華班上最美的班花。還記得小華當時認識小英時是在放學回家等公車的站牌前，小華先跟小英打招呼說：「妳搭這班車嗎？」小英說：「嗯！你也是搭這班嗎？」，「嗯…那以後放學後就有伴可以一起走嘍！」小華說完，小英靦腆地微笑。也因為這樣，從剛開始的同學慢慢跟小英變成朋友。現在小華與小英交往已經有 5 年又 2 個月，從高中到大學，從對愛的懵懂到對愛情的堅定，彼此都有了了解。今天，是小英的生日，約好在餐廳為小英舉辦派對慶祝，彼此有說有笑，結束後小華邀小英來自己家聊天。一開始都環繞在交往日子裡，對對方的照顧、與感覺等話題，而後來小華感到無趣放了一部電影，看著看著，電影裡出現激情畫面，小華開始慢慢親小英的嘴、撫摸小英的身體，此時小英不但向小華說「不要」，並且用手將小華推開。但是小華這時似乎不想要理會小美的要求，認為這些抗拒行為只是女孩子的矜持罷了，因此仍持續…。

1. 請將這個故事加以完成。

2. 還有其他的可能結局嗎？

3. 依據你的觀點來看，這個故事應該要如何修改會較好？

4. 在什麼樣的情況下會發生約會強暴？

5. 要如何拒絕？

MEMO

CHAPTER 08

家庭與婚姻

第一節　家庭

　　社會是由許多不同的家庭系統所組成的，每一個家庭均可視為一個系統，這個家庭系統就像是人類的身體一樣，是由許多相關聯的部分結合而成的，每一個部分均會相互影響，且能發揮其本身的功能，因此家庭是一個相當複雜的系統。若我們以核心家庭為例，就可以知道家庭是如何地複雜，所謂的「核心家庭」(nuclear family)是指由先生、太太以及至少一個小孩等三個人所組成的家庭(Belsky, 1981)，小孩的微笑可能是由於媽媽的微笑而做出的反應，而媽媽再次的微笑也是因為小孩的反應而出現的，因此家庭內的每一個人以及每一種關係，包括婚姻關係、親子關係、手足關係等均會相互影響。如果再以「延伸家庭」(extended family)來看就會更為複雜，所謂延伸家庭是指家庭中除了先生、太太以及至少一個小孩外還有其他親戚同住，這可能包括祖父母、叔叔、舅舅、嬸嬸、阿姨、姪子（女）、外甥（女）等。延伸家庭常出現在非洲裔美國人的家庭(Pearson et al., 1990; Wilson, 1989)，因為家庭結構會依文化背景的不同而有所差異，所以家庭形式、結構也會有許多種不同的變化。

壹　家庭結構

　　由於目前的婚姻特徵變化相當大，因此使得家庭的定義也跟著多樣化，所謂的家庭是指「基本的團體成員均相互承擔某種義務，同住在一起」(Barker, 1999)。這個定義可以區分為三部分，第一部分基本的

團體成員是指「家庭成員會彼此相互影響」；第二部分相互承擔某種的義務是指「家庭成員間存在著承諾、責任感」；第三部分同住在一起是指「家庭成員均居住在一起」。

目前的家庭結構已不再像以往的大家族，而可能會出現沒有小孩和有小孩的雙親家庭、單親家庭、混合家庭、繼親家庭(stepfamily)等，簡述如下(Barker, 1999; Belsky, 1981)：

1. **沒有小孩與有小孩的雙親家庭**：是指家庭由雙親所組成，差別在於有無小孩，其中有小孩的雙親家庭即為前述之「核心家庭」。

2. **單親家庭**：家庭的組成是由小孩以及母親或父親其中一位所構成，只是由雙親變成單親。Rutter (1983)研究發現，單親家庭的小孩如果能與其父母維持正向關係，會比時常吵架的雙親家庭有較好的適應情況。由此可知，親子關係的情感要比家庭結構重要。

3. **混合家庭**：家庭成員中可能是由相關或無關的人們所組成，這些成員共同居住在一起，並且會承擔傳統的家庭角色，而這些關係可能是不涉及生物上或法律上的連結關係，強調的是這個團體的功能就如同家庭一樣。若混合家庭中的成員涉及法律上的連結關係即為「延伸家庭」。

4. **繼親家庭**：家庭成員的組成是再婚的結果，成員可能包括繼母、繼父、從繼父或繼母前段婚姻而來的小孩，此外繼親家庭可能也包括組成家庭之繼父母親共同所生的小孩。繼親家庭可能會有一半的機率，最後以離婚收場，也可能因為繼父或繼母再婚次數較多、小孩來自各種不同的關係，而顯得較為複雜。

在繼親家庭中的家庭成員必須要做出多種的適應，如下所示。

(一) 繼親家庭的適應種類

1. 先生或太太必須要能養育繼親家庭中小孩的養育問題。

2. 繼親家庭中的小孩要能互相適應並且建立關係。

3. 小孩亦必須適應其繼父或繼母。

（二）繼親家庭的適應問題

1. 對繼父或繼母對繼兄弟姐妹的妒嫉。

2. 小孩必須適應繼父或繼母親的觀念、價值觀、規則以及期望。

3. 當小孩無法與新加入成員分享空間、財產時，就可能產生適應問題。

4. 如果繼親家庭中的配偶有一方沒有養育小孩的經驗時，也很有可能會產生適應問題。

（三）繼親家庭的適應方法

然而在繼親家庭中最大的問題還是在小孩的養育上，尤其是指繼母必須要能養育繼親家庭中的所有小孩，這包括新配偶的原生小孩以及自己的原生小孩、再婚後所生的小孩。然而新配偶的原生小孩會與其原生母親的情感較為親近，因此為了能夠建立成人與小孩間的正向關係，有以下建議可供參考(Berman , 1981; Visher & Visher, 1983)：

1. **與前任配偶或現任配偶維持法定關係**：因為與前任配偶間若能維持一種和諧關係，小孩會適應得較好。如果前任配偶間互相衝突與傷害，小孩亦會學習而傷害他人。

2. **瞭解所有小孩的情緒**：雖然新婚會使得現任配偶間充滿愉快的氣氛，但成人應該要能瞭解，繼親家庭中所有小孩的情緒可能會是害怕、不知所措的。

3. **繼親父母與繼親小孩間應多花時間相處**：繼親父母應該要瞭解繼親小孩會想要與其原生父母聯繫，甚至有些小孩會認為自己應該要對已離婚父母的婚姻負責，有些則可能會製造生活的問題以使其原生父母再次結合，繼親父母應該要能瞭解這種感覺，並且要耐心地與其繼親小孩共處，瞭解其真正的想法與需求。

4. **建立繼親家庭所有成員認為是對的與喜愛的新成規、新傳統、新習慣**：有些時侯需要搬離舊址，到一棟新公寓、新住所居住，以忘掉過去的記憶。或者休閒時間應重新加以安排，例如與原生父母的休閒時間、與繼親父母的時間、家庭的時間，因此假日、生日或其他特別節日應發展出新的成規可讓繼親家庭成員遵循。

5. **尋求社會支持**：繼親家庭的父母應該要能尋求社會支持以分享其感受、挫折、經驗、因應策略以及創傷等，這種分享可以使得繼親父母可以更為實際地檢視自己目前的情況，並且從他人的經驗中加以學習。

貳　家庭的改變趨勢

　　由於世界、社會正在變動，家庭也隨之改變，包括家庭結構、家庭生活品質的改變，以下的家庭改變趨勢可供做參考（內政部，2021；行政院主計處，2021；中華民國統計資訊網，2021；行政院性別平等會，2021；Chadwick & Heaton, 1992; Demo, 1992; Himes, 1992）：

1. **單身人數增加**：目前單身的人數要比過去多，但這並不是說年輕成人都永遠不結婚，仍有高達 90%的年輕成人認為自己會在人生中的某個時刻結婚，但不是現在。

2. **晚婚化**：當年輕成人在追求自己的學歷以及工作職位時，他們選擇延遲自己的婚姻，但這並不代表不婚，因此初婚年齡有延緩的趨勢。

3. **生育率下降**：年輕成人不僅婚後生育小孩的時間拉長（晚產化），生育率也隨之下降（少子化），自 1985 年起即低於人口替代水準（2.1 人），2001 年的總生育率為 1.4 人，2020 年我國總生育率為 0.9 人（內政部，2021）。

4. **女性參與勞動人口數增加**：雖然女性會負起照顧小孩、管理家庭的責任，但愈來愈少婦女是全職的家庭主婦，1986 年我國有配偶或同居女性的勞動參與率為 41.82%，到了 2000 年為 46.34%，2020 年為 49.25%（中華民國統計資訊網，2021），可見女性的勞動參與率有逐年攀升的情況。

5. **離婚率逐年攀升**：1998 年全年離婚對數計 43,729 對，全年結婚對數計約 140,000 對，離婚率高達 31.24%；若對照於 2020 年全年離婚對數計 51,610 對，全年結婚對數計約 120,397 對，離婚率高達 42.87%（內政部，2021），可見離婚率有逐年攀升的趨勢。

6. **單親家庭數目增加**：由於離婚率提高，致使單親家庭的數目增加。1997 年台灣地區單親家庭近 43 萬戶，占總戶數 7%，到了 2019 年單親家庭提高近 89 萬戶，占總戶數 10%（行政院性別平等會，2021）。

7. **再婚的比例逐年增加**：由「歷年新郎新娘再婚結構比」來看，新郎及新娘再婚的比例由 1996 年的 9.48%、8.44%升至 2020 年的 16.52%、10.21%（內政部戶政司，2021），由此可知，台灣婚姻結構已傾向於再婚，這樣的結果與離婚率逐年提高有關。人們在離婚後仍需要尋求親密感，因此多以再婚找到能陪伴終生的伴侶。

8. **結婚未滿十年離婚比例高**：2020 年以未滿 5 年者共占 34.62%最多（其中以 1 至未滿 2 年者占 7.66%居首，2 至未滿 3 年者占 7.27%次多），5 至未滿 10 年者占 21.99%次多（內政部統計處，2021）。

9. **大陸、外籍配偶結婚比例高**：2001~2003 年間的大陸、外籍配偶結婚比例為 27%以上，然而在 2020 年的比例則增加至 30.3%，這也就是說將近每三對結婚的新人，有一對的配偶是大陸籍或外籍配偶（行政院主計總處，2021）。

10. **沒有小孩陪伴的時間增加**：由於現代夫妻會緊縮他們養育小孩的時間，儘快讓小孩有獨立自主的能力，再加上許多離婚的成人不會再婚、現代人的平均壽命延長的緣故，現在的成人會有較多的時間與伴侶相伴，特別是沒有小孩束縛之單身婦女(Chadwick & Heaton, 1992)。

11. **多代家庭數量增加**：今日的小孩多有機會見到自己的祖父母或曾祖父母，這主要是因為平均壽命的延長，而使得一個家庭呈現三代、四代、甚而五代同堂的情況，所以親子關係能延續多達五十年以上，結果有許多的父母與孩子會發現他們能一起「變老」(Aizenberg & Treas, 1985)。

參 家庭系統的評估—家系譜

為了要瞭解家庭中有哪些規則是不適當的、無效的，並且藉以釐清、找出可供改變規則、無效行為的選擇性方法，我們可以利用「生態圖(eco-map)」、「家系譜(genogram)」二種系統評量方法，來檢視自己家庭可能的問題。生態圖與家系譜有許多相似點，這兩種方法均可以看出家庭動力，且有些符號的使用方法也是相同的，但是這二種方法也是有所差異的。「生態圖」較強調家庭團體、資源、組織、聯盟、其他家庭與個人的互動關係，「家系譜」則強調跨世代間家庭的型態，特別是跨世代間家庭的問題、功能失調的部分。

一、家系譜

家系譜是以圖畫的方式來瞭解至少三個世代間家庭的問題，這個方法最早是由 Bowen 所發展出來的(Kerr & Bowen, 1988)，運用簡單的線條符號與圖形，摘錄家庭成員的基本資料及成員問題的互動關係。家庭中的情緒以及行為型態會重覆地出現，上一代所發生的事件也會在下一代出現，家系譜將協助家庭成員辨識、並且瞭解家庭關係的型態。

圖 8-1 所顯示的是系譜圖常被使用的符號，若將這些符號、圖象加以連接，能提供的訊息包括家庭成員個數、家庭成員姓名、年齡、性別、婚姻狀態、手足位置(sibling position)等資訊。此外，其他也包括情緒困擾、行為問題、宗教信仰、種族起源、地理位置、職業、社經地位、重要的生活事件等訊息。

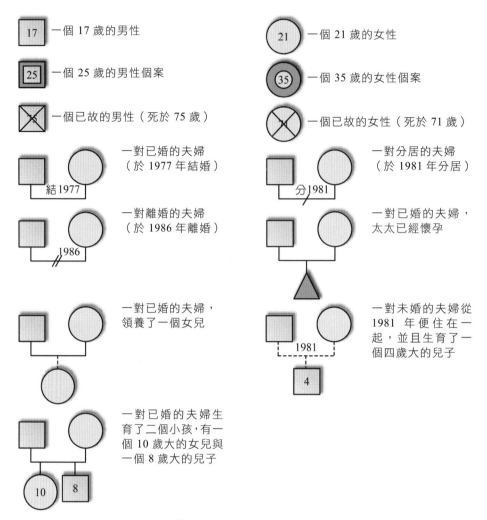

17 一個 17 歲的男性

21 一個 21 歲的女性

25 一個 25 歲的男性個案

35 一個 35 歲的女性個案

一個已故的男性（死於 75 歲）

一個已故的女性（死於 71 歲）

一對已婚的夫婦
（於 1977 年結婚）
結1977

一對分居的夫婦
（於 1981 年分居）
分1981

一對離婚的夫婦
（於 1986 年離婚）
1986

一對已婚的夫婦，
太太已經懷孕

一對已婚的夫婦，
領養了一個女兒

一對未婚的夫婦從
1981 年便住在一
起，並且生育了一
個四歲大的兒子
1981
4

一對已婚的夫婦生
育了二個小孩，有一
個 10 歲大的女兒與
一個 8 歲大的兒子
10 8

🔖 圖 8-1　系譜圖符號

二、生態圖

　　生態圖通常以圓圈代表與個案或個案家庭間，有密切關聯性的單位，線條代表個案或個案家庭與外界環境的互動關係。再建構生態圖時，可分為兩部分：

1. 內部系統：只家庭系統本身，並且以圓圈將個案家庭系統加以圈住，以區隔個案家庭系統與外部系統兩部分。

2. **外部系統**：是指外部資料系統，以圓圈代表不同系統，圓圈所代表之各系統間，以線條連結代表家庭個案系統與外在系統互動關係。

第二節 婚姻

壹 婚姻的建立

在台灣的社會大部分人最後會選擇結婚，很多人是與自己心愛的人共同步入婚姻，但是在許多的文化當中，愛情並不是婚姻的基礎，而是由親屬中的長者或領導者決定婚姻，有時侯是為了財產，有時是為了聯盟，更可能是為了權力，因此婚姻與家庭的建立並不總是因為愛。

婚姻是一種生活的轉變，因為婚姻涉及了新角色的獲得（先生或太太），也必須將生活調適成為夫妻的生活。結婚前雙方均很滿意親密關係所帶來的愉悅感受，但是結了婚之後就會發現要在個人的自主性、對配偶的承諾以及要相互適應個性、生活習慣中做掙扎，到底是什麼讓這些情人有這麼大的改變？原因在於蜜月期過短所導致的(Huston & Vangelisti, 1991; Johnson, Amoloza & Booth, 1992; Kurdek, 1991)。許多婚姻關係會在結婚後 3~15 個月開始惡化，例如夫妻間可能開始對其婚姻、性生活感到不滿意，主要原因是因為他們較不時常對對方說「我愛你」、不再向對方訴說心事或心理的感受、陪伴對方的時間變少、花比較多的時間完成某些任務、較少找樂趣或談話，然而婚姻關係變壞的主因，還是在於相互批評與其他負向行為的出現。

一、單身與婚姻的優缺點

許多人選擇維持單身，他們可能比較喜歡獨自一個人而較不喜歡與他人有多一點的相處時間。其他人單身可能是因為他們沒辦法發現自己想要託付終身的對象，亦或所選擇的伴侶是不想要結婚的。以往人們均認為一個成人最終應該是要步入婚姻的，但現今想要結婚的成

人已較往年來得少。單身者情緒、經濟的負擔較少，不需要考慮自己的決定與行為是否會影響配偶或是小孩，因此有較多的時間追求自己的興趣、理想。

(一) 單身的優缺點

單身的好處包括(Knox & Schacht, 2008; Papalia et al., 1998)：

1. 可以不受配偶的控制。
2. 可以不受離婚的壓力。
3. 可以有許多不同的情人。
4. 只要為自己負責。
5. 有較多的生涯選擇機會。
6. 有較刺激的生活方式。
7. 有機會扮演各種角色。
8. 有機會與許多人建立友情。
9. 有機會獲得各種不同的經驗。
10. 自由地做改變。
11. 自給自足。
12. 較自由的行動、做自己想做的事。

然而單身的缺點則可能為(Papalia et al., 1998)：

1. 不知道如何融入已婚者的世界。
2. 缺乏伴侶關係。
3. 關心朋友與家庭如何接納未婚的成人。
4. 關心單身如何影響自尊。

(二) 婚姻的優缺點

同樣地，有些人則選擇步入婚姻，婚姻的好處歸結有以下幾點(Zastrow & Kirst-Ashman, 2001)：

1. **小孩的社會化、養育功能**：婚姻能建立家庭，家庭又是養育小孩的基本單位，因此婚姻能夠提供小孩的社會化以及養育功能。

2. **能滿足性的需求**：每一個社會對性行為有調節的規則，而婚姻正可提供個人性需求的滿足。

3. **能滿足對方情緒的需求**：婚姻的其中一項好處即為能滿足對方情緒的需求，這包括情感、友誼、認可、鼓勵、對成就的增強等。如果人們的情緒需求沒被滿足，那麼智能、生理以及社會成長將會受到阻礙。已婚者會比單身、離婚者或獨居者對自己的生活有較高的滿意度(Papalia et al., 1998)，而這主要是因為情緒需求滿足的結果。

4. **婚姻與身體健康有關**：已婚者活得較長壽，特別是男性(Papalia et al., 1998)，但並不能說婚姻會使人長壽，或許是因為健康者多會選擇婚姻，所以也可能較容易選擇伴侶。

5. **婚姻能使個人成長**：由於婚姻提供了一個可以分享個人內在想法的機會，在婚姻關係中有許多事必須做決定，例如，要不要生育小孩？要不要共同分擔家務？如果這些問題能夠加以解決，便能獲得成長，若問題無法解決就會陷入危機。

　　然而婚姻的缺點則包括了(Knox & Schacht, 2008)：

1. 可能離婚。

2. 只有一個性伴侶。

3. 必須為小孩或是配偶負責。

4. 生活中充滿了例行公事、可以想到的生活型態。

5. 消費支出會受到小孩或是配偶需求的影響。

6. 會受到小孩或是配偶的限制。

7. 會限制自己生涯的發展。

8. 會避免其他親密異性友情的產生。

二、成功婚姻的影響因素

婚姻幸福與不幸福有許多的影響因素，這些因素可能是婚前即已存在的，有些則是婚後才會存在，是我們必須要努力的方向，如表 8-1 所示(Kail & Cavanaugh, 1996; Kornblum & Julian, 1998; Papalia et al., 1998; Santrock, 1999)。

表 8-1　婚姻幸福與不幸福預測表

婚前婚姻幸福的預測因素	
1. 夫妻彼此具有年齡的相似性	13. 具有憐憫心
2. 文化背景的相似性	14. 宗教信仰的相容性
3. 父母的婚姻是快樂的	15. 孩童期個人幸福與否
4. 父母的關係和諧	16. 能自我覺察以及自我接納
5. 父母溫和但卻又以堅定的態度進行管教	17. 能與異性和諧相處
	18. 能覺察對方的需求
6. 正向的自我認同	19. 情緒的穩定性
7. 共同的興趣	20. 愛
8. 具有因應能力	21. 愛情的成長是源於友誼而不是迷戀
9. 在結婚前彼此相識超過1年	
10. 自己的婚姻是父母同意的	22. 對生活抱持樂觀態度
11. 具有人際的社交能力	23. 對伴侶的愛感到很滿意
12. 具有令人滿意的職業與工作狀況	24. 擁有共同的價值觀
婚後婚姻幸福的預測因素	
1. 良好的溝通技巧	6. 負責任的愛、能尊重對方、具有友誼
2. 兩人間具平等的關係	7. 能一起進行休閒活動
3. 具有能獲得與施予的能力	8. 渴望擁有小孩
4. 彼此具有友誼與感情的關係	9. 與岳父母、公婆關係良好
5. 性的相容性	10. 興趣具有相似性

⊞ 表 8-1　婚姻幸福與不幸福預測表（續）

婚姻不幸福的預測因素	
婚前預測因素	婚後預測因素
1. 夫妻有一個人傾向不快樂	1. 太太具有很強的支配慾
2. 父母死亡	2. 先生具有很強的支配慾
3. 父母離婚	3. 家庭暴力
4. 在年輕時就已結婚，特別是在20歲之前	4. 配偶會妒嫉
5. 在婚前相識未滿1年	5. 感覺自己較配偶優越
6. 強烈的個人問題	6. 會發牢騷、表現出防衛心、頑固、退縮或不與配偶說話
7. 結婚的主要原因是因為寂寞	7. 與岳父母、公婆同住
8. 結婚的主要原因是因為想要逃離自己的原生家庭	
9. 與配偶的主要人格特質不協調	

資料來源：Zastrow & Kirst-Ashman（2001），頁 317。

三、建立與維持快樂婚姻的建議

以下為建立、維持成功婚姻的建議(Zastrow & Kirst-Ashman, 2001)：

1. 保持開放性的溝通模式：學習對小問題或不重要的問題視而不見，將重要的問題說出來，但說話的方式並不是攻擊、責備或是威脅對方，要試著使用「我訊息」(I-message)。

2. 尋求助長配偶快樂、個人成長以及幸福感的因素，就像尋求自己的快樂、個人成長以及幸福感一樣並努力獲得。

3. 尋求雙贏的方法解決問題，對於不重要的事或令人感到厭煩的事，要予以容忍、接納。

4. 不要試著擁有、扼殺或控制你的伴侶。此外，也不要依照自己的觀點、價值、信念或喜好塑造對方。

5. 對伴侶的心情能有所覺察，當對方的心情不好時，應該要體貼並且要能善解人意。

6. 當爭執發生時，不讓過往的事件或個人的人格特質介入爭執當中，亦即吵架時不翻舊帳、不做人身攻擊。

7. 要溫柔親切，盡量分享愉悅的事情，當對方的朋友以及良好的傾聽者。

貳 學習成為一個父母親

在結婚後數年，許多夫妻便會生育小孩，那麼小孩的出現會如何影響先生、太太，甚至是整個婚姻關係呢？有人認為小孩的出現會讓夫妻間的關係變得更好，也有人認為小孩的出現會讓父母親受到牽絆而減少獨立自主的空間，到底那一個才是對的呢？

其實，成為父母親有其正向的結果也有其負面的結果。許多父母親認為小孩的出現可以改善生活，且新生命的誕生給予自己愛、喜悅，亦使得自己獲得自我實現、成長(Emery & Tuer, 1993; Hoffman & Manis, 1979)。但是另一方面，我們會發現，夫妻原本的角色可能是配偶、工人而已，但小孩的出現，父親與母親的新角色便顯現了，且會發現在工作以及家庭責任間忙碌是有壓力的。新任父母親會明顯的感受到擔任一個嬰兒的照顧者，有許多工作要做，不但要犧牲睡眠時間，更要擔心自己所做的對小孩是不是有益的呢？通常也會感覺到很少有時間能過自己想要的生活。即使許多平等主義的夫妻，在小孩誕生前均能將家務予以區分，例如太太準備三餐、先生負責家居環境打掃及洗衣服，但等到小孩加入家庭時，太太更可能成為照顧者以及家務管理者，先生則成為家庭生計的提供者(Cowan et al., 1991; Emery & Tuer, 1993)。

婚姻初期的滿意度，對許多夫妻來說可能很高，但是卻會在蜜月期結束後下降，且在新任父母親階段，婚姻滿意度仍舊在下降中。隨

著小孩的誕生，需要父母親養育與照顧時間增加，婚姻滿意度會呈現下滑的趨勢，要一直等到小孩離開家庭到學校求學，父母親才獲得稍微喘息的機會，婚姻滿意度才會逐漸上升，這個趨勢就如同圖8-2所示。Rollins & Feldman (1970)調查成人對家庭生活的八個階段所感受到的婚姻滿意度，結果發現太太因為比先生負起更多養育小孩的責任，所以在成為新任父母親角色上會比先生更容易受到影響。

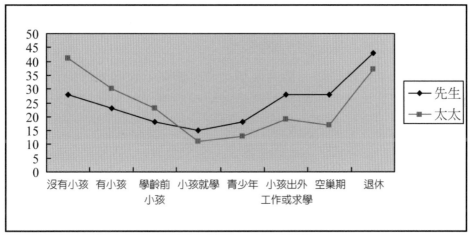

■ 圖 8-2　　先生與太太婚姻滿意度

資料來源：Rollins & Feldman（1970）。

　　在小孩誕生後最明顯感受到的負面影響是婚姻滿意度的下降(Belsky, Lang & Rovine, 1985; Emery & Tuer, 1993)，婚姻滿意度下降最快的是太太，主要是因為照顧小孩的責任多落在太太身上，以及家庭勞務分配不均所導致(Hackel & Ruble, 1992; Suitor, 1991)。Levinson (1996)發現婚姻當中勞務的分配，如果是從平等的分配方式轉變成傳統的分配方式，那麼婚姻的幸福感就會大幅度的下降，特別是那些非傳統的太太。也正因為女性是小孩的主要照顧者，所以太太會比先生更能感受到為人父母親的感受，不但會有較多的壓力，也會獲得更多的喜悅(Wilkie & Ames, 1986)。

Thompson & Walker (1989)的研究顯示，三分之一的媽媽將媽媽的角色視為令人喜悅、具有意義的，三分之一的媽媽則認為媽媽的角色是不愉快、沒有意義的，最後的三分之一的媽媽則認為媽媽的角色兼具以上二種經驗。而爸爸則較為珍愛孩子、能給予孩子堅定的承諾，但是一般而言，爸爸對於照顧小孩則較媽媽更為不愉快。雖然養育小孩對婚姻滿意度有其負面的影響，但也有其正向的影響，包括對父母親的自我概念與工作角色具有正面的影響力。而精神病學促進團體(Group for the Advancement of Psychiatry, 1973)將父母親教養視為一種發展歷程，且將之區分為四個階段：

1. **期望期**：這個階段是在媽媽懷孕且父母親開始思考如何養育自己的小孩、開始思考自己的生活將會做何種改變？思考做父母親生活的意義？在這個階段父母親開始會將自己視為是小孩的父母，而不是自己父母的小孩。

2. **蜜月期**：這個階段是發生在第一個小孩出生之後的數個月，父母親通常對於自己能擁有小孩感到非常高興，同時在這個時期也是適應與學習的階段，此時期的父母與小孩的依附關係已然成形，且家庭成員開始學習相互關係間的新角色。

3. **穩定期**：這個階段從嬰兒期一直到孩子成長為青少年期，父母在這個時期必須做出更多的適應，以調適自己的教養行為。

4. **分離期**：這個時期多發生在小孩與父母分離的階段，例如當小孩結婚。因為小孩與父母分離，父母也應該要改變其行為，並且能與小孩分離開來，這個階段的關係已從父母對小孩的關係轉變為成人對成人的關係。

既然小孩的誕生對父母親而言可能是一種壓力，要如何加以調適才能免於婚姻滿意度惡化呢？綜結以下幾點可供參考：

1. **瞭解小孩本身的特性**：父母要瞭解自己小孩的特色，例如有些小孩本身易燥、煩怒或是難以取悅的，有些則較安靜、具反應性，前者要較後者更難以照顧。

2. **找出能重新建構自己生活的方式**：年齡較大的夫妻比起較不成熟、年齡較小的夫妻，更能適應小孩的生活(Belsky, 1981)。同樣地，對成為父母親的任務有現實期望的夫妻，較能改變自己的生活加以適應。

3. **找出外在資源**：外在資源對新任父母親而言是相當重要的，而外在資源中最為重要的是配偶的支持。先生若能一起分享太太照顧小孩的責任與辛勞，對一個新任母親而言，將是相當好的一件事(Tietjen & Bradley, 1985)，另外朋友與親戚的社會支持也能協助新任父母親適應、學習(Stemp, Turner & Noh, 1986)。

　　總之，如果新任父母親所養育的孩童是較容易照顧，且新任父母親本身也有很好的個人特質，加上配偶、親戚與朋友的支持，將能有效地面對成為父母親所造成的壓力。

老夫妻婚齡的世界紀錄

　　湯姆斯摩根（1786 年 5 月 4 日在英國威爾斯格拉摩根出生）和伊莉莎白於 1809 年 5 月 4 日在卡利恩結婚，直到 1891 年 1 月 19 日伊莉莎白逝世，兩人共維持了 81 年又過 260 天的婚姻。這個時侯，伊莉莎白為 105 歲又 2 天，湯姆斯摩根為 104 歲又 260 天，兩人年紀總合為 209 年又 262 天。

資料來源：Guinness World Records (2007)。

參 婚姻的危機—外遇

　　一般來說，當婚姻發生危機時，夫妻雙方並不會馬上離婚，也不會想要使自己的婚姻逐漸好轉，反而是在做出離婚決定前經歷了許多年的壓力以及分居的狀態(Gottman & Levenson, 1992)，但是仍有可能會因為外遇而導致離婚，而外遇的類型包括(McCammon, Knox & Schacht, 1998)：

1. **短暫的性邂逅**：這類外遇很少有情緒的投注，即使只是輕輕一瞥就可以決定兩人要共渡一晚，或許未來兩個人會常見面，但是這種性的邂逅也僅限於一個晚上，例如娼妓、提供性服務的色情按摩院等，都是屬於短暫的性邂逅。

2. **浪漫的外遇**：浪漫的外遇涉及了強烈的情緒感受，例如「麥迪遜之橋」的電影與小說即是這個類型的外遇，女主角已經結婚 15 年了，卻一直過著平淡無味的生活，直到一位謙虛的陌生人向她問路，一場浪漫的外遇在四天當中持續發酵，這種外遇強調了個人的選擇對於婚姻關係的重要性。

3. **開放的婚姻**：夫妻雙方均視其關係為基本，但是也同意對方可以與其他人發生性關係，不像其他的外遇一樣會有不誠實感，因為雙方均知道這種情況。開放的婚姻也可能應用於同居的伴侶，但是這樣的婚姻可能持續不久，社會的規範強調忠誠的重要性，所以這樣的外遇型態於社會上還是不被接受的。

4. **放任的外遇(swinging)**：放任的外遇是指某一個婚姻中的伴侶與另一個婚姻關係中的伴侶發生了性關係，這種情況是較為獨特的，它具有夫妻雙方共同的活動，來的時侯是夫妻一對，外遇時也是一對。

5. **網路的外遇**：該種外遇是婚姻亦或是伴侶關係的破裂，網友間會產生私人的親密感，而另一半可能不知道到底對方參與網路外遇的程度有多深，而使兩人的情感、性關係上產生疏離感。這可能是精神上，也可能是肉體上的外遇。

肆　離婚

一、離婚的原因

離婚或許是許多無感情、空殼婚姻夫妻的最終選擇，但這只是離婚的其中一個原因，許多人都認為人們之所以離婚是因為對方的錯誤所造成的。Kitson 等人(1985)分析出了較可能離婚夫妻的特徵，一般而言，年齡大約是 20~30 歲左右、且已結婚大約七年、有小孩者較可能離婚，如果這些夫妻是在青少年時期便已結婚，離婚的機率就更高了。由此可知，對婚姻準備度不夠、或是對於成為父母親有較高的經濟、心理壓力者，是這些早婚且離婚父母親的主要原因，即便如此，現今許多離婚的夫妻已不適用以上的情況。由於離婚的原因相當多，大約有以下幾點(Zastrow & Kirst-Ashman, 2001)：

1. **彼此均讓對方失望**：由於夫妻之間均未達到雙方期望的標準，而產生失望感，久之即會想要離婚。例如志偉的第一任太太怡如認為，志偉是一個冷漠、不溫柔、不愛說話的先生，怡如認為志偉總是不想在下班後，與自己一起手牽手坐在沙發上一起看電視，並且抱怨由於購買了個人躺椅，夫妻不再坐在一起，使得自己的婚姻終止了。但是離婚後，志偉找到了他的第二任太太靜宜，靜宜認為志偉是一個感性、體貼的先生，且自己與志偉有許多地方相似，例如靜宜喜歡有獨立的空間、時間看著自己喜歡的電視。除了這種期望因素讓對方感到失望外，還包括酗酒、失業或其他經濟問題的爭吵、興趣的不同、不忠誠、妒嫉、口語或身體的虐待、親戚或朋友的阻礙。

2. **某些男性不能接受女性地位的改變**：許多男性較喜歡傳統的婚姻，先生是居於支配地位的角色，太太則是情緒支持者、養育者、家庭管理者等角色。但是現在許多太太不再接受這樣的要求，而是要求能一起做決定、分擔家務、養育小孩、支付家庭開銷等，如此一來男性與女性婚姻當中的角色便有所衝突，而可能使婚姻失敗。

3. **個人主義的成長**：所謂的個人主義是指個人會想要發展自己的興趣、能力滿足自己的需求與慾望，而使得個人的需求超越家庭的需求。在傳統的家庭中，個人的興趣是較不重要的，一切以家庭為重，個人是次要的，但是較為個人主義者面臨婚姻時，就會變得較不快樂，且更可能選擇離婚。

4. **社會中離婚可被大眾普遍接受**：社會中愈來愈多人不將離婚視為一種恥辱、錯誤，因此離婚變得愈來愈為人們所接受。

5. **現代家庭不再像傳統家庭一樣有許多的功能存在**：以往傳統的家庭有許多種功能，但是現在卻被許多社會機構所取代，包括教育、食物提供、娛樂等功能。

　　由以上可知，離婚的理由相當多，這些理由不再限於傳統的酗酒或藥物濫用(Gigy & Kelly, 1992)。相反地，今日的夫妻之所以會離婚是因為他們覺得自己的婚姻缺乏溝通、情緒支持或是彼此之間無法相互協調，如表 8-2 所示。

表 8-2　加州離婚男性與女性認為的十大理由

離婚的十大理由	男性 百分比 (189人)	女性 百分比 (212人)
1. 夫妻各自成長，缺乏親密感	79	78
2. 沒有愛的感覺，不被對方所欣賞	60	73
3. 性的親密問題	65	64
4. 生活型態或價值的差異	57	63
5. 配偶不能符合自己的需求	48	64
6. 時常受到配偶的奚落或輕視	37	59
7. 配偶的情緒問題	44	52
8. 理財管理的衝突	44	50
9. 嚴重且強烈的衝突，時常吵架	35	44
10. 角色問題與衝突(例如家務工作的責任分配或其他家庭外雜務的責任分配)	33	47

資料來源：Gigy & Kelly (1992)。

離婚現象的特徵

1. **離婚配偶的年齡**：當雙方的年齡在 20 歲左右，就很有可能會離婚。

2. **婚姻投入的程度**：雙方的婚姻投入愈草率，離婚率就愈高。

3. **結婚的年齡**：愈早婚的配偶就愈有可能會離婚。

4. **婚約的長度**：許多配偶在結婚後二年就會離婚，另外配偶在小孩成長後，離婚的機率也會增加，這可能是因為某些配偶會等待小孩已經可以獨立自主，再來解決這個不愉快的婚姻。

5. **社會階級**：離婚多發生在社會地位較低的配偶。

6. **教育程度**：教育程度愈低愈可能會離婚，然而有趣的是，太太的教育程度較其先生要高就愈可能會離婚。

7. **居住地**：都市的離婚率高於鄉村的離婚率。

8. **再婚情況**：之前離婚的情況愈多者，再次離婚的機率就愈高。

9. **宗教**：個人的宗教信仰愈強，就愈不可能離婚。新教徒離婚的機率要較天主教或猶太教要高，另外多種信仰者的離婚率要高於單一信仰者。

資料來源：整理自 Coleman & Cressey(1996); Kornblum & Julian(1998)。

二、離婚的結果

離婚的結果與分手的結果相似，端視提出離婚或分手的角色而定，在前述關係的結束章節時，Akert (1992)曾提及「破壞者」、「被破壞者」、「共享者」的概念，而分手責任的共享能夠有效避免失戀的痛苦，這主要是因為主動提出分手者較不會有負面的情緒產生，但是被提分手者則會有較多的負面情緒。

　　一般來說，夫妻離婚後均會面臨到情緒性與現實生活的問題，且離婚的成人是心情沮喪、身體不健康、死亡的高危險群(Stroebe & Stroebe, 1986)。例如獲得孩子監護權的太太可能會感到憤怒、沮喪、難過、孤單，同樣地，如果先生本身不想離婚也可能會感到難過，且不管是離婚的太太或是先生均可能覺得與之前的朋友感到疏離，而試著要建立新的親密關係時也會感到不確定。

　　另外，在現實生活上的問題，有小孩的離婚婦女所要面臨到的問題是生活維持的標準會急遽下降(Zastrow & Kirst-Ashman, 2001)、可使用的金錢較少，大約是以前家庭收入的一半可以使用(Smock, 1993)。一般來說離婚的婦女及其小孩通常會在維持生活標準上感到快速地縮減，但是離婚的先生則不太會面臨到這樣的情況，因為女性多半在家從事家務，而男性則負擔起家庭生計，雖然近來女性與男性均已共同承擔起家計，但是由於性別刻板化印象的關係，使得男性的工作薪資較女性要高。另一方面，女性可能因為懷孕以及照顧小孩而必須從事兼職工作，對於年紀大又未出外工作的婦女而言，由於沒有其他獲得技能與經驗的機會，所以也就未能享有所謂的退休以及保險等福利，再加上離婚婦女年齡較大的關係，要找到一份能支持自己與小孩生計的工作更形困難。

　　有研究顯示，86%的離婚案件中，離婚的婦女會獲得對小孩的監護權(Papalia et al., 1998)。雖然男性多會被判決應付出小孩的贍養費，但是這種支付金額往往不夠負擔，且有些男性即便被判決應付出贍養費，但實際上卻未能給付，使得離婚婦女以及小孩陷入貧窮的狀況。由此可知，在離婚後，女性多半在經濟上較為不利。

　　除了離婚的父母親可能面臨負面的心理、生活上的不利情況外，小孩也是離婚的受害者。面臨父母離婚情況的小孩會感到憤怒、害怕、沮喪、罪惡感，尤其是學齡前兒童會感到特別害怕，因為他們可能覺得自己必須為父母親的婚姻負責，以為父母親離婚是他們所造成的(Hetherington, 1981)，另外這些小孩也可能會出現發牢騷、依賴、不遵

守規則、不尊重人等情況。在離婚後大約一年的時間，母子關係會變得特別差，尤其是兒子與母親的關係(Hetherington et al., 1982)。對於小孩而言，離婚不僅導致家中的行為問題，也限制了同儕的問題，並且產生學業問題、學校適應問題(Allison & Furstenberg, 1989; Amato & Keith, 1991b)。即使年紀稍長的青少年也會受到父母親離婚的影響，而有可能產生行為問題與適應問題(Amato, 1993; Hetherington et al., 1992)。

　　但是大約在離婚後二年，家庭會開始將家庭的成員聚集回來，女孩會在父母親離婚二年後從這些社會與情緒問題中恢復正常，雖然這會因為家庭以及女孩的不同而有差異(Hetherington et al., 1982)，男生也會在二年後改善適應不良的情況，但是他們也會持續產生情緒壓力，以及與父母、兄弟姐妹、教師、同儕發生問題，而這些問題可能會延續離婚後六年的時間(Hetherington, 1989)。

　　即使是這些小孩長大成人，父母親在他們小時侯離婚的痛苦經驗仍存在腦海中，甚至有些還希望繼父、繼母能夠離開，讓自己的生父、生母能重新在一起。而那些面臨父母離婚的學齡孩童、或是青少年也會對於自己未來無法找到幸福婚姻而感到害怕，而這種擔憂是有可能發生的，因為父母離婚的成人可能較那些父母未離婚者，更可能經驗到不快樂的婚姻、或於未來面臨到離婚(Amato & Keith, 1991a)。

　　總之，離婚對於家庭裡所有成員均是一種負面的經驗，且在離婚後大約一年會經驗到許多的問題，即便這些問題在離婚二年後大多數會消失，但大部分的兒童仍然會有許多嚴重的問題，多年後仍會因為父母親離婚而有不良的影響。

【活動一】紙筆大會串

1. 單身的優點：

2. 單身的缺點：

3. 結婚的優點：

4. 結婚的缺點：

5. 請舉出愛情的喜、怒、哀、樂各有哪些事件。

喜：

怒：_____

_____

_____

哀：_____

_____

_____

樂：_____

_____

_____

CHAPTER 09

認識性侵害

遭受性暴力事件，是女性一生揮之不去的夢魘。攤開報紙，我們不難發現，層出不窮的性侵害事件不斷上演，歹徒獸慾的摧殘下，女性在成長中經歷了齷齪、醜陋的暴行，使得婦女往後的人生充滿了閉塞和恐懼無助感。性暴力事件並無可靠的統計資料可查，幾乎每天都有婦女受害，因為很多被強暴的女性為了保護自己的名節或面子問題，並不願意去報案或對施暴者提出控訴，因此社會一般大眾並不會感覺強暴事件的發生率是如此之高，事實上據保守估計，每年大約有五千到六千名婦女受害（陳皎眉，1986；黃富源，1988）。根據專家預測，女人在一生中，遭受性侵害的機會是 13~44% 之間，施暴者方面，半數為陌生人，半數則為認識的人。被強暴的年齡從小孩子到老婦人都有，因此，幾乎任何年齡層、各項職業、各種教育程度的女性都可能是受害者。

第一節　性侵害

一、定義

當一方以任何形式強迫另一方，違反另一方的意願，而企圖或已進行性行為就稱之為性強暴，其強迫的行為可以是使用性器官，或未使用性器官接觸（如：手、口或其他可插入的物品）（林燕卿，1998）。

二、強暴者的型態

根據學者 Groth (1979)在臨床觀察五百位強姦犯後，將他們再分為下列三型：

1. **憤怒型**：此型強姦犯心中充滿憤怒與敵意，在沮喪、憤怒或長期之衝突累積至一定程度而無法忍受時，即可能爆發強姦行為，此型強姦犯約占 40%。

2. **權力型**：此型強姦犯並不完全以性的滿足為其目標，而是從強姦之攻擊行為獲取支配權，減輕其自卑感與不安全感，而重拾男性之權威與自尊為其主要目的，此型強姦犯約占 55%。

3. **虐待型**：此型強姦犯融合了性需求與暴力，並以折磨、綑綁、鞭打、燒灼、切割等方式凌虐受害者，虐待的行為可使其達到興奮，此型強姦犯約占 5%。

Groth (1983)發現，除了以上三種之外，性侵害施暴者均有一些共同的人格特質，例如：自我價值感較為低落、男性性格特質的認同上有問題、無法與他人建立親密和諧的人際關係、對他人充滿憤怒與敵意及常用攻擊的方式來肯定自己的權力與能力。專家研究顯示，性侵害的再犯率是35~45%，成習慣性的累犯。且使用暴力強姦的性犯罪者，均具有反社會性人格，亦即表現出侵略的性格傾向，過去也都有反社會行為的記錄。此外，在性侵害的案件中，有一半強姦犯具有前科的記錄，因此他們既是缺乏禁止與約束的道德力量，亦是性衝動與憤恨衝突制約力量很薄弱的人。

第二節　預防性侵害的方法

根據警政署的調查，性侵害受害者以十八歲以下的女性居多，其中十二歲以下的孩童占了 12.3%，應該教導孩童們防暴觀念，了解身體是自己的，未經個人的同意，不可讓他人碰觸，同時在較危險時段（早

上或是放學的時間）與地點（公園、家中）均應做好適當的防範，以及萬一遭受到性侵害，應如何求救化解危機。

　　此外，社會猶如萬花筒，年輕女性必須格外小心，對於自己的行為舉止不隨便輕佻，穿著打扮勿過分怪異誇張，儘量避免在昏暗的街道上行走，不可以給歹徒有得逞的機會。尤其是有些少女被迷藥弄昏受辱，有的在甜言蜜語、威脅恐嚇中被擺平，都是不可不防的陷阱。所以，千萬不可被虛偽的謊言所誘惑，而應體察入微，拆穿侵犯者的虛偽面目，做必要的提防或警惕，勿讓自己身陷危險的情境中。

　　在預防性侵害的整個實際策略應有優先順序，通常稱之為安全(SAFE)策略：

1. **尋求安全(Secure, S)**：不論求職、約會甚至在家中，先要考量安全。例如約會地點是否適當？面試場所是否太偏僻？最好有朋友作陪，以明亮場所最安全。

2. **躲避危險(Avoid, A)**：當發現對方有意圖，即採取第二順位的考量，如發現求職場所太偏僻就不要去，發現約會地點不好即應拒絕，以躲避危險。

3. **逃離災難(Flee, F)**：若你已在現場並發現情況不對，即設法離開現場。

4. **欺敵延遲(Engage, E)**：當發現對方有不良意圖但又不便立刻逃離時，應用拖延政策，再找機會溜走。如假裝願與對方發生性關係，惟要求換個地方，或以身體不適為由，盡量降低壞人立即加害的危險。

　　除上述之安全策略之外，隨身攜帶「哨子」、「防狼噴霧液」及有夜歸需求者可以告知親友回家時間或是接送等。歸納整理上述有關預防性侵害之防護觀點如下：

一、家居防範

1. 外出時預留一盞燈；回家進門前，先備好鑰匙並留意門內動靜。

2. 避免單獨出入地點，例如：電梯、茶水間、洗衣房等。特別當獨自與他人在一起而感到不舒服時，應特別提高警覺。

3. 改變你的固定作息，使人不易預知你的行為而加害於你。

4. 瞭解居住周遭環境並認識友善鄰居，共同防範犯罪。

5. 房門上裝視窗孔及防護鍊，勿讓陌生人進入，如遇警察、快遞人員等，也應要求先出示證件。

二、約會或社交場合防範

1. 在與男性外出或談話時，應注意對方是否流露出對女性的敵意、輕薄或使你不舒服。

2. 清楚地表達你的意思，讓對方明白你的界線。不用擔心你的反應會對他無禮，因為你的安全更重要。

3. 避免至偏僻或隔絕的場所，如：廢棄海灘、公墓等。約會或社交地點最好選擇容易得到支援的公共場所。

4. 若是用餐時間約會，要節制飲酒，以免失去判斷力和反應力，同時也要留意對方飲酒之方式與意圖。

5. 若與對方不熟時，應安排自己的交通工具，並盡量選擇大眾交通工具可到達之處約會。

三、其他降低被性侵害機會的注意事項

1. 夜晚走路時，切勿走在偏僻的區域，最好事先規劃行經路線而且走路要顯示自信。絕不要輕易搭便車，若發現被跟蹤，應立即走入人群中、撥打電話或向店家求助，及設法引起其他人的注意力。

2. 搭乘公共交通工具時，應避免在偏僻的車站上下車，並選擇燈光明亮處且靠近眾人一起等車。上車後應避開空無一人的車廂，若感到有威脅時，應立即離開更換坐位，可能的話，選擇司機附近的座位。

3. 若自己的車子故障，應將鑰匙拿在手上後，打電話給親友、警察或拖車公司求援，絕不搭陌生人的便車。

第三節 被強暴後的處理

　　不管是哪一類型的強暴犯，都會讓女性身心遭受到全面的摧殘。特別是在傳統男尊女卑的社會文化中，往往有所謂的強暴迷思，即「婦女本身想被強暴」、「除非女人願意，沒有人可以強姦她」、「女人喜歡被暴力相待」等等。甚至還認為受害者咎由自取，特別是社會大眾對受害者持的偏見和質疑的眼光，此種二度傷害也使被強暴者不斷地自責，覺得自己為什麼那麼地疏忽，為什麼要獨自走夜路，為什麼不與強姦犯抵抗至死等。遭受性侵害受害者要承受包括心理創傷、身體戕害以及社會生活上的傷害等三方面的打擊，最重要的是被害者會喪失整個自我感，在受害當時，她不僅承受到暴力控制下掙扎的痛苦，同時還籠罩在死亡的陰影下，甚至還有可能被殺害，身心遭受無情的摧殘。很多受害者在被強姦後，常見有強烈的負面情緒如自責、罪惡感、莫名的恐懼、悲傷、憂慮、憤怒、沒有安全感、疏離感及自卑，造成一輩子難以抹滅的陰影。

　　因此，對於被害女性萬一在遭受蹂躪後，應儘早尋求醫療處理，除了急救創口、放入子宮內避孕器防止懷孕外，並徹底檢查病人有無遭受性病感染。被害者內心深處有著難以癒合的創傷，必須借助心理醫師應用專業的諮商輔導受害者，同時家人的支持體諒、以及社會大眾釋出善意的關懷，才能使受害者停止自責，不再自怨自艾，提出控訴，將強暴犯繩之以法，勇敢走出被強暴的陰影，減低她們的創痕，讓她們在人生舞台上重新站立起來。

受害者可求助之 24 小時服務的相關諮詢單位,均有專人協助受害者尋求醫療及法律處理過程,婦女保護專線如下:
警政署犯罪案件免費檢舉電話:撥打 080-211511
全國保護專線:撥打 113

個案分析:竟藉整骨掐奶!

　　北市一名攝影師透過臉書獵女模,誆稱與鈕姓導演合作選秀,邀約試鏡,日前一名貌美女模登門拍照,慘遭該名攝影師以整骨名義摸遍全身,還熊抱掐奶近三分鐘。女模痛斥:「有完沒完!」攝影師才肯罷手,被害女模不甘受辱,現身指控其惡行,並提告討公道,「不希望再有人受害!」個案經過如下:

　　一頭長髮、身材曼妙的女模香香(化名,二十五歲)指控,三月初一名攝影師 Joy 持續到她臉書留言,強調能讓她獲得新娘婚紗雜誌照、飯店走秀機會,甚至謊稱他與鈕姓導演(簡稱豆導)合作協助選秀,只要到其工作室試鏡,就有機會獲得豆導新戲演出機會。

　　香香說,她到北市承德路三段赴約,發現何男工作室設在知名的「健生中醫診所」樓上,裡頭狹小又塞滿雜物,根本不像專業攝影棚,「當時就覺得詭異,這是什麼恐怖的攝影棚。」接著戴眼鏡、自稱攝影師的 Joy 現身,拿出相本得意說:「這些都是我的作品。」但問及幾名熟識模特兒名字,他只說拍過卻拿不出照片。

　　接著她被引導進房,要求換上露胸、貼身衣服,香香說,她堅持只穿平口小洋裝,並驚覺對方都將鏡頭對準她胸部猛拍,Joy

宣稱其父為知名整骨師，她一度誤以為他與健生中醫診所有關，隨後對方以穴道按摩為由揉捏她的臉頰。

香香指出，因覺得不舒服想離開，Joy 卻從後面熊抱，還把手放在她胸部表示要整骨，她欲掙脫卻被其用膝蓋頂腰，摸背揩奶，過程近三分鐘，她忍不住斥責：「你在做什麼？有完沒完？」才得以逃脫，事後得知 Joy 常對女模毛手毛腳，已到警局提告性騷。

經《蘋果日報》記者向攝影師 Joy 求證，他否認揩奶及與豆導合作，「應該是我隨口向對方說『妳皮膚黑』、『需要減肥』等建議，引發對方不悅有誤會。」還說已忘記曾提及父親為整骨師，強調當初應該是說公司按摩機器很厲害，怕模特兒拍照疲憊，有準備按摩椅，澄清「爸爸不是整骨師，已過世很久」和樓下健生中醫沒關係。

【問題討論】

1. 請問該攝影師可能觸犯何項罪名？若是罪名成立可處幾年刑責？
2. 現下應徵試鏡或是應徵網拍平面女模時應該注意哪些事項才能確保自身安全？
3. 如果你是豆導，在聽聞事件後震怒，譴責利用他名義招搖撞騙者，且準備對該攝影師提告。請問豆導可以對該名攝影師提出哪些控告？

參考資料：伊林娛樂、〈蘋果，蕭惟珊、謝昇璁、楊忠翰／台北報導〉採訪整理，2013/5/13取自蘋果日報。

參考答案

律師鄭秀珠表示，該攝影師強行襲胸恐構成強制猥褻罪，可處五年以下徒刑，並可以對該名攝影師提出妨害名譽和誹謗之控告。試鏡選擇自保之道有：

1. 最好尋求專業經紀公司協助過濾試鏡機會。

2. 試鏡時應避免單獨赴約，確保安全。

3. 試鏡前請攝影師先提供作品參考，並確認拍攝風格、尺度及地點。

4. 邀試鏡被詢問是否願被包養，或拍攝地點選在野外、旅館等，提高警覺。

5. 拍攝價碼過高或要求穿著暴露衣服，須小心留意。

6. 拍攝中與外界保持聯繫暢通，遇性騷等狀況應明確拒絕，及時求援。

個案分析：用手機通訊軟體傳淫照給朋友，小心觸法！

　　淫富少李宗瑞迷姦女模案去年延燒時，引起民眾瘋傳，一名上班族遭檢舉手機內有李宗瑞淫照，台北地檢署追查照片來源，一路查出 8 名上班族用手機通訊軟體 LINE 傳送李宗瑞淫照給友人。北檢去年偵辦李宗瑞案時，曾查出有 12 名網友利用 BT 分享程式散布李宗瑞淫照，北檢當時另接獲檢舉，指一名上班族在公司內炫耀有李宗瑞的淫照，追查發現，被檢舉者是透過 LINE 收到朋友傳的淫照，檢方追查傳送源頭，查出有 8 人均是透過 LINE 收到淫照，再將淫照 LINE 給友人。

　　檢方查出這 8 人共傳送 45 張淫照，涉犯妨害秘密罪及散布猥藝影像罪，但審酌這 8 人因一時好奇觸法，犯後有悔意，且用 LINE 傳送淫照，認定這 8 人惡性較輕但也觸犯刑罰。

【問題討論】

1. 這 12 名網友及 8 名上班族可能觸犯哪些罪名？

2. 為什麼法官認為 8 名上班族所做行為較 12 名網友惡性較輕呢？

參考資料：2013/5/13 取自〈蘋果日報，賴又嘉／台北報導〉。

參考答案

1. 散布猥褻影像罪、妨害秘密罪

   8 名遭檢舉之上班族，因只收照片沒傳送，只是個人間傳輸，不像 BT 只要下載同時，就會上傳分享，因此判罰服勞動服務 40 小時。另 12 名網友則依散布猥褻影像罪、妨害秘密罪去年底已將 12 人緩起訴，並要求繳緩起訴處分金。

第四節　兒童性侵害與近親亂倫

　　近幾年，由於社會風氣日形敗壞，心理不健全以致於在性行為上異常表現的人，對兒童性虐待之情形非常嚴重。因此父母及師長平日不僅要教導兒童如何保護自己，防範性虐待、以及遇到突發狀況的應對方法，也讓孩童了解性侵害事件的嚴重性，並能夠養成時時提高警覺的態度，不僅面對陌生人，甚至是親近的親人，或是傳道授業的老師，都能提高警覺保護自己，避開危險情境，防範性侵害事件的發生。且如有遭受性侵害時，亦能冷靜應變將傷害降至最低，並能儘快尋求支援避免再次傷害。表 9-1 列出一般兒童遭受性侵害後之行為指標和徵候，父母及老師平日應多關心兒童，從旁觀察其行為有無異常，以防兒童身心遭受摧殘。

◧ 表 9-1　兒童遭受性侵害的指標和徵候

類型	身體指標	行為指標
性虐待	走路或坐下有困難／內衣撕破、污穢或帶血漬／訴說陰部疼痛、腫或癢／訴說排尿時疼痛／外陰部、陰道或肛門一帶、嘴或喉嚨有淤腫、流血或裂傷／陰道或陰莖流膿／性病／未成年懷孕	與同儕關係不良／不願參加體育活動／不願穿體育服裝／犯罪／不尋常性行為知識／早熟的誘惑行為／學業成績變化／抱怨性侮辱

資料來源：李欽湧(1988)，兒童保護要論：政策與實務，中華兒童福利基金會。

為了防患於未然,「性侵害犯罪防治法」於民國 85 年 1 月 22 日在立法院三讀通過,其中第七條規定「各級中小學每學年應至少有四小時以上之性侵害防治教育課程」。透過性侵害防治的宣導,指引學童從小學習正確的性知識、養成健康的性態度、進而保護自己,尊重別人,使學童避免成為未來的加害者,更是性侵害防治教育的最終目標。

亂倫

所謂亂倫是指因某種親戚關係存在,但卻發展出性關係的情況。亂倫經常發生於父親與女兒間,多半發生在女孩 6~11 歲之間,持續的時間可能長達數年之久。在國內的家庭中會發現單親家庭出現的機率比雙親家庭高,尤其是當夫妻雙方感情不睦、關係不良時,作丈夫的容易把長相酷似妻子的女兒當替代品加以侵犯作為報復手段。

事實上,亂倫很少是為了滿足性的需求。它多半是為了展示權威,表達敵意,建立自我,或是情緒上的滿足。雖然肢體逼迫偶而會使用到,不過通常亂倫都是以威嚇、欺瞞或脅迫而達成,施虐者是父母的情況下,受虐者則多半不願意公開。其結果是受虐者往往無法自這種情境解脫出來,很諷刺的是這些受虐者卻對施虐的父母非常忠心。

亂倫對孩子的影響是持久的,甚至終生,因此往往造成受害者無法信任其他親密關係。受到性虐待的兒童往往自我意識薄弱,或者歸咎都是自己的錯,無論是未成年期或成年後,他們通常都有無助與沮喪感。此外他們也不易與其他人建立穩定的性關係,如果受害者未曾接受諮商輔導的治療,那麼可能這種情況將形加劇。

預防亂倫有賴於家人密切注意一切可能的跡象,如表 9-1 所示的指標與徵候。此外,當母親被動接受亂倫的事實並默許,或心理上的疏忽,以及專制型的父親,是最可能引發亂倫的組合。教導孩子勿與任何人有親密的性協議,包括所有的家庭成員,是另一種提醒孩子免於這個潛在困擾的方法。簡言之,坦白地與家人溝通,以合宜的方式對待孩子的生理發展,是所有家庭預防此類事件的最佳方法。

個案分析：真是畜生！

　　台南市一名中年男子，見女友的十四歲女兒頗具姿色，竟以當服飾模特兒為幌子，誘騙對方外出拍照，卻趁機下藥迷昏，開車載到旅館性侵得逞。被綑綁有如木乃伊的少女趁惡狼離開，機警撞擊旅館緊急按鈕求救並報警。判決書指出，王姓男子（四十五歲，在押）跟嘉義陳姓女子（四十三歲）交往三年多，因陳女有個十四歲女兒，頗具姿色，他竟萌生歹念，計誘少女出遊迷姦。去年九月三十日，他約少女出遊，佯稱可替少女找服飾模特兒兼差，拍照一次可賺一萬元。前一天，王男還預先訂好台南市麻豆區一家汽車旅館房間，並要求隔音較好、邊間房間。當天下午五時，兩人相約在嘉義市見面，他事先到超商購買一杯咖啡，並摻入安眠藥，待少女上車後，騙少女喝下迷昏，再載到汽車旅館。到了汽車旅館，王男原想再灌少女迷幻藥物，但少女反抗沒喝，隨後他打開電視，轉到色情頻道看A片，再脫光少女衣服硬上，少女因疼痛哭泣反抗，終因力氣用盡，任其擺布，性侵得逞。

　　王男性侵得逞後，仍不願放過少女，用手帕綁住少女雙腳，以薄床單包住少女全身，用膠帶纏繞少女胸部、上臂及嘴巴有如木乃伊，恫嚇少女「會請旅館人員注意房間，若表示有人一直喊叫，回來時會灌她強酸，讓她永遠沒有辦法講話」，然後開車暫時離開旅館。

　　少女等王男離開後，先掙脫雙腳的手帕後站起來，用被綁住的身體撞擊房內的緊急按鈕，向清潔人員求援並報警，到醫院驗傷提告。王男雖否認犯行，但因少女下體有撕裂傷痕，且採到精液，經比對跟王男 DNA 吻合，少女血液也有安眠藥物反應，確認她遭下藥性侵，加上旅館工作人員也出面指證，罪證確鑿。

【問題討論】

1. 請問王男可能觸犯何項罪名？一旦罪名成立可處幾年刑責？

2. 根據上述案例，協助法官對王男判刑之有效直接證據有哪些？

3. 如何避免遭熟人性侵？

參考資料： 2013/5/13取自〈蘋果日報，辛啟松／台南報導〉。

參考答案

法官認為男子道德觀念蕩然無存，惡性重大，依妨害性自主罪判刑十年十個月，原因如下：

1. 少女下體有撕裂傷痕，且採到精液，經比對跟王男 DNA 吻合。

2. 少女血液也有安眠藥物反應，確認她遭下藥性侵。

3. 加上旅館工作人員也出面指證，罪證確鑿。

【如何避免遭熟人性侵】（資料來源：台南市警局婦幼隊）

1. 即使是熟識親友，仍應避免單獨跟異性出遊或共處一室。

2. 赴約前，應把地點、對象及返家時間告知家人。

3. 赴約不要飲用來路不明或可疑的飲料。

4. 不幸被侵犯，不要清洗身體，保存身上跡證，報警採證。

5. 遇對方意圖不軌，應藉故先拖延時間，趁機脫逃並大聲呼救。

6. 勿跟對方進入 KTV、汽車旅館等隱密空間，見情況不對立刻走人。

課後習作

1. 選擇有關性侵害相關內容之影片給同學觀賞，觀畢請同學互相討論並提出報告。

2. 性侵害的定義？

3. 據學者研究指出，一般強暴者有哪些類型？

4. 預防性侵害的實際策略，又稱為安全(SAFE)策略，依序是？

5. 當兒童遭受性侵害的指標和徵候有哪些？

MEMO

附 錄
APPENDIX

附錄一　家庭暴力防治法

附錄二　家庭暴力防治法施行細則

附錄三　性侵害犯罪防治法

附錄四　兒童及少年性剝削防制條例

附錄五　性別工作平等法

附錄六　性別工作平等法施行細則

附錄七　工作場所性騷擾防治措施申訴及懲戒辦法訂定準則

附錄八　育嬰留職停薪實施辦法

掃描QR code
或至https://reurl.cc/Q9v8QM下載附錄

參考書目　　　　　　　　　　　　　　　　References

中文參考書目

內政部 (2021)：*內政部統計年報*。2021年8月17日，取自：https://ws.moi.gov.tw/001/Upload/400/relfile/0/4405/48349492-6f8c-453b-a9d1-4a8f0593b979/year/year.html

內政部戶政司(2021)：*中華民國109年各縣市結婚對數、粗結婚率按初婚、再婚及性別分與離婚/終止結婚對數、粗離婚率及有偶人口離婚率按性別分*。2021年8月17日，取自：https://www.ris.gov.tw/info-popudata/app/awFastDownload/file/y0sg-00000.xls/y0sg/00000/

內政部統計處 (2021)：*內政統計通報109年第28週*。2021年8月17日，取自：http://www.stat.org.tw/data/asoctopic/%E5%A9%9A%E9%BD%A1%E7%B5%B1%E8%A8%881.pdf

中華民國統計資訊網(2021)：*性別統計指標*。2021年8月17日，取自：https://www.stat.gov.tw/ct.asp?xItem=37200&ctNode=517&

行政院主計總處 (2021)：*國情統計通報*。2021年8月17日，取自：https://www.stat.gov.tw/public/Data/1120161748IGBKG0IN.pdf

行政院性別平等會(2021)：*重要性別統計資料*。2021年8月17日，取自：https://www.gender.ey.gov.tw/gecdb/Stat_Statistics_Category.aspx?fs=EcfUJy%24sRRPbnOe4TvO%24Jg%40%40&cs1=KBzJPevGPxrqqDs16jfWxQ%40%40

白瑞聰(1988)：*大學生約會行為之調查研究*。國立臺灣師範大學衛生教育研究所碩士論文（未出版）。

余沛玲、林燕卿(2005)：性經驗與大學生親密關係相關之研究－以某科技大學為例。*台灣性學學刊*，*11*(2)，41-60。

林秋燕(2004)。*失戀歷程及復原力展現之分析研究*。國立高雄師範大學輔導研究所碩士論文（未出版）。

林惠生、林淑慧(1996)：台灣地區高中、高職及五專在校男女學生性知識、態度與行為現況及變遷，發表於第四屆亞洲性學會議「青少年與性」工作坊。台北、台灣省家庭計畫研究所。

林鉅勝、唐憶淨、黃曉峰、劉丕華(2005)：女性月經週期及實用避孕方法。*基層醫學*，*20*(5)，124-129。

武靜蕙、高松景、白瑞聰、晏涵文、虞順光(2005)：台北市高中（職）學生婚前性行為意向之研究～理性行動論之應用。*台灣性學學刊*，*11*(2)，1-24。

胡秀媛、邱紹一、洪福源(2004)：國中學生孤獨偏好、學校適應及其相關因素之研究。*仁德學報*，*3*，9-24。

陳淑芬(2003)：國中生獨處能力與主觀生活壓力、身心健康之關係研究。國立台灣師範大學教育心理與輔導研究所碩士論文（未出版）。

澀谷昌三(1992)：心理學小百科。台北市：吳氏公司。

▌英文參考書目

Abel, G. (1981). *The evaluation and treatment of sexual offenders and their victims.* Paper presented at St. Vincent Hospital and Medical Center, Portland, Ore., October 15.

Acitelli, L. K., Douvan, E., & Veroff, J. (1993). Perceptions of conflict in the first year of marriage: How important are similarity and understanding？ *Journal of Social and Personal Relationships, 10*, 5-19.

Adams, J. S. (1965). Inequity in social exchange. In L. Berkowitz(Ed.), *Advances in experimental social psychology*(Vol.2, pp. 267-299). New York: Academic Press.

Aizenberg, R., & Treas, J. (1985). The family in later life: Psycholcial and demographic considerations. In J. E. Birren & K. W. Schaie(Eds.), *Handbook of the psychology of aging*(2nd ed.). New York: Van Nostrand Rinhold.

Akert, R. M. (1992). Terminating romantic relationships: The role of personal responsibility and gender. Unpublished manuscript, Wellesley College.

Alan Guttmacher Institute (1994). *Teenage Sexual and Reproductive Behavior in the United States.* New York: Alan Guttmacher Institute.

Allen, B. (1995). Gender stereotypes are not accurate: A replication of Martin(1987) using diagnostic vs. self-report and behavioral criteria. *Sex Roles, 32*, 583-600.

Allgeier, E., & Allgeier, A. R. (2000). *Sexual interactions.* Lexington, MA: D. C. Heath.

Allgood-Merten, B., & Stockard, J. (1991). Sex role identity and self esteem: A comparison of children and adolescents. *Sex Roles, 25*, 129-139.

Allison, P. D., & Furstenberg, F. F., Jr. (1989). How marital dissolution affects children: Variations by age and sex. *Development Psychology, 25*, 540-549.

Amato, P. R. (1993). Children's adjustment to divorce: Theories,hypotheses, and empirical support. *Journal of Marriage and the Family, 53*, 43-58.

Amato, P. R., & Keith, B. (1991a). Parental divorce and adult well-being: A meta-analysis. *of Marriage and the Family, 53, 43-58.*

Amato, P. R., & Keith, B. (1991b). Parental divorce and the well-being of children: A meta-analysis. *Psychological Bulletin, 110,* 26-46.

American Association of University Women (1991). *Shortchanging girls, shortchanging America. Washington*, DC: Greenberg-Lake Analysis.

AmericanPsychiatric Association (1994). *Diagnostic and statistical manual of mental disorders(4th ed.,* revised). Wahsington, DC: American Psychiatric Association.

Amick, Calhoun, K. (1987). RJournal esistance to sexual aggression: Personality, attitudinal, and profoundly retarded individuals: The challenge for the nineteen-nineties. *Sexuality and Disability, 9*(2), 113-122.

Anderson, J. E., Brackbill, R., & Mosher, W. D. (1996). Condom use for disease prevention among unmarried U. S. women. *Family Planning Perspectives, 17*, 25-28.

Anderson, J. L., Crawford, C. B., Nadeau, J., & Lindberg, T. (1992). Was the Duchess of Windsor right? Across-cultural review of the socioecology of ideals of female body shape. *Ethology and Sociobiology, 13*, 197-227.

Anderson, N. H. (1968).Likableness ratings of 555 personality trait words. *Journal of Social Psychology, 9*, 272-279.

Anderson, S. M., & Bem, S. L. (1981). Sex typing and androgyny in dyadic interaction: Individual differences in responsiveness to physical attractiveness. *Journal of Personality and Social Psychology, 41*, 74-86.

Andre, T., Frevert, R. L., & Schuchmann, D. (1989). From whom have college students learned about sex? *Youth and Society, 20*, 241-268.

Argyle, M., & Henderson, M. (1984). The rules of friendship. *Jounral of Social and Personal Relationships, 1*, 211-237.

Aries, E., & Johnson, F. (1983). Close friendship in adulthood: Conversational content between samesex friends. *Sex Roles, 9*, 1183-1196.

Aron, A., Norman, C. C., Aron, E. N., McKenna, C., & Heyman, R. E. (2000). Couples' shared participation in novel and arousing activities and experienced relationship quality. *Journal of Personality and Social Psychology, 78*, 273-284.

Aronson, E., & Linder, D. (1965). Gain and loss of esteem as determinants of interpersonal attractiveness. *Journal of Experimental Social Psychology, 1*, 156-172.

Asendorpf, J. B. (1992). A brunswickean approach to trait continuity: Application to shyness. *Journal of Personality, 60*, 55-77.

Averill, J. R., & Boothroyd, P. (1977). On falling in love in conformance with the romantic ideal. *Motivation and Emotion, 1*, 235-247.

Ayres, J. (1983). Strategies to maintain relationships: Their identification and perceived usage. *Communication Quarterly, 31*, 62-67.

Bagemihl, B. (1999). Biological exuberance: Animal homosexuality and natural diversity. New York: St. Martin's Press.

Bailey, J. M., & Pillard, R. (1991). A genetic study of male sexual orientation. *Archives of General Psychiatry, 48*, 1089-1096.

Bailey, S. M. (1993). The current status of gender equity research in American schools. *Educational Psychologist, 28*, 321-329.

Baileym N. J., & Phariss, T. (1996). Breaking through the wall of silence: Gay, lesbian, and bisexual issues for middle level educators. *Middle School Journal,* 338-346.

Baker, S., Thalberg, S., & Morrison, D. (1988). Parents' behavioral norms as predictors of adolescent sexual activityand contraceptive use. *Adolescence, 23*, 278-281.

Bandura, A. (1986). Social foundations of thought and action: A social cognitive theory. Englewood Cliffs, NJ: Prentice Hall.

Bandura, A. (1997). Self-efficacy: The exercise of control. New York: Freeman.

Bandura, A. (2000). Exercise of human agency through collective efficacy. *Current Directions in Psychological Science, 9*, 75–78.

Barker, R. L. (1999). *The social work dictionary*(4th ed.). Washington, DC: NASW Press.

Baron, R. A., Byrne, D., & Johnson, B. T. (1998). *Exploring social psychology.*(4th ed.). Boston: Allyn & Bacon.

Barringer, F. (1993). Sex survey of American men finds 1 percept are gay. *New York Times*, p. 1A.

Bart, P., & O'Brien, P. (1984). Stopping rape: Effective avoidance strategies. *Signs, 10*, 83-101.

Bart, P., & O'Brien, P. (1985). *Stopping Rape: Successful Survival Strategies*. New York: Pergamon.

Bar-Tal, D., & Saxe, L. (1976). Perceptions of similarity and dissimilarity of physically attractive couples and individuals. *Journal of Personal and Social Psychology, 33*, 772-781.

Basow, S. A. (1992). *Gender: Stereotypes and roles*(3rd ed.). Pacific Grove, CA: Brooks/Cole.

Baumeister, R. F., Bushman, B. J., & Campbell, W. K. (2001). Is there a gender difference in the strength of sex drive? Theoretical views, conceptual distinctions, and a review of relevant evidence. *Personality and Social Psychology Review, 5*, 242-273.

Baxter, L., & Wilmot, W. (1984). Secret tests: Social strategies for acquiring information about the state of the relationship. *Human Communication Research, 11*, 171-202.

Beal, G., & Muehlenhar, C. (1987). Getting sexually aggressive men to stop their advances: Information for rape prevention programs. Paper presented at the Annual Meeting of the Association for Advancement of Behavior Therapy, Boston, November.

Beck, A. (1988). *Love is never enough*. New York: Harper & Row.

Becker, C. (1987). Friendships between women: A phenomenological study of best friends. *Journal of Phenomenological Psychology, 18*, 59-72.

Beckman, N. M., Waern, M., Skoog, I., & The Sahlgrenska Academy at Goteborg University, Sweden. (2005). Determinants of sexuality in 70 year olds. *The Journal of Sex Research, 43*, 2-3.

Begley, S. (1993). Hands off Mr. Chips! *Newsweek*, May 3, 58.

Bell, A., Weinberg, M., & Hammersmith, S. (1981). *Sexual Preference: Its Developmemt in Men and Women*. Bloomington, Ind.: Indiana University Press.

Bell, R. A., Daly, J. A., & Gonzalez, C. (1987). Affinity-maintenance in marriage and its relationship to women's marital satisfaction. *Journal of Marriage and the Family, 49*, 445-454.

Bellah, R., Madsen, R., Sullivan, W., Swindler, A., & Tipton, S. (1985). *Habits of the heart: Individualism and commitment in American Life*. Berkeley: University of California Press.

Bellak, A. O. (1984). Comparable worth: A practitioner's view. In Comparable worth: Issue for the 80's Vol. 1. Washington, DC: U.S. Commision on Civil Rights.

Belsky, J. (1981). Early human experience: A family perspective. *Developmental Psychology, 17*, 3-23.

Bem, S. (1983). Gender schema theory and its implications for child development: Raising genderaschematic children in a gender-schematic society. *Signs, 8,* 596-616.

Bem, S. L. (1974). The measurement of psychological androgyny. *Journal of Consulting and Clinical Psychology, 42*, 155-162.

Berger, R. M. (1983). What is a homosexual? A definitional model. *Social Work, 28*, 132-135.

Berger, R. M., & Kelly, J. J. (1995). Gay men overview. In R. L. Edwards(Ed.), *Encyclopedia of social work*(19th ed., Vol. 2, pp. 1064-1075). Washington, DC: NASW Press.

Berman , C. (1981). Making it as a stepparent: New roles/new rules. New York: Bantam.

Berscheid, E., & Lopes, J. (1997). A temporal model of relationhship satisfaction and stability. In R. J. Sternberg & M. Hojjat(Eds.), *Satisfaction in close relationships*(pp. 129-159). New York: Guilford Press.

Berscheid, E., & Walster, E. (1978). *Interpersonal Attraction*. Reading, MA: Addison-Wesley.

Beyer, S., & Bowden, E. M. (1997). Gender differences in self-perceptions: Convergent evidence from three measures of accuracy and bias. *Personality and Social Psychology Bulletin, 23*, 157-172.

Bidwell, R., & Deisher, R. (1991). Adolescent sexuality: Current issues. *Pediatric Annals, 20*, 293-302.

Billy, J. O., Tanfer, K., Grady, W. R., & Klepinger, D. H. (1993). The sexual behavior of men in the United States. *Family Planning Perspectives, 25*(2), 52-60.

Boeringer, S., Shehan, C., & Akers, R. (1991). Social contexts and social learning in sexual coercion and aggression: Assessing the contribution of fraternity membership. *Family Relations, 40*, 58-64.

Boldizar, J. P. (1991). Assessing sex-typing and androgyny in children: The Children's Sex-role Inventory. *Developmental Psychology, 27*, 505-515.

Boston Women's Health Book Collective (1984). *The new our bodies, ourselves*. New York: Simon and Schuster.

Bower, B. (1993). Genetic clue to male homosexuality emerges. *Science News, 144*, p. 37.

Braiker, H. B., & Kelley, H. H. (1979). Conflict in the development of close relationships. In R. L. Burgess & T. L. Huston(Eds.), *Social exchange in developing relationships*(pp. 135-168). New York: Academic Press.

Braverman, P., & Strasburger, V. (1993a). Adolescent sexual activity. *Clinical Pediatrics, 32*, 658-668.

Braverman, P., & Strasburger, V. (1993b). Contraception. *Clinical Pediatrics, 32*, 725-735.

Brehm, S. S., Kassin, S. & Fein, S. (2005). *Social psychology*(6th ed.). Boston: Houghton Mifflin Company.

Brennan, K. A., & Morris, K. A. (1997). Attachment styles, self-esteem, and patterns of seeking feedback from romantic partners. *Personality and Social Psychology Bulletin, 23*, 23-31

Brickman, P. (1987). *Commitment, conflict, and caring*. Englewood Cliffs, NJ: Prentice-Hall.

Bright, P. (1987). Adolescent pregnancy and loss. *Maternal-Child Nursing Journal , 16*, 1-12.

Bronfenbrenner, U. (1979). *The ecology of human development*. Cambridge：Harvard University Press.

Bronfenbrenner, U. (1987). *Recent Advances in Theory and Design*. Paper presented at the American Psychological Association, New York City.

Brooks-Gunn, J., & Paikoff, R. L. (1997). Sexuality and developmental transitions during adolescence. In J. Schulenberg, J. Maggs, & K. Hurrelmann(Eds.), *Health risks and development of menstrual-related beliefs and behaviors during early adolescence*. New York: Cambridge University Press.

Brown, B. B., & Lohr, M. J. (1987). Peer-group affiliation and adolescent self-esteem: An integration of ego-identity and symbolic-interaction theories. *Journal of Personality and Social Psychology, 52*, 47-55.

Bullock, W. A., & Gilliland, K. (1993). Eysenck's arousal theory of introversion-extroversion: A converging measures investigation. *Journal of Personality and Social Psycholoyg, 64*, 113-123.

Bullough, B., & Bullough, V. (1997). Are transvestites necessarily heterosexual? *Archives of Sexual Behavior, 26*, 1-12.

Bulter, D., & Geis, F. L. (1990). Nonverbal affect responses to male and female leaders: Implications for leadership evaluations. *Journal of Personality and Social Psychology, 58*, 48-59.

Burggraf, C. S., & Sillars, A. L. (1987). A critical examination of sex differences in marital communication. *Communication Monographs, 54*, 276-294.

Burley, K. (1991). Family-work spillover in dual-career couples: A comparison of two time perspectives. *Psychological Reports, 68*, 471-480.

Buss, D., & Schmitt, D. (1993). Sexual strategies theory: An evolutionary perspective on human mating. *Psychological Review, 100,* 204-232.

Byrne, D. (1997). An overview(and underview) of research and theory within the attraction paradigm. *Journal of Social and Personal Relationships, 14*, 417-431.

Cai, D., & Fink, E. (2002). Conflict style differences between individualists and collectivists. *Communication Monographs, 69*, 67-87.

Campbell, A. (1993). Men, women, and aggression. New York: Basic Books.

Campbell, T. A., & Campbell, D. E. (1990). Considering the adolescent's point of view: A marketing model for sex education. *Journal of Sex Education and Therapy, 16*, 185-194.

Campbell, W. K., & Sedikides, C. (1999). Self-threat magnifies the self-serving bias: A meta-analytic integration. *Review of General Psychology, 3*, 23-43.

Canary, D. J. & Messman, S. J. (2000). Relationship conflict. In C. Hendrick & S. S. Hendrick(Eds.), *Close relationships: A sourcebook*. Thousand Oaks, California: Sage Publication.

Canary, D. J., & Stafford, L. (1992). Relational maintenance strategies and equity in marriage. *Communication Monographs, 59*, 243-267.

Canary, D. J., & Stafford, L. (1994). Maintaining relaionships through strategic and routine interaction. In D. J. Canary & L. Stafford(Eds.), *Communication and relational maintenance*(pp. 3-22). San Diego: Academic Press.

Canary, D. J., Stafford, L., Hause, K. S., & Wallace, L. A. (1993). An inductive analysis of relational maintenance strategies: Comparisons among lovers, relatives, friends, and others. Communication Research Reports, 10, 5-14.

Cancian, F. M. (1987). *Love in America: Gender and self-development*. New York: Cambridge University Press.

Casey, R. J., & Ritter, J. M. (1996). How infant appearance informs: Child care providers' responses to babies varying in appearance of age and attractiveness. *Journal of Applied Developmental Psychology, 17*, 495-518.

Cates, W. (1991). Teenagers and sexual risk taking: The best of times and the worst of times. *Journal of Adolescent Health, 12*, 84-94.

Cates, W., & Stone, K. (1992). Family planning, sexually transmitted diseases and contraceptive choice: A literature update: Part Ⅰ. *Family Planning Persepctives, 24*, 75-84.

Chadwick, B. A., & Heaton, T. B. (1992). *Statistical handbook on the American family*. Phoenix: Onyx Press.

Chafetz, J. S. (1988). Feminist sociology: An overveiw of contemporary theories. Itasca, IL: F. E. Peacock.

Chaikin, A. L., Gillen, H. B., Derlega, V., Heinen, J., & Wilson, M. (1978). Students' reactions to teachers' physical attractiveness and nonverbal behavior: Two exploratory studies. *Psychology in the Schools, 15*, 588-595.

Charney, D., & Russell, R. (1994). An overview of sexual harassment. *American Journal of Psychiatry, 151*, 10-17.

Cianciotto, J., & Cahill, S. (2006). Youth in the crosshairs: The third wave of ex-gay activism. National Gay and Lesbian Task Force Policy Institute. Retrieved February 6, 2008 from www.thetaskforce.org.

Clark, M. S., & Grote, N. K. (1998). Why aren't indices of relationship costs always negatively related to indices of relationship Quality? *Personality and Social Psychology Review, 2*(1), 2-17.

Cody, M. J. (1982). A typology of disengagement strategies and an examination of the role intimacy reactions to inequity and relational problems play in strategy selection. *Communication Monographs, 49*, 148-170.

Cogan, J. C., Bhalla, S. K., Sefa-Dedeh, A., & Rothblum, E. D. (1996). A comparison study of United States and African students on perceptions of obesity and thinness. *Journal of Cross-Cultural Psychology, 27*, 98-113.

Cohen, P. (1984). Resistance during sexual assaults: Avoiding rape and injury. *Vitimology, 9*, 120-129.

Coleman, J. W., & Cressey, D. R. (1996). *Social Problems*(6th ed.). New York: HarperCollins.

Coltraine, S., & Messineo, M. (2000). The perpetuation of subtle prejudice: Race and gender imagery in 1990s television advertising. *Sex Roles, 42*, 363-389.

Coltrane, S. (1996). *Family man: Fatherhood, housework, and gender equality*. New York: Oxford University Press.

Contreras, R., Hendrick, S. S., & Hendrick, C. (1996). Perspectives on marital love and satisfaction in Mexican American and Anglo couples. *Journal of Counseling and Development, 74*, 408-415.

Copenhaver, S., & Grauerholz, E. (1991). Sexual victimization among sorority women: Exploring the link between sexual violence and institutional practices. *Sex Roles, 24*, 31-41.

Corder, J., & Stephan, C. W. (1984). Females' combinations of work and family roles: Adolescents' aspirations. *Journal of Marriage and the Family, 46*, 391-402.

Coulter, A., & Helms-Eridson, H. (1997). Work and family from a dyadic perspective: Variations in inequality. In S. Duck(Ed.), *Handbook of personal relationships*(2nd ed., pp. 487-503). West Sussex, UK: Wiley.

Cowan, C.L P., Cowan, P. A., Heming, G., & Miller, N. B. (1991). Becoming a family: Marriage, parenting, and child development. In P. A. Cowan & M. Hetherington(Eds.), *Family transitions*. Hillsdale, NJ: Erlbaum.

Crooks, R., & Baur, K. (1993). *Our Sexuality*(5th ed.). Redwood city, CA: Benjamin/Cummings.

Crooks, R., & Baur, K. (1996). *Our Sexuality*(6th Ed), Pacific Grove, CA: Brooks Cole Publishing.

Crosby, F. (1991). Juggling: The unexpected advantages of balancing carrer and home for women and their families. New York: Free Press.

Cross, S. E., & Madson, L. (1997). Models of the self: Self-construals and gender. *Psychological Bulletin, 122*, 5-37.

Cross, S. E., Bacon, P. L., & Morris, M. L. (2000). The relational-interdependent self-construal and relationships. *Journal of Personality and Social Psychology, 78*, 791-808.

Cuber, J. F., & Harroff, P. B. (1971). Five types of marriage. In A. S. Skolnick & J. H. Skolnick(Eds.), *Family in transition*. Boston: Little, Brown.

Cunningham, M. R. (1986). Measuring the physical in physical attractiveness: Quasi-experiments on the sociobiology of female facial beauty. *Journal of Personality and Social Psychology, 50*, 925-935.

Curtis, R. C., & Miller, K. (1986).Believing another likes or dislikes you: Behaviors making the beliefs come true. *Journal of Persoanlity and Social Psychology, 51*, 284-290.

Dainton, M., & Stafford, L. (1993). Routine maintenance behaviors: A comparison of relationship type, partner similiarity, and sex differences. *Journal of Social and Personal Relationships, 10*, 255-271.

Dansky, B. S., & Kilpatrick, D. G. (1997). Effects of sexual harassment. In W. O'Donohue(Ed.), *Sexual harassment: Theory, research, and treatment.*(pp. 152-174). Needham Heights, MA: Allyn & Bacon.

Darney, P. (1994). Hormonal implants: Contraception for a new century. *American Journal of Obsterics & Gynecololgy, 170,* 1536-1543.

Davies, P. G., Spencer, S. J., Quinn, D. M., & Gerhardstein, R. (2002). Consuming images: How television commercials that elicit stereotype threat can restrain women academically and professionally. *Personal and Social Psychology Bulletin, 28,* 1615-1628.

Davis, D. (1990). Portrayals of women in prime-time network television: Some demographic characteristics. *Sex Roles, 23,* 325-332.

Davis, J. A., & Smith, T. (1991). *General social surveys, 1972-1991: Cumulative data.* Storrs: University of Connecticut, Roper Center for Public Opinion Research.

Davis, K. (1985). Near and dear: Friendship and love compared. *Psychology Today,* February, 22-30.

Davis, K. E., & Todd, M. (1982). Friendship and love relationships. In K. E. Davis(Ed.), *Advances in descriptive psychology*(Vol. 2, pp. 79-122). Greenwich, CT: JAI Press.

Davis, S. S., & Harris, M. B. (1982). Sexual knowledge, sexual interests, and sources of sexual information of rural and urban adolescents from three cultures. *Adolescnece, 18,* 799-809.

Deaux, K., & Kite, M. (1993). Gender stereotypes. In F. L. Denmark & M. A. Paludi(Eds.), *Psychology of women: A handbook of issues and theories(*pp. 107-139). Westport, CT: Greenwood Press.

DeFrancisco, V. (1991). The sounds of silence: How men silence women in marital relations. *Discourse and Society, 2,* 413-423.

DeLamater, J. (1989). The social control of human sexuality. In K. McKinney & S. Sprecher(Eds.), *Human sexuality: The societal and interpersonal context*(pp. 30-62). Norwood, NJ: Ablex.

Demo, D. H. (1992). Parent-child relations: Assessing recent changes. *Journal of Marriage and the Family, 54,* 104-117.

Dempsey, C. (1994). Health and social issues of gay, lesbian, and bisexual adolescents. *Families in Society: The Journhal of Contemporary Human Services,* March, 160-167.

Dermer, M., & Pyszczynski, T. A. (1978). Effects of erotica upon men's loving and liking responses for women they love. *Journal of Personality and Social Psychology, 36,* 1302-1309.

Dey, E., Sax, L., & Korn, J. (1994). Betrayal by the academy: The sexual harassment of women college faculty. Paper presented at the annual meeting of the American Educational Research Association, New Orleans, La., April 8.

Diamond, L. M. (2003). Was it a phase? Young women's relinquishment of lesbian/bisexual identities over a 5-year period. *Journal of Personality and Social Psychology, 84*, 352-364.

Diamond, M. (1993). Homosexuality and bisexuality in different populations. *Archives of Sexual Behavior, 22*, 291-310.

Dindia, K. (1991). *Uniphasic versus multiphasic relational maintenance and change strategies.* Paper presented at the annual meeting of the Speech Communication Association, Atlanta, GA.

Dindia, K. (1992). *A typology of relational maintenance and change strategies.* Paper presented at the annual meeting of the Speech Communication Association, Chicago.

Dindia, K., & Baxter, L. (1987). Strategies for maintaining and repairing marital relationships. *Journal of Social and Personal Relationships, 4*, 143-158.

Dindia, K., & Canary, D. J. (1993). Definitions and theoretical perspectives on maintaining relationshps. *Journal of Social and Personal Relationship, 10*, 163-173.

Dion, K. K., Berscheid, E., & Walster, E. (1972). What is beautiful is good. *Journal of Persoanlity and Social Psychology, 24*, 285-90.

Dion, K. L., & Dion, K. K. (1973). Correlates of romantic love. *Journal of Consulting and Clinical Psychology, 41*, 51-56.

Doyle, J. (1991). *The Male Experience*(2nd ed.). Dubuque, Iowa: Brown and Benchmark.

Doyle, J., & Paludi, M. (1991). *Sex and Gender*(2nd ed.). Dubuque, Iowa: Brown and Benchmark.

Duck, S. (1982). A typography of relationship disengagement and dissolution. In S. Duck(Ed.), *Personal relationships 4: Dissolving personal relationships.* London: Academic Press.

Duggan, E. S., & Brennan, K. A. (1994). Social avoidance and its relation to Bartholomew's adult attachment typology. *Journal of Social and Personal Relationships, 11*, 147-153.

Duncan, P. D., Ritter, P. L., Dornbusch, S. M., Gross, R. T., & Carlsmith, J. M. (1990). The effects of pubertal timing on body image, school behavior, and deviance. In R. E. Muuss(Ed.), *Adolescent behavior and society*(pp. 51-56). New York: McGraw-Hill.

Dunn, P., Vail-Smith, K., & Knight, S. (1997). *Date/acquaintance rape: Wheat friends tell friends.* Poster presentation. American Public Health Association, Annual Meeting.

Dunphy, D. C. (1963). The social structure of urban adolescent peer groups. *Society, 26*, 230-246.

Eagly, A. H. (1987). Sex differences in social behavior: A social-role interpretation. Hillsdale, NJ: Erlbaum.

Eagly, A. H. (2004). Few women at the top: How role incongruity produces prejudice and the glass ceiling. In D. van Knippenberg & M. A. Hogg(Eds.), *Identity, leadership, and power*. London: Sage.

Eagly, A. H., & Crowley, M. (1986). Gender and helping beahvior: A meta-analytic review of the social psychological literature. *Psychological Bulletin, 100*, 283-308.

Eagly, A. H., & Kite, M. E. (1987). Are stereotypes of nationalities applied to both women and men? *Journal of Personality and Social Psychology, 53*, 457-462.

Eagly, A. H., Makhijani, M. G., & Klonsky, B. G. (1992). Gender and the evaluation of leaders: A meta-analysis. *Psychological Bulletin, 111*, 3-22.

Eagly, A. H., Wood, W., & Johannesen-schmidt, M. C. (2004). Social role theory of sex differences and similarities: Implications for the partner preferences of women and men. In A. H. Eagly, A. Beall, & R. J. Sternberg(Eds.), *The psychology of gender*(2nd ed.). New York: Guilford.

Earl, D., & David, D. (1994). Depo-Provera: An injectable contraceptive. *Amercian Family Physician, 49*(4), 891-894.

Ehrlichman, H., & Eichenstein, R. (1992). Private wishes: Gender similarities and differences. *Sex Roles, 26*, 399-422.

Ellen, J. M., Cahn, S., Eyre, S. L., & Boyer, C. B. (1996). Types of adolescnet sexual relationships and associated perceptions about condom use. *Journal of Adolescent Health, 18*, 417-421.

Elliott, L., & Brantley, C. (1997). Sex on campus: The naked truth about the real sex lives of college students. New York: Random House.

Emery, R. E., & Tuer, M. (1993). Parenting and the marital relationship. In T. Luster & L. Okagaki(Eds.), *Parenting: An ecological perspective*. Hillsdale, NJ: Erlbaum.

Epstein, A. (1993). Supreme court to hear woman's sexual harassment case. *The Oregonian*, October 10, A31.

Eysenck, H. J. (1990). Biological dimensions of personality. In L. A. Pervin(Ed.), *Handbook of personality theory and research*(pp. 244-276). New York: Guilford Press.

Fay, R. E., Turner, C. F., Klassen, A. D., & Gagnon, J. H. (1989). Prevalence and patterns of same-gender sexual contact among men. *Science, 243*, 343-348.

Feingold, A. (1988). Matching for attractiveness in romantic partners and same-sex friends: A meta-analysis and theoretical critique. *Psychological Bulletin, 104*, 226-235.

Feingold, A. (1992). Good-looking people are not what we think. *Psychological Bulletin, 111*, 304-341.

Feiring, C. (1996). Concepts of romance in 15-year-old adolescents. *Journal of Research on Adolescence, 6*, 181-200.

Feldman, S. S., Biringen, Z. C., & Nash, S. C. (1981). Fluctuations of sex-related self-attributions as a function of stage of family life cycle. *Developmental Psychology, 17*, 24-55.

Felsman, D., Brannigan, G., & Yellin, P. (1987). Control theory in dealing with adolescent sexuality and pregnancy. *Journal of Sex Education and Therapy, 13*, 15-16.

Festinger, L. (1954). Atheory of social comparison processes. *Human Relations, 7*, 117-140.

Festinger, L., Schachter, S., & Back, K. (1950). *Social pressures in informal groups: A study of a housing community*. New York: Harper.

Fichten, C. S. (1984). See it from my point of view: Videotape and attributions in happy and distressed couples. Journal of Social and Clinical Psychology, 2, 125-142.

Fincham, F. D. (2000). The kiss of the porcupines: From attributing responsibility to forgiving. *Personal Relationships, 7*, 1-23.

Finkelhor, D., & Yllo, K. (1988). Rape in marriage. In M. B. Straus(Ed.), *Abuse and victimization across the life span*(pp. 140-152). Baltimore: Johns Hopkins University Press.

Fishman, P. (1978). Interaction: The work women do. *Social Problems, 25*, 397-406.

Fitzpatrick, M. A. (1988). Approaches to marital interaction. In P. Noller & M. A. Fitzpatrick(Eds.), *Perspectives on marital interaction*(pp. 1-28). Philadelphia: Multilingual Matters.

Fitzpatrick, M. A. (1988). Between husbands and wives: Communication in marriage. Newbury Park, CA: Sage.

Fletcher, G. J., & Simpson, J. A. (2000). Ideal standards in close relationships: Their structure and functions. *Current directions in Psychological Science, 9(2),* 102-105.

Fonow, M., Richardson, L., & Wemerus, V. (1992). Feminist rape education: Does it work? *Gender and Society, 6*, 108-121.

Ford, C. S., & Beach, F. A. (1951). *Patterns of sexual behavior*. New York: Harper & Row.

Fox, M. F. (1995). Women and higher education: Gender differences in the status of students and scholars. In J. Freeman, *Women: A feminist perspective*(5th ed.). Mountain View, CA: Mayfield.

Franck, K. A. (1980). Friends and strangers: The social experience of living in urban and non-urban settings. *Journal of Social Issues, 36*(3), 52-71.

Franzoi, S. L. (2006). *Social Psychology*(4th Edition). NY: McGraw-Hill.

Fredrickson, B. L. (1995). Socioemotional behavior at the end of college life. *Journal of Social and Personal Relationships, 12,* 261-276.

Fredrickson, B. L., Roberts, T., Noll, S. M., Quinn, D. M., & Twenge, J. M. (1998). That swimsuit becomes you: Sex differences in self-objectification, restrained eating, and math performance. *Journal of Personality and Social Psychology, 75,* 269-284.

French, M. (1992). *The war against women.* New York: Summit.

Friedman, K. S., & Pines, A. M. (1992). Increase in Arab women's perceived power in the second half of life. *Sex Roles, 26,* 1-9.

Furman, W., & Shaffer, L. (2003). The role of romantic relationships in adolescent development. In P. Florsheim(Ed.), Adolescent romantic relations and sexual behavior: Theory, research, and practical implications(pp. 3-22). Mahwah, NJ: Lawrence Erlbaum Associates, Inc.

Furnham, A., Hester, C., & Weir, C. (1990). Sex differences in the preferences for specific female body shapes. *Sex Roles, 22,* 743-754.

Garner, D. M. (1997). The 1997 Body Image Survey results. *Psychology Today, 30,* 31.

Garner, D. M., Garfinkel, P. E., & Olmsted, M. P. (1983). An overview of sociocultural factors in the development of anorexia nervosa. In P. L. Darby, P. E. Garfinkel D. M. Garner, & D. V. Coscina(Eds.), *Anorexia nervosa: Recent developments in research.* New York: Alan R. Liss.

Gattis, K. S., Berns, S., Smipson, L. E., & Christensen, A. (2004). Birds of a feather or strange birds? Ties among personality dimensions, Similarity, and marital equality. *Journal of Family Psychology, 18,* 564-578.

Geis, F. L., Brown, V., Jennings, J., & Porter, N. (1984). TV commercials as achievement scripts for women. *Sex Roles, 10,* 513-525.

Gigy, L., & Kelly, J. B. (1992). Reasons for divorce: Perspectives of divorcing men and women. *Journal of Divorce and Remarriage, 18,* 169-187.

Glasser, M., Dennis, J., Orthoefer, J., Carter, S., & Hollander, E. (1989). Characteristics of males at a public health department contraceptive service. *Journal of Adolescent Health Care, 10,* 115-118.

Glenn, E. S. (1966). Mind, culture and politics. Cited in Stewart, E. C., & Bennett, M. J. (1991). *American cultural patterns: A Cross-cultural perspective*(p. 102). Yarmouth, ME: Intercultural Press.

Glickman, A. R., & Greca, A. M. L. (2004). The dating anxiety scale for adolescents: Scale development and association with adolescent functioning. *Journal of Clinical Child and Adolescent Psychology, 33*(3), 566-578.

Gosling, S. D., Vazire, S., Srivastava, S., & John, O. P. (2004). Should we trust web-based studies? *American Psychologist, 59*, 93-104.

Gottman, J. M., & Levenson, R. W. (1988). The social psychophysiology of marriage. In P. Noller & M. A. Fitzpatrick(Eds.), *Perspectives on marital interaction*(pp. 182-200). Philadelphia: Multilingual Matters.

Gottman, J. M., & Parker, J. G. (1987). *Conversations of friends*. New York: Cambridge Univversity Press.

Gottman, J., & Levenson, R. (1992). Marital processes predictive of later dissolution: Behavior, physiology, and health. *Journal of Personality and Social Psychology, 63*, 221-233.

Gouldner, H., & Strong, M. S. (1987). *Speaking of friendship: Middle-class women and their friends*. Westport, CT: Greenwood.

Green, R. J., Bettinger, M., & Zacks, E. (1996). Are lesbian couples fused and gay male couples disengaged? In J. Laird & R. J. Green(Eds.), *Lesbians and gays in couples and families*(pp. 185-230). San Francisco: Jossey-Bass.

Grieco, A. (1987). Scope and nature of sexual harassment in nursing. *Journal of Sex Research, 23*, 261-266.

Griffin, D., & Bartholomew, K. (1994a). Models of the self and other: Fundamental dimensions underlying measures of adult attachment. *Journal of Personality and Social Psychology, Vol. 67*, 430-445.

Griffin, D., & Bartholomew, K. (1994b). The metaphysics of measurement: The case of adult attachment. In K. Bartholomew & D. Perlman(Eds.), *Advances in personal relationships, Vol. 5: Attachment processes in adulthood*(pp.17-52). London: Jessica Kingsley.

Grou, F., & Rodrigues, I. (1994). The morning-after pill-How long after? *American Journal of Obstetrics and Gynecology, 171*, 1529-1534.

Group for the Advancement of Psychiatry (1973). *The joys and sorrows of parenthood*. New York: Scribner's.

Grover, R. L., & Nangle, D. W. (2003). Adolescent perceptions of problematic heterosocial situations: A focus group study. *Journal of Youth and Adolescence, 32*, 129-139.

Gruber, J. E. (1997). An epidemiology of sexual harassment: Evidence from North America and Europe. In W. O'Donohue(Ed.), *Sexual harassment: Theory, research, and treatment.*(pp. 84-98). Needham Heights, MA: Allyn & Bacon.

Guinness World Records (2007): Oldest Married Couple - Aggregate Age. Retrieved 2008, January 19 from http://www.guinnessworldrecords.com/records/ human _body/age_and_youth/oldest_married_couple_aggregate_age.aspx

Gutek, , B. (1985). *Sex and the Workplace*. San Francisco: Jossey-Bass.

Gutmann, D. (1975). Parenthood: Key to the comparative psychology of the life cycle? In N. Datan & L. H. Ginsberg(Eds.), *Life span developmental psychology: Normative life crises*. New York: Academic Press.

Gutmann, D. (1987). Reclaimed powers: Toward a new psychology of men and women in later life. New York: Basic Books.

Hackel, L. S., & Ruble, D. N. (1992). Changes in the marital relationship after the first baby is born: Predicting the impact of expectancy disconfirmation. *Journal of Personality and Social Psychology, 62*, 944-957.

Hagestad, G. O., & Smyer, M. A. (1982). Dissolving long-term relationships: Patterns of divorcing in middle age. In S. Duck(Ed.), *Personal relationships 4: Dissolving personal relationships*. London: Academic Press.

Hahn, J., & Blass, T. (1997). Dating partner preferences: A function of similarity of love styles. *Journal of Social Behavior and Personality, 12*, 595-610.

Halberstadt, A., & Saitta, M. (1987). Gender, nonverbal behavior, and perceived dominance: A test of the theory. *Journal of Personality and Social Psychology, 53*, 257-272.

Hammersla, J. F., & Frease-McMahan, L. (1990). University students' priorities: Life agoal vs. relationships. *Sex Roles, 23*, 1-14.

Hammond, J. R., & Fletcher, G. J. O. (1991). Attachment styles and relationship satisfaction in the development of close relationships. *New Zealand Journal of Psychology, 20*, 56-62.

Handy, B. (1999). Bosom buddies: Today's men's magazines all share a common interest. Can you tell? *Time*, p. 76.

Harlow, C. (1991). *Female victims of violent crime*. Washington, D.C.: U.S. Department of Justice.

Harney, P., & Muehlenhard, C. (1991). Rape. In E. Grauerholz & M. Koralewski(Eds.), *Sexual Coercion: A Sourcebook on its Nature, Causes, and Prevention*. Lexington, Mass.: Lexington Books.

Harrison, A., & Saeed, L. (1977). Let's make a deal: An analysis of revelations and stipulations in lonely hearts advertisements. *Journal of Personality and Social Psychology, 35*, 257-264.

Hartledge, L. (1980). *Identifying and programming for differences*. Paper presented at the Parent and Professional Conference on Young Children with Special Needs, Cleveland, OH.

Hatcher, R., Trussell, J., Stewart, F., Stewart, G., Kowal, D., Guest, F., Cates, W., & Policar, M. (1994). *Contraceptive Technology* 16th ed. New York: Irvington.

Hatfield, E., & Rapson, R. (1987). Passionate love/sexual desire: Can the same paradigm explain both? *Archives of Sexual Behavior, 16*, 259-278.

Hatfield, E., Sprecher, S., Pillemer, J. T., Greenberger, D., & Wexler, P. (1989). Gender differences in what is desired in the sexual relationship. *Journal of Psychology and Human Sexuality, 1*, 39-52.

Havighurst, R. J. (1972). *Developmental Tasks and Education.*(3rd ed.) New York: David McKay Co.

Hays, R. B. (1985). A longitudinal study of friendship development. *Journal of Personality and Social Psychology, 48*, 909-924.

Helgeson, V. S., & Mickelson, K. D. (1995). Motives for social comparison. *Personality and Social Psychology Bulletin, 21*, 1200-1209.

Henderson-King, D., Henderson-King, E., & Hoffman, L. (2001). Media images and women's self-evaluations: Social context and importance of attractiveness as moderators. *Peronality and Social Psychology Bulletin, 27*, 1407-1416.

Hendrick, C., & Hendrick, S. (1986). A theory and method of love. *Journal of Personality and Social Psychology, 50*, 392-402.

Hendrick, C., & Hendrick, S. S. (1992). *Romantic love*. Newbury Park, CA: Sage.

Hendrick, S. S., & Hendrick, C. (1993). Lovers as friends. *Journal of Social and Personal Relationships, 10*, 459-466.

Hendrick, S. S., Hendrick, C., & Adler, N. L. (1988). Romantic relationships: Love, satisfaction, and staying together. *Journal of Personality and Social Psychology, 54*, 980-988.

Hersch, P. (1991). Secret lives. *Networker*, January/February, 37-40.

Hetherington, E. M. (1981). Children and divorce. In R. W. Henderson(Ed.), *Parent-child interaction: Theory, research and prospects*. New York: Academic Press.

Hetherington, E. M. (1989). Coping with family transitions: Winners, losers, and survivors. *Child Development, 60*, 1-14.

Hetherington, E. M., Clingempeel, W. G., & Associations. (1992).Coping with marital transitions. *Monographs of the Society for Research in Child Development, 57*(2-3, Serial No. 227).

Hetherington, E. M., Cox, M., & Cox, R. (1982). Effects of divorce on parents and children. In M. E. Lamb(Ed.), *Nontraditional families*. Hillsdale, NJ: Erlbaum.

Hill, C. T., Rubin, Z., & Peplau, L. A. (1976). Breakups before marriage: The end of 103 affairs. *Journal of Social Issues, 32*, 147-168.

Himes, C. L. (1992). Future caregivers: Projected family structures of older persons. *Journal of Gerontology: Social Science, 47*, S17-S26.

Hochschild, A. (1997). The time bind: When work becomes home and home becomes work. New York: Viking.

Hochschild, A., & Machung, A. (1989). *The second shift: Working parents and the revolution at home.* New York: Viking/Penguin.

Hoffman, L. W., & Manis, J. D. (1979). The value of children in the United States: A new approach to the study of fertility. *Journal of Marriage and the Family, 41,* 583-596.

Hofstede, C. (1980). Culture's consequences: International differences in work related values. Beverly Hills, CA: Sage.

Holahan, C. J., Moos, R. H., & Bonn, L. (1997). Social support, coping, and psychological adjustment: A resource model. In G. R. Pierce, B. Lakey, I G. Sarason, & B. R. Sarason(Eds.), *Sourcebook of social support and personality(*pp. 169-186). New York: Plenum.

Hovell, M., Hillman, E., Blumberg, E., Sipan, C., Atkins, C., Hofstetter, C., & Myers, C. (1994). A behavioral-ecological model of adolescent sexual development: A template for AIDS prevention. *Journal of Sex Research, 31,* 267-281.

Huang, L. R., & Uba, L. (1992). Premarital sexual behavior among Chinese college students in the United States. *Archives of Sexual Behavior, 21,* 227-240.

Huston, M., & Schwartz, P. (1995). The relationships of lesbians and gay men. In J. T. Wood & S. Duck(Eds.), *Understanding relationship processes, Vol. 6: Understudied relationships: Off the beaten track(*pp. 89-121). Thousand Oaks, CA: Sage.

Huston, M., & Schwartz, P. (1996). Gendered dynamics in the romatic relationships of lesbians and gay men. In J. Wood(Eds.), *Understanding relationship processes, Vol. 6: Understudied relationships: Off the beaten track(*pp. 89-121). Thousand Oaks, CA: Sage.

Huston, T. L., & Vangelisti, A. L. (1991). Socioemotional behavior and satisfaction in marital relationships: Alongitudinal study. *Journal of Personality and Social Psychology, 6,* 721-733.

Hyde, J. (1991). *Half the Human Experience: The Psychology of Women*(4th ed.). Lexington, Mass.: D.C. Heath.

Inman-Amos, J., Hendrick, S. S., & Hendrick, C. (1994). Love attitudes: Similarities between parents and between parents and children. *Family Relations, 43,* 456-461.

Inter-American Commission on Human Rights (2019). *Violence And discrimination against women and girls: Best practices and challenges in Latin America and the Caribbean.* Retrieved from http://www.oas.org/en/iachr/reports/pdfs/ ViolenceWomenGirls.pdf

Jacklin, C. (1989). Female and male: Issues of gender. *American Psychologist, 44,* 127-133.

Jackson, L. A., & Grabski, S. V. (1988). Perceptions of fair play and the gender wage gap. *Journal of Applied Social Psychology, 18*, 606-625.

Jackson, L. A., Gardner, P., & Sullivan, L. (1992). Explaining gender differences in self-pay expectations: Social comparison standards and perceptions of fair pay. *Journal of Applied Psychology, 77*, 651-663.

Jackson, L. A., Hunter, J. E., & Hodge, C. N. (1995). Physical attractiveness and intellectual competence: A meta-analytic review. *Social Psychology Quarterly, 58*, 108-122.

Jackson, L. M., Esses, V. M., & Burris, C. T. (2001). Contemporary sexism and discrimination: The importance of respect for men and women. *Personality and Social Psychology Bulletin, 27*, 48-61.

Jacobson, N. S., & Gottman, J. M. (1998). When men batter women: New insights into ending abusive relationships. New York: Simon & Schuster.

Jennings, J., Geis, F. L., & Brown, V. (1980). Influence of television commercials on women's self-confidence and independent judgment. *Journal of Personality and Social Psychology, 38*, 203-210.

Jensen-Campbell, L. A., Graziano, W. G., & West, S. G. (1995). Dominance, prosocial orientation, and female preferences: Do nice guys really finish last? *Journal of Personality and Social-Psychology, 68*, 427-440.

Johnson, D. R., Amoloza, T. O., & Booth, A. (1992). Stability and developmental change in marital quality: A three-wave panel analysis. *Journal of Marriage and the Family, 54*, 582-594.

Johnson, F. (1996). Friendships among women: Closeness in dialogue. In J. T. Wood(Ed.), *Gendered relationships*(pp. 79-94). Mountain View, CA: Mayfield.

Johnson, J. C., Poteat, G. M., & Ironsmith, M. (1991). Structural vs. marginal effects: A note on the importance of structure in determining sociometric status. *Journal of Social Behavior and Personality, 6*, 489-508.

Jones, J. C., & Barlow, D. H. (1990). Self-reported frequency of sexual urges, fantasies, and masturbatory fantasies in heterosexual males and females. Archives of Sexual Behavior, 19, 269-279.

Joyner, K., & Udry, J. R. (2000). You don't bring me anything but down: Adolescent romance and depression. *Journal of Health and Social Behavior, 41*, 369-391.

Kail, R. V., & Cavanaugh, J. C. (1996). *Human development.* Pacific Grove, CA: Brooks/Cole.

Kalick, S. M., & Hamilton, T. E., III. (1986). The matching hypothesis revisited. *Journal of Personality and Social Psychology, 51*, 673-682.

Kalof, L. (1993). Rape-supportive attitudes and sexual victimization experiences of sorority and nonsorority women. *Sex Roles, 29*, 767-780.

Kandel, D. B. (1978). Similarity in real-life adolescent friendship pairs. *Journal of Personality and Social Psychology, 36*, 306-312.

Kanin, E. (1985). Date rapists: Differential sexual socializationa dn relative deprivation. Aarchives of Sexual Behavior, 14, 219-231.

Kanin, E. J., Davidson, K. R., & Scheck, S. R. (1970). A research note on male-female differential in the experience of heterosexual love. *Journal of Sex Research, 6*, 64-72.

Kantrowitz, B. (1992). Sexism in the schoolhouse. *Newsweek*, February 24, 62-70.

Karlen, A. (1971). Sexuality and homosexuality: A new view. New York: Norton.

Karney, B. R., & Bradbury, T. N. (1995). The longitudinal course of marital quality and stability: A review of theory, method, and research. *Psychological Bulletin, 118*, 3-34.

Karraker, K. H., & Stern, M. (1990). Infant physical attractiveness and facial expression: Effects on adult perceptions. *Basic and Applied Social Psychology, 11*, 371-385.

Kasarda, J. D., & Janowitz, M. (1974). Community attachment in mass society. *American Sociological Review, 39*, 328-339.

Kaye, L., & Applegate, J. (1990). Men as elder caregivers: A response to changing families. *American Journal of Orthopsychiatry, 60*, 86-95.

Keating, C. F. (1985). Gender and the physiognomy of dominance and attractiveness. *Social Psychology Quarterly, 48*, 61-70.

Kelley, H. H. (1983). *Love and commitment*. In H. H. Kelley, E. Berscheid, A. Christensen, J. H. Harvey, T. L. Huston, G. Levinger, E. McClintock, L. A. Peplau, & D. R. Peterson(Eds.), Close relationships(pp. 265-314). New York: W. H. Freeman.

Kephart, W. (1967). Some correlates of romantic love. *Journal of Marriage and the Family, 29*, 470-479.

Kerr, M. E., & Bowen, M. (1988). *Family evaluation: An approach based on Bowen theory*. New York: Norton.

Kilpatrick, J. (1993). Supreme Court will try to clarify sexual harassment. *The Oregonian*, October 10, F2.

Kinsey, A. C., Pomeroy, W. B., & Martin, C. E. (1948). *Sexual behavior in the human male*. Philadelphia: Saunders.

Kinsey, A. C., Pomeroy, W. B., Martin, C. E., & Gebhard, P. H. (1953). *Sexual behavior in the human female*. Philadelphia, PA: Saunders.

Kirpatrick, M. (1989). Middle age and the lesbain experience. *Women's Studies Quarterly, 17*, 87-96.

Kitson, G. C., Babri, K. B., & Roach, M. J. (1985). Who divorces and why: A review. *Journal of Family Issues, 6*, 255-293.

Knapp, M. L., & Hall, J. A. (1992). *Nonverbal communication in human interaction* (3rd ed.). Fort Worth, TX: Harcourt Brace.

Knox, D., & Schacht, C. (2008). Choices in relationships: An introduction to marriage and the family(9th eds.). US: Thomson Wadsworth.

Knox, D., & Wilson, K. (1983). Dating problems of university students. *College Student Journal, 17*, 225-228.

Knox, D., Hatfield, S., & Zusman, M. (1993). College student discussion of relationship problems. *College Student Journal* .

Knox, D., Zusman, M., & Breed, R. (2007). Men and Jealousy. *College Student Journal.*

Kohlberg, L. (1966). A cognitive-developmental analysis of children's sex-role concepts and attitudes. In E. E. Maccoby(Ed.), *The development of sex differences*. Stanford, CA: Stanford University Press.

Kohlberg, L. (1969). State and sequence: The cognitive-developmental approach to socialization. In D. A. Goslin(Ed.), *Handbook of socialization theory and research*(pp. 347-480). Chicago: Rand McNally.

Kohlberg, L. (1976). Moral stages and moralization: The cognitive-developmental approach. In T. Lickona(Ed.), *Moral development and behavior*. New York: Holt, Rinehart, & Winston.

Komaromy, M., Bindman, A., Haber, R., & Sande, M. (1993). Sexual harassment in medical training. *New England Journal of Medicine, 328*, 322-326.

Kornblum, W., & Julian, J. (1998). *Social Problems*(9th ed). Upper Saddle River, NJ: Prentice Hall.

Koss, M. P., Dinero, T. E., Siebel, C. A., & Cox, S. L. (1988). Stranger and acquaintance rape. *Psychology of Women Quarterly, 12*, 1-24.

Koss, M. P., Goodman, L. A., Browne, A., Fitzgerald, L. G., Keita, G. P., & Russo, N. F. (1994). *No safe haven: Male violence against women at home, at work, and in the community*. Washington, DC: American Psychological Association.

Koss, M. P., Leonard, K. E., Beezley, D. A., & Oros, C. J. (1985). Nonstarnger sexual aggression: A discriminant analysis of the psychological characteristics of undetected defenders. *Sex Roles, 12*, 981-992.

Kovacs, L. (1983). A conceptualization of marital development. *Family Therapy, 3*, 183-210.

Kowalski, R. (1993). Inferring sexual interest from behavioral cues: Effects of gender and sexually relevant attitudes. *Sex Roles, 29*, 13-36.

Kraut, R., Olson, J., Banaji, M., Bruckman, A., Cohen, J., & Couper, M. (2004). Psychological research online. *American Psychologist, 59*, 105-117.

Kuntz-Wilson, W., & Zajonc, R. B. (1980). Affective discrimination of stimuli that cannot be recognized. *Science, 207*, 557-558.

Kurdek, L. A. (1991). The relations between reported well-being and divorce history, availability of a proximate adult, and gender. *Journal of Marriage and the Family, 53*, 71-78.

Kurdek, L. A. (1999). The nature and predictors of the trajectory of change in marital quality for husbands and wives over the first 10 years of marriage. *Developmental Psychology, 35*, 1283-1296.

Kurtz, D. (1989). Social science perspectives on wife abuse: Current debates and future direction. *Gender & Society, 3*, 489-505.

La Gaipa, J. J. (1977). Testing a multidimensional approach to friendship. In S. Duck(Ed.), *Theory and practice in interpersonal attraction*. London: Academic Press.

Laird, J. (1995). Lesbians: Parenting. In R. L. Edwards(Ed.), *Encyclopedia of social work*(19th ed. Vol. 2.). Washington, DC: NASW Press.

Lamb, M. (1981). The development of father-infant relationships. In M. Lamb(Ed.), *The Role of the Father in Child Development*. New York: Wiley.

Lamb, M., Hopps, K., & Elster, A. (1987). Strange situation behavior of infants with adolescent mothers. *Infant Behavior and Development, 10*, 39-48.

Langston, C. A., & Cantor, N. (1989). Social anxiety and social constraint: When making friends is hard. *Journal of Personality and Social Psychology, 56*, 649-661.

Larson, R., & Csikszentmihalyi, M. (1978). Experiential correlates of time alone in adolescence. *Journal of Personality ,46*, 677-693.

Larson, R., Csikszentmihalyi, M., & Graef, R. (1982). Time along in daily experience: Loneliness or renewal? In L. A. Peplau & D. Perlman(Eds.), *Loneliness: A sourcebook of current theory, research and therapy*(pp. 40-53). New York: Wiley-Interscience.

Laumann, E. O., Gagnon, J. H., Michael, R. T., & Michaels, S. (1994). *The social organization of sexuality: Sexual practices in the United States*. Chicago: University of Chicago Press.

Laurenceau, J-P., Barrett, L. F., & Pietromonaco, P. R. (1998). Intimacy as an interpersonal process: The importance of self disclosure, partner disclosure, and perceived partner responsiveness in interpersonal exchanges. *Journal of Personality and Social Psychology, 74*, 1238-1251.

Leary, M. R., Rogers, P. A., Canfield, R. W., & Coe, C. (1986). Boredom in interpersonal encounters: Antecedents and social implications. *Journal of Personality and Social Psychology, 51*, 968-975.

Lee, J. A. (1977). A typology of styles of loving. *Personality and Social Psychology Bulletin, 3*, 173-182.

Lerner, R. M., & Karabeneck, S. A. (1974). Physical attractiveness, body attitudes,and self-concept in late adolescents. *Journal of Youth and Adolescence, 3*, 307-316.

LeVay, S. (1991). A difference in hypothalamic structure between heterosexual and homosexual men. *Science, 253*, 1034-1037.

Levinger, G. (1980). Toward the analysis of close relationships. *Journal of Experimental Social Psychology, 16*, 510-544.

Levinger, G. (1983). Close Relationship. In Kelley, H. H., Berscheid, Ellen, Christensen, A., Harvey, J. H., Huston, T. L., Levinger, G., McClintock, E., Peplau, L. A., & Peterson, D. R.(Eds.), *Development and Change*(pp. 315-359). New York: W. H. Freeman & Company.

Levinson (1986). A conception of adult development. *American Psychologist, 41*(1), 3-13.

Levinson, R. (1995). Reproductive and contraceptive knowledge, contraceptive self-efficacy, and contraceptive behavior among teenage women. *Adolescence, 30*, 65-85.

Lindsey, K. (1977). Sexual harassment on the job. *Ms.*, Novermber, 47.

Lips, H. M. (1995). Gender-role socialization: Lessons in femininity. In J. Freeman(Ed.), *Women: A Feminist Perspective*(5th ed., pp. 128-148). Mountain View, CA: Mayfield.

Logan, D. D. (1980). The menarche experience in twenty-three foreign countries. *Adolescence, 15*, 254.

Lonsway, K. A. & Fritzgerald, L. F. (1994). Rape myth. *Psychology of Women Quarterly, 18,* 133-164.

Lonsway, K. A., & Fitzgerald, L. F. (1995). Attitudinal antecedents of rape myth acceptance: A theoretical and empirical reexamination. *Journal of Personality and Social Psychology, 68*(4), 704-711

Lonsway, K., & Fitzgerald, L. (1994). Rape myths. *Psychology of Women Quarterly, 18*, 133-164.

Lott, B. (1994). *Women's lives: Themes And variations in gender learning*(2d ed.) Pacific Grove, CA: Brooks/Cole.

Loy, P., & Stewart, L. (1984). The extent and effects of the sexual harassment of working women. *Sociological Focus, 17*, 31-43.

Lydon, J. E., Meana, M., Sepinwall, D., Richards, N., & Mayman, S. (1999). The commitment calibration hypothesis: When do people devalue attractive alternatives? *Personality and Social Psychology Bulletin, 25*, 152-161.

Mackey, R. A., Diemer, M. A., & O'Brien, B. A. (2000). Psychological intimacy in the lasting relationships of heterosexual and same-gender couples. *Sex Roles, 43*, 201-227.

MacKinnon, C. (1979). *Sexual Harassment of Working Women*. New Haven, Conn.: Yale University Press.

Malamuth, N. M. (1998). The confluence model as an organizing framework for research on sexually aggressive men: Risk moderators, imagined aggression and pornography consumption. In R. Green & E. Donnserstein(Eds.), *Aggression: Theoretical and empirical reviews*. New York: Academic Press.

Malamuth, N. M., Sockloskie, R. J., Koss, M. P., & Tanaka, J. S. (1991). Characteristics of aggressors against women: Testing a model using a national sample of college students. *Journal of Consulting and Clinical Psychology, 59*, 670-781.

Mandoki, M. W., Sumner, G. S., Hoffman, R. P., & Riconda, D. L. (1991). A review of Klinefelter's syndrome in children and adolescents. *Journal of the American Academy of Child and Adolescent Psychiatry, 30*, 167-172.

Marson, P. J., Hecht, M. L., & Robers, T. (1987). True love ways: The subjective experience and communication of romantic love. *Journal of Social and Personal Relationships, 4*, 387-407.

Martin, C. L., Eisenbud, L., & Rose, H. (1995). Children's gender-based reasoning about toys. *Child Development, 66*, 1453-1471.

Massad, C. M. (1981). Sex-role identity and adjustment during adolescence. *Child Development, 52*, 1290-1298.

Masters, W. H., & Johnson, V. E. (1966). *Human sexual response*. Boston: Little, Brown.

Masters, W. H., Johnson, V. E., & Kolodny, R. C. (1988). *Human sexuality*(4th ed.). Glenview, IL: Scott, Foresman.

Masters, W. H., Johnson, V. E., & Kolodny, R. C. (1995). *Human sexuality*(5th ed.). New York: HarperCollins.

Mazer, D., & Percival, E. (1989). Students' experiences of sexual harassment at a small university. *Sex Roles, 20*, 1-22.

McAdams, D. P. (1988). Personal needs and personal relationships. In S. Duck(Ed.), *Handbook of personal relationships: Theory, research, and interventions*(pp. 7-22). New York: Wiley.

McCammon, S. L., Knox, D., & Schacht, C. (1998). *Making Choices in Sexuality: Research and Applications*. New York: Brooks/Cole Publishing Company.

McCammon, S., Knox, D., & Schacht, C. (1993). *Choices in sexuality*. Minneapolis, MN: West.

McCammon, S., Knox, D., & Schacht, C. (1998). *Making choices in sexuality: Research and applications*. Pacific Grove: Brooks/Cole.

McClure, D. (1988). Men with one testicle. *Medical Aspects of Human Sexuality*, May , 22-32.

McCormack, A. (1985). The sexual harassment of students by teachers. *Sex Roles, 13*, 21-32.

McCullough, M. B., Worthington, E. L. , Jr. , & Rachal, K. C. (1997). Interpersonal forgiving in close re lationships. *Journal of PersonaLity and Social Psychology, 73*, 321 -336.

McGrew, M., & Shore, W. (1991). The problem of teenage pregnancy. *Journal of Family Practice, 32*, 17-25.

McKelvie, S. J. (1993). Perceived cuteness, activity level, and gender in schematic babyfaces. *Journal of Social Behavior and Personality, 8*, 297-310.

McKibben, M., Hayes, S., & Axiotis, I. (1994). Challenging heterosexism in college health service delivery. *Journal of American College Health, 42*, 211-214

McNeely, A., Knox, D., & Zusman, M. E. (2004). Beliefs about men: Gender differences among college students. Poster, Annual Meeting of the Southern Sociological Socitey, Atlanta, April 16-17.

Mead, M. (1935). Sex and temperament in three primitive societies. New York: Morrow.

Meeks, B. S., Hendrick, S. S., & Hendrick, C. (1998). Communication, love, and relationship satisfaction. *Journal of Social and Personal Relationships, 15*, 755-773.

Metz, M. E., & Seifert, M. H., Jr. (1990). Men's expectations of physicians in sexual health concerns. *Journal of Sex and Marital Therapy, 16*, 79-88.

Michael, R. T., Gagnon, J. H., Laumann, E. O., & Kolata, G. (1994). *Sex in America: A definitive survey*. Boston: Little, Brown.

Milardo, R. M., & Allan, G. (1997). Social networks and marital relationships. In S. Duck(Ed.), *Handbook of personal relationships: Theory, research and interventions*(2nd ed., pp. 506-522). Chichester, England: Wiley.

Miller, R. S. (1997). We always hurt the ones we love: Aversive interactions in close relationships. In R. M. Kowalski(Ed.), Aversive interpersonal behaviors(pp. 11-29). New York: Plenum.

Mitchell, J. (1992). Definition of sexual harassment evolves with the times. The Oregonian, December 6, C3.

Mondschein, E. R., Adolph, K. E., & Tamis-LeMonda, C. S. (2000). Gender bias in mothers' expectatins about infant crawling. *Journal of Experimental Child Psychology, 77*, 304-316.

Monson, C. M., Byrd, G. R., & Langhinrichsen-Rohling, J. (1996). To have and to hold: Perceptions of marital rape. *Journal of Interpersonal Violence, 11*, 410-424.

Monsour, M. (1992). Meanings of intimacy in cross-and same-sex friendships. *Journal of Social and Personal Relationships, 9*, 277-295.

Montgomery, M. J., & Sorell, G. T. (1997). Differences in love attitudes across family life stages. *Family Relations, 46*, 55-61.

Morales, J. (1995). Gay men: Parenting. In R. L. Edwards(Ed.), *Encyclopedia of social work*(19ᵗʰ ed., Vol. 2, pp. 1085-1095). Washington, DC: NASW Press.

Moreland, R. L., & Beach, S. R. (1992). Exposure effects in the classroom: The development of affinity among students. *Journal of Experimental Social Psychology, 28*, 255-276.

Morrow, F. (1991). Unleashing our unknown selves: An inquiry into the future of femininity and masculinity. New York: Praeger.

Morrow, G. D., Clark, E. M., & Brock, K. F. (1995). Individual and partner love styles: Implications for the quality of romantic involvements. *Journal of Social and Personal Relationships, 12*, 363-387.

Moser, C., & Tomkins, S. (1988). Scripting the macho man: Hypermasculine socialization and enculturation. *Journal of Sex Research, 25*, 60-84.

Moses, A. E., & Hawkins, R. O. (1982). *Counseling lesbian women and gay men: A life-issues approach*. St. Louis, MO: Mosby.

Mott, F. L., & Haurin, R. J. (1988). Linkages between sexual activity and alcohol and drug use among American adolescents. Family Planning Perspectives, 20, 128-136.

Muehlenhard, C., & Linton, M. (1987). Date rape and sexual aggression in dating situations: Incidence and risk factors. Journal of Consulting Psychology, 34, 186-196.

Muehlenhard, C., & Schrag, J. (1991). Nonviolent Sexual coercion. In A. Parrot & L. Bechhofer(Eds.), *Acquaintance Rape: The Hidden Crime*. New York: Wiley.

Muehlenhard, C., Goggins, M., Jones, J., & Satterfield, A. (1991). Sexual violence and coercion in close relationships. In K. McKinney & S. Sprecher(Eds.), *Sexuality in Close Relationships*. Hillsdale, NJ: Lawrence Erlbaum.

Murray, S. L., Holmes, J. G., & Griffin, D. W. (1996). The benefits of positive illusions: Idealization and the construction of satisfaction in close relationships. *Journal of Personality and Social Psychololgy, 70*, 79-98.

Murstein, B. I. (1980). Mate slection in the 1970s'. *Journal of Marriage* and *the Family, 42*, 777-792.

Neider, T., & Steiffge-Krenke, I. (2001). Coping with stress in different phases of romantic development. *Journal of Adolescence, 24*, 297-311.

Neto, F. (1992). Loneliness among Portuguese adolescents. *Social Behavior and Personality, 20*, 15-22.

Newcomb, T. M. (1961). *The acquaintance process*. New York: Holt, Rinehart and Winston.

Nock, S. L. (1995). A comparison of marriages and cohabiting relationships. *Journal of Family Issues, 54*, 686-698.

Noller, P. (1986). Sex differences in nonverbal communication: Advantage lost or supremacy regained? *Australian Journal of Psychology, 38*, 23-32.

Noller, P., & Gallois, C. (1988). Understanding and misunderstanding in marriage: Sex and marital adjustment differences in structured and free interaction. In P. Noller & M. A. Fitzpatrick(Eds.), *Perspectives on marital interaction*(pp. 182-200). Philadelphia: Multilingual Matters.

O'Hara, D., & Kahn, J. (1985). Communication and adolescent contraceptive practices in adolescent couples. *Adolescence, 20*, 33-43.

O'Heron, C. A., & Orlofsky, J. L. (1990). Stereotypic and nonstereotypic sex role trait and behavior orientations, gender identity, and psychological adjustment. *Journal of Personality and Social Psychology, 58*, 134-143.

O'Sullivan, C. S. (1991). Acquaintance gang rape on campus. In A. Parrot & L. Bechhofer(Eds.), *Acquaintance rape*(pp. 368-380). New York: Wiley.

Oliver, M. B., & Hyde, J. S. (1993). Gender differences in sexuality: A meta-analysis. *Psychological Bulletin, 114*, 29-51.

Oliver, S. J., & Toner, B. B. (1990). The influence of gender role typing on expression of depressive symptoms. *Sex Roles, 22*, 775-790.

Orimoto, L., Hatfield, E., Yamakawa, R., & Denney, C. (1993). Gender differences in emotional reactions and coping strategies following a break-up. Reported in E. Hatfield & R. Rapson (1996), *Love, sex, and intimacy: Their psychology, biology, and history*(p. 231). Needham Heights, MA: Allyn & Bacon.

Orlofsky, J. L., & O'Heron, C. A. (1987). Stereotypic and nonstereotypic sex role trait and behavior orientations: Implications for personal adjustment. *Journal of Personality and Social Psychology, 52*, 1034-1042.

Orten, J. L. (1990). Coming up short: The physical, Cognitive, and social effects of Turner's syndrome. *Health and Social Work, 15*, 100-106.

Ortho-McNeil Pharmaceutical (2006). ORTHO EVRA：Prescribing Information. Retrieved May 17, 2007, from http://www.orthoevra.com/active/janus/en_US/-assets/common/company/pi/OrthoEvraPI.pdf#zoom=100

Painton, P. (1993). The shrinking ten percept. *Time*, pp. 27-29.

Palisi, B. J., & Ransford, H. E. (1987). Friendship as a voluntary relationship: Evidence from national surveys. *Journal of Social and Personal Relationship, 4*, 243-259.

Pan, S. (1993). China: Acceptability and effect of three kinds of sexual publication. *Archives of Sexual Behavior, 22*, 59-71.

Papalia, D. E., Olds, S. W., & Feldman, R. D. (1998). *Human development*(7th ed.). New York: McGraw-Hill.

Papalia, D. E., Olds, S. W., & Feldman, R. D. (1998). *Human development*(7th ed.). New York: McGraw-Hill.

Parrot, A. (1991). Institutionalized response: How can acquaintance rape be prevented? In A. Parrot & L. Bechhofer(Eds.), *Acquaintance Rape: The Hidden Crime.* New York: Wiley.

Paulhus, D. L., & Bruce, M. N. (1992). The effect of acquaintanceship on the validity of personality impressions: A longitudinal Study. *Journal of Personality and Social Psychology, 63,* 816-824

Pauly, I. B. (1990). Gender identity disorders: Evaluation and treatment. *Journal of Sex Education and Therapy, 16*, 2-24.

Pearson, J. L., Hunter, A. G., Ensminger, M. E., & Kellam, S. G.. (1990). Black grandmothers in multigenerational households: Diversity in family structure and parenting involvement in the Woodlawn community. *Child Development, 61*, 434-442.

Peplau, L. A., Rubin, Z., & Hill, C. T. (1977). Sexual intimacy in dating relationships. *Journal of Social Issues, 33*(2), 86-109.

Perron, J., & St.-Onge, L. (1991). Work values in relation to gender and forecasted career patterns for women. *International Journal for the Advancement of Counseling, 14*, 91-103.

Phillips, S., & Schneider, M. (1993). Sexual harassment of female doctors by patients. *New England Journal of Medicine, 329*, 1936-1939.

Phinney, V. G., Jensen, L. C., Olsen, J. A., & Cundick, B. (1990). The relationship between early development and psychosexual behaviors in adolescent females. *Adolescence, 25*, 321-332.

Pierce, C. A. (1996). Body height and romantic attraction: A meta-analytic test of the male-taller norm. *Social Behavior and Personality, 24*, 143-150.

Planalp, S., & Benson, A. (1992). Friends' and acquaintances' conversations: I. Perceived differences. *Journal of Social and Personal Relationships, 9*, 483-506.

Poppen, P. (1994). Adolescnet contraceptive use and communication: Changes over a decade. Adolescnece, 29, 503-514.

Posavac, H. D., & Posavac, S. S. (1998). Exposure to media images of female attractiveness and concern with body weight among young women. *Sex Roles, 38*, 187-201.

Potok, M. (2005). Vilification and violence. *Intelligence Report, 117*, 1.

Power, T. (1985). Mother-and-father-infant play: A developmental analysis. *Child Development, 56*, 1514-1524.

Pratto, F., Stallworth, L. M., Sidanius, J., & Siers, B. (1997). The gender gap in occupational role attainment: A social dominance approach. *Journal of Personality and Social Psychology, 72*, 37-53.

Quinsey, V., & Upfold, D. (1985). Rape completion and victim injury as a function of female resistance strategy. *Canadian Journal of Behavior Science, 17,* 40-50.

Regan, P. C. (1996). Sexual outcasts: The perceived impact of body weight on sexuality. *Journal of Applied Social Psychology, 26,* 1803-1815.

Regan, P. C., & Berscheid, E. (1995). Gender differences in beliefs about the causes of male and female sexual desire. *Personal Relationships, 2,* 345-358.

Reis, H. T., & Patrick, B. C. (1996). Attachment and intimacy: Component processes. In E. T. Higgins & A. W. Kruglanski(Eds.), *Social psychology: Handbook of basic principles*(pp. 523-563). New York: Guilford.

Reis, H. T., & Shaver, P. (1988). Intimacy as an interpersonal process. In S. W. Duck(Ed.), *Handbook of personal relationships*(pp. 367-389). New York : Wiley.

Reis, H. T., Sheldon, K. M., Gable, S. L., Roscoe, J., & Ryan, R. M. (2000). Daily well-being: The role of autonomy, competence, and relatedness. *Personality and Social Psychology Bulletin, 26,* 419-435.

Rice, F. P. (1996). The adolescent: Development, relationships, and culture(eighth edit). Needham Heights, Massachusetts: Allyn & Bacon.

Riessman, C. (1990). *Divorce talk: Women and men make sense of personal relationships.* New Brunswick, NJ: Rutgers University Press.

Riger, S. (1991). Gender dilemmas in sexual harassment policies and procedures. *American Psychologist, 46,* 497-505.

Risman, B. (1989). Can men mother? Life as a single father. In B. J. Risman & P. Schwartz(Eds.), *Gender in intimate relationships*(pp. 155-164). Belmont, CA: Wadsworth.

Rollins, B. C., & Feldman, H. (1970). Marital satisfaction over the family life cycle. *Journal of Marriage and the Family, 32,* 20-28.

Roscoe, B., Goodwin, M., Repp. S., & Rose, M. (1987). Sexual harassment of university students and stdent employees: Findings and implications. *College Student Journal, 12,* 254-273.

Rose, S., & Frieze, I. H. (1989). Young singles' scripts for a first date. *Gender and Society, 3,* 258-268.

Rose, S., & Frieze, I. H. (1993). Young singles' contemporary dating scripts. *Sex Roles, 28,* 499-509.

Ross, L. (1977). The intuitive psychologist and his shortcomings: Distortions in the attribution process. In L. Berkowitz(Ed.), *Advances in experimental social psychology*(Vol. 10, pp. 174-221). New York: Academic Press.

Rotella, E. J. (1995). Women and the American economy. In S. Ruth(Ed.). *Issue in feminism*(pp. 320-333). Mountain View, CA: Mayfield.

Rubenstein, C. (1983). The modern art of courtly love. *Psychology Today*, July, 39-49.

Rubenstein, C. (1990). A brave new world. *New Woman*, pp. 158-164.

Rubin, J. Z., Provenzano, F. J., & Luria, Z. (1974). The eye of the beholder: Parents' views on sex of newborns. *American Journal of Orthopsychiatry, 44*, 512-519.

Rubin, L. B. (1985). *Just friends*. New York: Harper & Row.

Rubin, L., & Borgers, S. (1990). Sexual harassment in the universities during the 1980s. *Sex Roles, 23*, 397-411.

Rubin, Z. (1970). Measurement of romantic love. *Journal of Personality and Social Psychology, 16*, 265-273.

Rubin, Z. (1973). *Liking and loving: An invitation to social psychology*. New York: Holt, Rinehart and Winston.

Rubin, Z. (1974). From liking to loving: Patterns of attraction in dating relationships. In T. L. Huston(Ed.), *Foundations of interpersonal attraction*. New York: Academic Press.

Rudman, L. A., & Borgida, E. (1995). The afterglow of construct accessibility: The behavioral consequences of priming men to view women as sexual objects. *Journal of Experiemntal Social Psychology, 31*, 493-517.

Rudman, L. A., & Glick, P. (2001). Prescriptive gender stereotypes and backlash toward agentic women. *Journal of Social Issues, 57*, 743-762.

Rusbult, C. E., Johnson, D. J., & Morrow, G. D. (1986). Impact of couple patterns of problem solving on distress and nondistress in dating relationships. *Journal of Personal and Social Psychology, 50*, 744-753.

Rusbult, C. E., Van Lange, P. A. M., Wildschut, T., Yovetich, N. A., & Verette, J. (2000). Perceived Superiority in Close Relationships. Why it Exists and Persists. *Journal of Personality and Social Psychology, 79(4)*, 521-545.

Rusbult, C. E., Wieselquist, J., Foster, C. A., & Witcher, B. S. (1999). Commitment and trust in close relationships: An interdependence analysis. In J. M. Adams & W. H. Jones(Eds.), *Handbook of interpersonal commitment and relationship stability*(pp. 427-449). New York: Kluwer Academic/Plenum.

Rutter, M. (1983). Stress, coping, and development: Some issues and some questions. In N. Garmezy & M. Rutter(Eds.), *Stress, copint, and development in children*. New York: McGraw-Hill.

Saarni, C. (1988). Children's understanding of the interpersonal consequences of dissemblance of nonverbal emotional-expressive behavior. Journal of Nonverbal Behavior, 12, 275-294.

Safran, C. (1976). What men do to women on the job: A shocking look at sexual harasssment. *Redbook*, November, 148.

Saluter, A. F. (1996). *Marital status and living arrangements: March 1994 U.S. Bureau of the Census.*(Current Population Reports, Series P20-484). Washington, DC: U.S. Government Printing Office.

Samet, N., & Kelly, E. W. (1987). The relationship of steady dating to self-esteem and sex-role identity among adolescents. *Adolescence, 22,* 231-245.

Sanders, S. A., & Reinisch, J. M. (1999). Would you say you "had sex"if…? *Journal of the American Medical Association, 281,* 275-277.

Sanderson, C. A., Darley, J. M., & Messinger, C. S. (2002). "I'm not as thin as you think I am": The development and consequences of feeling discrepant from the thinness norm. *Personality and Social Psychology Bulletin, 28,* 172-183.

Sangrador, J. L., & Yela, C. (2000). What is beautiful is loved: Physical attractiveness in love relationships in a representative sample. Social Behavior & Personality: An International Journal, 28(3) 207-219.

Santelli, J. S., Kouzis, A. C., Hoover, D. R., Polacsek, M., Burwell, L. G., & Celantano, D. D. (1996). Stage of behavior change for condom use: The influence of partner type, relationship and pregnancy factors. *Family Planning Perspectives, 28,* 101-107.

Santrock, J. W. (1987). *Adolescence.* Dubuque, IA: Wm. C. Brown.

Santrock, J. W. (1999). *Life-span development*(7th ed.). Boston: McGraw-Hill.

Sapiro, V. (1999). Life-span development(7th ed.). Boston: McGraw-Hill.

Save the Children (2021a). *Gender discrimination: Inequality starts in childhood.* Retrieved from https://www.savethechildren.org/us/charity-stories/how-gender-discrimination-impacts-boys-and-girls

Save the Children (2021b). *Gender roles can create lifelong cycle of inequality.* Retrieved from https://www.savethechildren.org/us/charity-stories/how-gender-norms-impact-boys-and-girls

Schmitt, D. P. (2003). Universal sex differences in the desire for sexual variety: Tests from 52 nations, 6 continents, and 13 islands. *Journal of Personality and Social Psychology, 85,* 85-104.

Scully, D., & Marolla, J. (1984). Convicted rapists' vocabulary of motives, excuses, and justifications. *Social Problems, 31,* 530-544.

Seid, R. P. (1994). Too 'close to the bone': The historical context for women's obsession with slenderness. In P. Fallon, M. A. Katzman, & S. C. Wooley(Eds.), *Feminist perspectives on eating disorders.*

Serbin, L. (1980). *The Pinks and the Blues.* In Nova, Boston: WGBH Transcripts.

Shaffer, D. R., Pegalis, L. J., & Cornell, D. P. (1992). Gender and self-disclosure revisited: Personal and contextual variations in self-disclosure to same-sex acquaintances. *Journal of Social Psychology, 132,* 307-315.

Shaver, P., Furman, W. & Buhrmester, D. (1986). Transition to college: Network changes, social skills, and loneliness. In S. Duck and D. Perlman(Eds.), *Understanding Personal Relationships: An Interdisciplinary Approach*(pp. 193-219). London: Sage.

Sheler, J. L. (1999). An American reformation: Mainline Protestant churches are deeply divided over sexuality. *U. S. News & World Report*, pp. 46-47.

Shernoff, M. (1995). Gay men: Direct practice. In R. L. Edwards(Ed.), *Encyclopedia of social work*(19th ed., Vol. 2, pp. 1075-1085). Washington, DC: NASW Press.

Sherrod, D. (1989). The influence of gender on samesex friendships. In C. Hendrick(Ed.), *Close relationships*(pp. 164-186). Newbury Park, CA: Sage.

Siegal, M. (1987). Are sons and daughters treated more differently by fathers than by mothers? *Developmental Review, 7*, 183-209.

Signorielli, N. (1990). Children, television, and gender roles: Messages and impact. *Journal of Adolescent Health Care, 11*, 50-58.

Simpson, J. A., Campbell, B., & Berscheid, J. (1986). The association between romantic love and marriage: Kephart (1967) twice revisited. *Personality and Social Psychology Bulletin, 12*, 363-372.

Singh, D. (1995). Female judgment of male attractiveness and desirability for relationships: Role of waist-to-hip ratio and financial status. *Journal of Personality and Social Psychology, 69*, 1089-1101.

Skinner, B. F. (1938). *The behavior of organisms*. New York: A Pleton-Century-Crofts.

Slater, R. B. (1995). The gender pay gap: Where women academics come up short on payday. *The Monthly Forum on Women in Higher Education, 1*(3), 23-27.

Smock, P. J. (1993). The economic costs of marital disruption for young women over the past two decades. *Demography, 30*, 353-371.

Snyder, M., Tanke, E. D., & Berscheid, E. (1977). Social perception and interpersonal behavior: On the self-fulfilling nature of social stereotypes. *Journal of Personality and Social Psychology, 35*, 656-666.

Sobal, J. (1984). Group dieting, the stigma of obesity, and overweight adolescents: Contributions of natalie allon to the sociology of obesity. *Marriage and Family Review, 7*, 9-20.

Sonnert, F., & Holton, G. (1996). Career patterns of women and men in the sciences. *American Scientist, 84*, 63-71.

Sorenson, R. (1973). Adolescent Sexuality in Contemporary America. New York: World.

Spitz, R. A. (1945). Hospitalism: An inquiry into the genesis of psychiatric conditions in early childhood. In A. Freud(Ed.), *The psychoanalytic study of the child*(Vol. 1, pp. 53-74). New York: International Universities Press.

Sprecher, S. (1989). Premarital sexual standards for different categories of individuals. *Journal of Sex Research, 26*, 232-248.

Sprecher, S., & McKinney, K. (1993). *Sexuality*. Newbury Park, Calif.: Sage.

Sprecher, S., & Regan, P. C. (2000). Sexuality in a relational context. In C. Hendrick & S. S. Hendrick(Eds.), *Close relationships: A sourcebook*. Thousand Oaks, California: Sage Publication.

Sprecher, S., Sullivan, Q., & Hatfield, E. (1994). Mate selection preferences: Gender differences examined in a national sample. *Journal of Personality and Social Psychology, 66*, 1074-1080.

Spring-Mills, E., & Hafez, E. (1980). Male accessory sexual organs. In E. Hafez(Ed.). *Human Reproduction*. New York: Harper & Row.

Stafford, L., & Canary, D. J. (1991). Maintenance strategies and romantic relationshp type, gender, and relational characteristics. *Journal of Social and Personal Relationshps, 8*, 217-242.

Starrels, M. E. (1994). Gender differences in parent-child relations. *Journal of Family Issues, 15*, 148-165.

Steiger, T. L., & Wardell, M. (1995). Gender and employment in the service sector. *Social Problems, 42*(1), 91-123.

Stein, R. I., & Nemeroff, C. J. (1995). Moral overtones of food: Judgments of others based on what they eat. *Personality and Social Psychology Bulletin, 21*, 480-490.

Stelmack, R. M., & Geen, R. G. (1992). The psychophysiology of extraversion. In . Gale & M. W. Eysenck(Eds.), *Handbook of individual differences: Biological perspectives*(pp. 227-254). New York: Wiley.

Stemp, P. S., Turner, J., & Noh, S. (1986). Psychological distress in the postpartum period: The significance of social support. *Journal of Marriage and the Family, 48*, 271-277.

Sternberg, R. J. (1986). A triangular theory of love. *Psychological Review, 93*, 119-135.

Sternberg, R. J. (1988). *The triangular of love*. New York: Basic Books.

Sternberg, R. J. (1997). Construct validation of a triangular love scale. *European Journal of Social Psychology, 27*, 313-335.

Sternberg, R. J. (1998). *Love is a story: A new theory of relationships*. New York: Oxford University Press.

Stevens-Simon, C., & White, M. (1991). Adolescnet pregnancy. *Pediatric Annals, 20*, 322-331.

Stewart, E. C., & Bennett, M. J. (1991). *American cultural patterns: A cross-cultural perspective*. Yarmouth, ME: Intercultural Press.

Stier, D., Leventhal., J., Berg, A., Johson, L., & Mezger, J. (1993). Are children born to young mothers at increased risk of maltreatment? *Pediatrics, 91*, 642-648.

Stinson, L., & Ickes, W. (1992). Empathic Accuracy in the Interactions of Male Friends Versus Male Strangers. *Journal of Personality & Social Psychology*, 62(5), 787-797

Stockard, J., & Johnson, M. M. (1992). *Sex and gender in society*(2nd ed.). Englewood Cliffs, NJ: Prentice-Hall.

Storm, M. C. (1980). Theories of sexual orientation. *Journal of Personality and Social Psychology, 38*, 783-792.

Story, M. D. (1982). A comparison of university student experience with various sexual outlets in 1974 and 1980. *Adolescence*, 737-747.

Stout, K. D., & McPhail, B. (1998). Confronting sexism and violence against women: A challenge for social work. New York: Longman.

Straus, M., & Gelles, R. (1990). Physical violence in American families: Risk factors and adaptations to violence in 8145 families. New Brunswick, NJ: Transaction Publishers.

Stroebe, W., & Stroebe, M. S. (1986). Beyond marriage: The impact of partner loss on health. In R. Gilmour & S. Duck(Eds.), *The emerging field of personal relationships*. Hillsdale, NJ: Erlbaum.

Suitor, J. J. (1991). Marital quality and satisfaction with the division of household labor across the family life cycle. *Jounral of Marriage and the Family, 53*, 221-230.

Sundt, M. (1994). Identifying the attitudes and beliefs that accompany sexual harassment. Unpublished Ph.D. dissertation, UCLA.

Swain, S. (1989). Covert intimacy: Closeness in men's friendships. In B. J. Risman & P. Schwartz(Eds.), *Gender in intimate relationships*(pp. 71-86). Belmont, CA: Wadsworth.

Swann, W. B., Jr., De La Ronde, C., & Hixon, J. G. (1994). Authenticity and positive strivings in marriage and courtship. *Journal of Personality and Social Psychology, 46*, 1287-1302.

Swensen, C. H. (1972). The behavior of love. In H. A. Otto(Ed.), *Love today*(pp. 86-101). New York: Dell.

Taylor, S. E., Peplau, A. L., & Sears, D. O. (2003). *Social Psychology*(11th Edition). Upper Saddle River, NJ: Pearson Education.

Tessler, A. N., & Krahn, H. P. (1966). Varicocele and testicular temperature. *Fertil Steril, 17*, 201-203.

Thibaut, J. W., & Kelley, H. H. (1959). *The social psychology of groups*. New York: Wiley.

Thompson, E. (1991). The maleness of violence in dating relationships: An appraisal of stereotypes. *Sex Roles, 24*, 261-278.

Thompson, L., & Walker, A. J. (1989). Women and men in marriage, work, and parenthood. *Journal of Marriage and the Family, 51*, 845-872.

Thornborrow, N. M., & Sheldon, M. B. (1995). Women in the labor force. In J. Freeman(Ed.), *Women: A feminist perspective*(5th ed.). Mountain View, CA: Mayfield.

Tidwell, M. O., Reis, H. T., & Shaver, P. R. (1996). Attachment, attractiveness, and social interaction: A diary study. *Journal of Personality and Social Psychology, 71*, 729-745

Tietjen, A. M., & Bradley, C. F. (1985). Social support and maternal psychosocial adjustment during the transition to parenthood. *Canadian Journal of Behavioral Science, 17*, 109-121.

Timnick, M. J. (1982). Responding to self-concept disturbance among early adolescents: A psychosocial view for educators. *Adolescence, 18*, 577-584.

Todd, J., Friedman, A., & Kariuki, P. W. (1990). Women growing stronger with age: The effect of status in the United States and Kenya. *Psychology of Women Quarterly, 14*, 567-577.

Townsend, J. M., & Wasserman, T. (1997). The perception of sexual attractiveness: Sex differences in variability. *Archives of Sexual Behavior, 26*, 243-268.

Traeen, B., Lewin, B., & Sundet, J. M. (1992). The real and the ideal: Gender differences in heterosexual behavour among Norwegian adolescents. *Journal of Community & Applied Social Psychology, 2*, 227-237.

Trussell, J. (1988). Teenage pregnancy in the United States. *Family Planning Perspectives, 26*, 66-72.

Tucker, L. A. (1983). Muscular strength and mental health. *Journal of Personality and Social Psychology, 45*, 1355-1360.

Tully, C. T. (1995). Lesbians overview. In R. L. Edwards(Ed.), *Encyclopedia of social work*(19th ed., Vol. 2, pp. 1591-1596). Washington, DC: NASW Press.

Turner, R. (1999). Finding the inner swine: Maxim magazine says guys care only about breasts and beer. *Newseek*, pp. 52-53.

Tyson, A. (1997). *Students' expectations for rape when alcohol is involved.* Master's thesis. Greenville, NC: Department of Psychology, East Carolina University..

U.S. Bureau of the Census (1998). *Statistical abstract of the United States*(118th ed.). Washington, DC: U.S. Government Printing Office.

U.S. Department of Justice (n.s.a). FLUNITRAZEPAM. Retrieved March 29, 2007 from http://www.usdoj.gov/dea/pubs/rohypnol/rohypnol.htm

U.S. Department of Justice (n.s.b). Predatory Drug Awareness Campaign. Retrieved March 29, 2007 from http://www.usdoj.gov/dea/concern/clubdrugs.html

U.S. Department of Labor (1991). *Employment and earnings*. Washington, DC: U.S. Government Printing Office.

U.S. Merit Systems Protection Board (1981). *Sexual Harassment in the Federal Workplace: Is It a Problem?* Washington, DC: U.S. Government Printing Office.

Unger, R. K. (1994). Alternative conceptions of sex(and sex differences). In M. Haug, R. Whalen, C. Aron, & K. L. Olsen(Eds.), *The development of sex differences and similarities in behavior*. Dordrecht, The Netherlands: Kluwer Academic.

Van Lange, P. A. M., Rusbult, C. E., Drigotas, S. M., Arriaga, X. B., Witcher, B. S., & Cox, C. L. (1997). Willingness to sacrifice in close relationships. *Journal of Personality and Social Psychology, 72*, 1373-1395.

Vinokur, A. D., & Vinokur-Kaplan, D. (1990). In sickness and in health: Patterns of social support and undermining in older married couples. *Journal of Aging and Health, 2*, 215-241.

Vinson, R., & Epperly, T. (1991). Counseling patients on proper use of condoms. *American Family Physician, 43*, 2081-2085.

Visher, E. B. & Visher, J. (1983). Stepparenting: Blending families. In H. I. McCubbin & C. R. Figley(Eds.), *Stress and the family. Vol. 1: Coping with normative transitions*. New York: Brunner/Mazel.

Walbrecker, J. (1995). Start talking about testicular cancer. *RN, 58*, 34-35.

Walker, D. K., Cross, A. W., Heyman, P. W., RuckRoss, H., Benson, P., & Tuthill, J. W. G. (1982). Comparison's between inner city and private school adolescents' perceptions of health problems. Journal of Adolescent Health Care, 3, 82-90.

Walster, E., & Walster, G. (1978). *A New Look at Love*. Reading, Mass.: Addison-Wesley.

Walster, E., Aronson, E., Abrahams, D., & Rottman, L. (1966). Importance of physical attractiveness in dating behavior. *Journal of Personality and Social Psychology, 4*, 508-516.

Ward, L., & Wyatt, G. (1994). The effects of childhood sexual messages on African-American and white women's adolescent sexual behavior. *Psychology of Women Quarterly, 18*, 183-201.

Waters, H., & Huck, J. (1989). Networking women. *Newsweek*, March 13, 48-54.

Wentz, A., & Huggins, G. (1994). Obstetrics and gynecology. *Journal of the American Medical Association, 271*, 1689-1691.

West, L., Anderson, J., & Duck, S. (1996). Crossing the barriers to friendships between men and women. In J. T. Wood(Ed.), *Gendered relationships*(pp. 111-127). Mountain View, CA: Mayfield.

Wheeler, L., Reis, H., & Nezlek, J. (1983). Loneliness, social interaction, and sex roles. *Journal of Personality and Social Psychology, 45*, 943-953.

Whitbeck, L. B., & Hoyt, D. R. (1994). Social prestige and assortive mating: A comparison of students from 1956 and 1988. *Journal of Social and Personal Relationships, 11*, 137-145.

White, S., & DeBlassie, R. (1992). Adolescent sexual behavior. *Adolescent, 27*, 183-191.

Whitley, B. E.(1983). Sex-role orientation and self-esteem: A critical meta-analytic review. *Journal of Personality and Social Psychology, 44*, 765-778.

Wieselquist, J., Rusbult, C. E., Foster, C. A., & Agnew, C. R. (1999). Commitment, pro-relationship behavior, and trust in close relationships. *Journal of Personality and Social Psychology, 77*, 942-966.

Wilkie, C. F., & Ames, E. W. (1986). The relationship of infant crying to parental stress in the transition to parenthood. *Journal of Marriage and the Family, 48*, 545-550.

Williams, D. (1985). Gender, masculinity-femininity, and emotional intimacy in same-sex friendships. *Sex Roles, 12*, 587-600.

Williams, J. E., & Best, D. L. (1982). *Measuring sex stereotypes: A thirty nation study*. Beverly Hills, CA: Sage.

Williams, J. E., Satterwhite, R. C., & Best, D. L. (1999). Pancultural gender stereotypes revisited: The five factor model. *Sex Roles, 40*, 513-525.

Wilson, G. D., & Cousins, J. M. (2005). Measurement of partner compatibility: Further validation and refinement of the CQ test. *Sexual and Relationship Therapy, 20*, 421-429.

Wilson, M. N. (1989). Child development in the context of the Black extended family. *American Psychologist, 44*, 380-385.

Winstead, B. A., Derlega, V. J., Montgomery, M. J., & Pilkington, C. (1995). The quality of friendships at work and job satisfaction. *Journal of Social and Personal Relationships, 12*, 199-215.

Wiseman, J. P. (1986). Friendship: Bonds and binds in a voluntary relationship. *Journal of Social and Personal Relationships, 3*, 191-211.

Wood, J. T. (1993). Gender and relationship crises: Contrasting reasons, responses, and relational orientations. In J. Ringer(Ed.), *Queer words, queer images: The(re)construction of homosexuality*(pp. 238-264). New York: New York University Press.

Wood, J. T. (1994). *Who cares? Women, care, and culture*. Carbondale: Southern Illinois University Press.

Wood, J. T. (1998). Ethics, justice, and the "private sphere." *Women's Studies in Communication, 21*, 127-140.

Wood, J. T. (2000). Gender and personal relationships. In C. Hendrick & S. S. Hendric. *Close relationships: A sourcebook*. Thousand Oaks, California: Sage Publications.

Wood, J. T., & Inman, C. (1993). In a different mode: Recognizing male modes of closeness. *Journal of Applied Communication Research, 21*, 279-295.

Wood, J. V. (1996). What is social comparison and how should we study it? *Personality and Social Psychology Bulletin, 22*, 520-537.

Zastrow, C., & Kirst-Ashman, K. K. (2001). *Humanderstanding human behavior and the social environment*(5th ed.). Belmont, CA: Wadsworth/Thomson Learning.

Zelnik, M., & Kantner, J. F. (1980). Sexual activity, contraceptive use and pregnancy among metropolitan-area teenagers: 1971-1979. *Family Planning Perspectives, 12*, 230-237.

Zweig, J. M., Barber, B. L., & Eccles, J. S. (1997). Sexual coercion and well-being in young adulthood. *Journal of Interpersonal Violence, 12*, 291-308.

MEMO

MEMO

國家圖書館出版品預行編目資料

性別教育 ＝Gender education／邱紹一、洪福源編著

第三版--新北市：新文京開發出版股份有限公司

2021.11

面； 公分

ISBN 978-986-430-784-5（平裝）

1.性別 2.兩性教育

544.7 110016732

性別教育（第三版） （書號：E330e3）

編 著 者	邱紹一、洪福源
出 版 者	新文京開發出版股份有限公司
地 址	新北市中和區中山路二段 362 號 9 樓
電 話	(02) 22448188（代表號）
F A X	(02) 22448189
郵 撥	1958730-2
初 版	西元 2009 年 3 月 5 日
第 二 版	西元 2013 年 9 月 15 日
第 三 版	西元 2021 年 11 月 15 日

New Wun Ching Developmental Publishing Co., Ltd.

New Age · New Choice · The Best Selected Educational Publications—NEW WCDP